S0-AGY-693

THE NEW CHURCHES OF EUROPE

THE NEW CHURCHES OF EUROPE

G E KIDDER SMITH FAIA

Las Nuevas Iglesias de Europa

HOLT, RINEHART AND WINSTON
New Yok, Chicago, San Francisco

by the same author

The New Architecture of Europe
Italy Builds
Sweden Builds
Switzerland Builds
Brazil Builds (with P. L. Goodwin)

drawings by Friedrich St Florian
traducción española por Profesor Eugenio Batista
photographs and layout by the author

Printed in Great Britain by the Shenval Press, Hertford, on paper supplied by Spalding and Hodge, London. Blocks for the illustrations made by the Engravers Guild, London. English edition bound by C & H T Evans Ltd., Croydon.

First edition

Library of Congress Catalog Card Number: 64-21927

84922-0114

Acknowledgments

Four people contributed indelibly to this book: my wife, who laboured valiantly in the field advising, making notes, and loading film, and at home honed the manuscript with her discerning Bryn Mawr eye; Pat Clyne, whose fine-toothed intellectual rake wonderfully tidied and bettered every page; Friedrich St Florian, of Innsbruck and the Rhode Island School of Design, whose elegant free-hand drawings contribute so much information—and delight—to these pages; and the patient and superbly organized Raymond Philp of Architectural Press, London, who put the whole together with loving care. Without these four this book would have suffered markedly.

The Brunner Committee of the New York Chapter of the American Institute of Architects and the College of Fellows of the AIA each gave me a grant-in-aid which helped materially with the very heavy photographic expenses. My gratitude goes out to both. Orion Press of New York, the Henry Regnery Company of Chicago, and Architectural Press graciously gave permission to quote from books published by them as noted later.

My deep appreciation to all the above, to the ever-co-operative architects whose works made this book possible, to Prof Eugenio Batista—an admired friend of many years' standing—for his sensitive translation into Spanish, to Dr Karl Kaspar and Liselotte Mickel for the German, and to Lucia Sebastiani for the Italian. All left a substantial mark, and I am grateful to each.

Lastly a word of nostalgic affection and abiding admiration for a man who did more for architecture than has ever been appreciated, and who also—with *Brazil Builds*—helped launch me on this series of books, Philip Lippincott Goodwin, 1883–1959.

G. E. Kidder Smith, FAIA
New York, N.Y.
November 1963

Agradecimiento

Cuatro personas han contribuido indeleblemente a este libro; mi mujer, quien trabajó valerosamente en campaña, aconsejando, tomando notas e insertando película en la cámara fotográfica, y una vez en casa afiló el manuscrito con su ojo avisor de Bryn Mawr; Pat Clyne, quien pasó su rastrillo intelectual de finos dientes sobre un traspatio parrafal y lo dejó ordenado en precisas líneas de mecanografía; Friedrich St Florian, de Innsbruck y de la Escuela de Diseño de Rhode Island, cuyos elegantes dibujos a mano alzada añaden tanta información—y deleite— a estas páginas, y Raymond Philp, de la Architectural Press de Londres, quien con paciencia y suma organización compuso cariñosamente el conjunto. Sin ellos, este libro hubiera sufrido notablemente.

El Comité Brunner del Capítulo Neoyorkino del American Institute of Architects y el College of Fellows del AIA me concedieron una beca que ayudó materialmente a afrontar los crecidos costos fotográficos. A éstos también he de señalar mi reconocimiento. La Orion Press de Nueva York, la Henry Regnery Company de Chicago, y la Architectural Press galantemente permitieron citar libros previamente publicados por ellos, según se nota más adelante.

Agradezco profundamente a todos los anteriores, a los siempre cooperantes arquitectos cuyas obras hicieron posible este libro, al profesor Eugenio Batista—amigo mío de hace muchos años y por quien tengo una gran admiración—por su fina traducción al español, al Dr Karl Kaspar y a Liselotte Mickel por la alemana, y a Lucia Sebastiani por la italiana. Todos dejaron en huellas de valor y a todos quedo reconocido.

Por último, una palabra de afecto nostálgico y continua admiración para un hombre quien ha hecho más por la arquitectura de lo que nunca se lo reconociera, y quien además—con Brazil Builds—*aydó a lanzarme en esta serie de libros, Philip Lippincott Goodwin, 1883–1959.*

G. E. Kidder Smith, FAIA
New York, NY
Noviembre de 1963

CONTENTS

ÍNDICE DE MATERIAS

Within

Comparative plans – all at same scale – of the sixty churches in the book.

Following spread

Comparative interior photographs of all churches, taken in general with the same lens, from just inside entry.

Dentro

Planos comparativos—todos a la misma escala—de las sesenta iglesias que figuran en el libro.

Páginas siguientes

Fotografías comparativas de interiores de todas las iglesias, tomadas en su mayor parte con el mismo lente, apenas pasada la puerta de entrada.

Innsbruck, 16   Copenhagen, 20   Copenhagen, 23

Ronchamp, 86   Eveux, 98   Le Havre, 106   Lourdes, 110

Köln, 157   Frankfurt, 160   Düren, 164   Bottrop, 172

Nagele, 223   Venlo, 226   Gravberget, 230   Madrid, 234

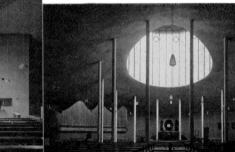

Copenhagen, 26London, 30Mitcham, 34Coventry, 38

Köln, 114Saarbrücken, 118Saarbrücken, 120Berlin, 123

Saarbrücken, 176Düsseldorf, 182Mannheim, 186Milano, 190

Vitoria, 236Vitoria, 240Stockholm, 244Gävle, 248

THE NEW CHURCH ARCHITECTURE

An Era of Profound Change

Christian architecture throughout the world today is undergoing the most momentous changes in its nearly two millennia of history. The physical fabric of the church is, of course, primarily affected, but highly significant developments in liturgy are also moulding church design. It would be wise to review briefly the background and the causes and effects of these changes, and define the directions, if any, to which they point.

Historic Background

Just as Abbot Suger (1081–1151) almost single-handedly launched the Gothic movement by exhorting his architects to 'open up' the walls of St Denis, then under construction, a later Frenchman, Auguste Perret (1874–1954), was primarily responsible for establishing contemporary church architecture. Perret accomplished this in 1923 with his famous Notre Dame du Raincy, just east of Paris, a church which signalized a radical break with all preceding ecclesiastic building. Interestingly enough Perret obtained the commission for its design for reasons of economy, not esthetics. The Raincy church was the first to use reinforced concrete throughout, and to express this medium not only in its supporting columns, but in its panel walls of concrete, which were prefabricated and pierced with geometric openings filled with coloured glass. Its wonderfully light and airy interior has few equals. Perret's work fired the architectural imagination of much of the Continent, and by the late 1920s a number of fine new churches had been constructed which handsomely resuscitated that ancient Christian tradition of looking ever forward. The Church, of course, had been the leader, the *avant-garde*, throughout most of its history until its relapse—accentuated by the Industrial Revolution—some 200 years ago. The new churches of the late 20's seized again this forgotten tradition of vitality and renewal. In Germany, in particular, the pioneering work of Otto Bartning, Martin Weber, Dominikus Böhm, and Rudolf Schwarz was brilliant. The Swiss, the Czechs, and the Scandinavians also made pre-war contributions. England was—and still is to a large extent—distressingly asleep.

Church Building and the Impact of New Materials

Until roughly a century ago, stone, brick and wood provided man's only constructional means. Then, with the invention in England of the Bessemer process for the inexpensive production of steel, and the development in France of reinforced concrete—both just over 100 years ago—structural potentiali-

LA NUEVA ARQUITECTURA ECLESIÁSTICA

Una Epoca de Cambiamiento Profundo

En todo el mundo la arquitectura cristiana está pasando hoy por uno de los cambios más importantes en sus casi dos mil años de historia. La estructura física de la Iglesia, por supuesto, se ve afectada primordialmente, pero eventos muy significativos en la liturgia tambien moldean el diseño de las iglesias. Sería conveniente repasar brevemente el panorama y las causas y efectos de estos cambios, y precisar la dirección donde apuntan, si la hubiese.

Panorama Histórico

Así como el Abad Suger (1081–1151) lanzó el movimiento gótico casi por sí solo al exortar a sus arquitectos para que 'abriesen' las paredes de Saint-Denis entonces en construcción, así tambien otro francés posterior, Auguste Perret (1874–1954), fué primordialmente responsable en establecer una arquitectura eclesiástica contemporánea. Perret consiguió ésto en 1923 con su famosa Notre-Dame-du-Raincy, al este de París, una iglesia que señaló un rompimiento radical con todo edificio de iglesia precedente. Es interesante saber que Perret obtuvo el encargo para su proyecto por razones de economía, no de estética. La iglesia de Raincy fué la primera en usar hormigón armado como material único, y en expresar este material no sólo en sus columnas portantes, sino también en sus paramentos de hormigón en secciones prefabricadas que fueron perforadas con aberturas de diseño geométrico y vidriadas en colores. Su maravilloso interior, claro y abierto, tiene pocos rivales. La obra de Perret prendió la imaginación de gran parte de la Europa continental, y antes de 1930 muchas nuevas iglesias de buena calidad habían sido construidas que hicieron resurgir en buena forma aquella antigua tradición cristiana de mirar siempre adelante. La Iglesia había sido guía y vanguardia durante la mayor parte de su historia hasta su letargo—acentuado por la Revolución Industrial—de hace unos doscientos años. Las nuevas iglesias de 1925–1930 asumieron de nuevo esta descuidada tradición de vida y renovación. En Alemania, en particular, el trabajo explorador de Otto Bartning, Martin Weber, Dominikus Böhm, y Rudolf Schwarz fué brillante. Los suizos, los checoeslovacos y los escandinavos también hicieron aportes antes de la guerra. Inglaterra permaneció—y mayormente permanece aún—lamentablemente dormida.

Efecto de los Nuevos Materiales sobre la Construcción de Iglesias

Hasta hace un siglo más o menos, piedra, ladrillo y madera eran los únicos medios constructivos de que disponía el hombre. Entonces, con la invención en Inglaterra del sistema Bessemer para

9

ties leapt forward. (The Romans had, of course, used concrete but without the steel reinforcing which gives tensile strength to the native compressive resistance of the medium.) It has taken a long time for steel and concrete to realize their potential: actually reinforced concrete has only recently come into its own, and now these two have been joined by other constructional developments such as factory-laminated wood (particularly in wood-rich America), new forms of glass, and even plastics. Thus, instead of being confined by small-unit masonry and wood, a vast horizon of almost unlimited space-conquering means now awaits the imagination of the architect. These potentialities have logically affected church design (as they have all building), just as all new developments in the past—the Gothic flying buttress and window wall for instance—liberated and advanced religious architecture in their day. And it is important to realize that the architects of the Middle Ages would have given anything to possess our steel and reinforced concrete, for these master builders sought to minimize structure and maximize glass to such a degree that, most notably at Beauvais, they pushed stone beyond its then-calculable strength, with the result that nave bays collapsed.

The materials referred to above have (with the exception of laminated wood) been used far more boldly and with far greater sophistication in the new churches of Europe than in those of the United States. Steel stands smartly exposed in many Continental churches, while reinforced concrete is often purposefully left unpainted precisely for its expression of strength and texture.

Another Continental development which has had a marked effect on religious architecture can be seen in the use of thick facetted chunks of coloured glass, set in fine concrete laced with reinforcing rods, to make wall panels. Smooth on the inner surface, the exterior irregularities of the chipped glass catch and play with the changing rays of the sun throughout the day. Largely a French development of the late 1920's and early 30's, this *Betonglas, dalles-verres*, or mosaic glass, produces a wall of almost jewel-like intensity and richness of colour, one far more alive than the more normal thin flat panes of stained glass fastened in lead.

The technical potentialities for church building have thus burst from the restraint of a hoary past; one can now call on building means of breathtaking range. Obviously license has accompanied liberty, and so many wretched, jazzed-up churches at present affront the world's suburbia that one is given serious pause. However, as the means are greater, so can be the results; we have opportunities today to produce some of the most satisfying houses of God ever built. At this point it is appropriate to recall some of the great church periods of the past: the Gothic cathedrals are certainly the most magnificent monuments to God—and to the community —ever erected, but they were designed for a fearsomely omnipotent deity, a procession-laden liturgy, and a priestly autocracy which certainly does not answer the problems of today's ethos, particularly for Protestantism. (Nor, it should be pointed out, were they intended to.) Moreover, many of the churches of the Renaissance and the Baroque seem to have everything in them except the spirit of God; they are far more concerned with being dazzling monuments to man.

Developments in Liturgy Affecting Architecture

Whereas the changes in liturgical expression, generally and somewhat enigmatically referred to as the Liturgical Movement, are by no means as immediately dramatic as the great revolution in building technique—indeed some of their expressions trace back to Rome's fifth-century S Stefano Rotondo—there is a growing awareness that fresh liturgical relationships must be introduced. The primary aim of the

la producción a bajo costo del acero, y el desarrollo en Francia del hormigón armado—ambos hace poco más de cien años—las posibilidades estructurales dieron un salto adelante. (Los romanos habían usado el hormigón, es verdad, pero sin el refuerzo del acero que añade fuerza en tracción a la resistencia a comprensión inherente al material.)

Ha llevado mucho tiempo al acero y al hormigón abrir los ojos a sus posibilidades—precisamente el hormigón sólo recientemente se hizo dueño de su campo—y ahora a éstas dos se han unido otras innovaciones constructivas tales como la madera laminada (especialmente en América donde la madera abunda), nuevos tipos de vidrio, y aún materiales sintéticos. Y así, en vez de ser constreñidos por la madera y por mampostería de de pequeñas unidades, un vasto horizonte de casi ilimitadas posibilidades para encerrar el espacio se abre a la imaginación del arquitecto. Lógicamente estas posibilidades han afectado el diseño de iglesias (como el de todos los demás edificios) lo mismo que toda innovación en el pasado—por ejemplo, los arbotantes y paramentos de vitrales en el gótico—liberó e hizo adelantar la arquitectura religiosa en su día. Y es importante darse cuenta de que los arquitectos de la Edad Media hubieran dado cualquier cosa por nuestro acero y hormigón armado, pues aquellos maestros constructores buscaban disminuir la estructura y aumentar el vidrio a tal extremo que—conocido es el caso de Beauvais—llevaron la piedra más allá de su resistencia entonces calculable, con el consiguiente fracaso.

Los materiales referidos (con la excepción de madera laminada) han sido utilizados con mucho más atrevimiento y con mayor madurez en las nuevas iglesias de Europa que en las de los Estados Unidos de Norte América. El acero está bien visible en muchas iglesias continentales, mientras el hormigón a propósito se deja muchas veces sin pintar precisamente buscando su expresión de fuerza y textura.

Otra innovacion continental Europea que ha tenido notable efecto sobre la arquitectura religiosa puede verse en el uso de gruesos trozos de vidrio coloreado, con facetas, empotrados en un entrelazado fino de hormigón armado, formando secciones de paramentos verticales. De superficie lisa al interior las irregularidades del vidrio astillado atrapan la luz al exterior y juegan con los rayos del sol en su diurna variación. Desarrollado mayormente en Francia alrededor de 1930, este Betonglas, dallesverres, o mosaico de vidrio, constituye un muro de intensidad y riqueza de color casi de joyería, de mucha mayor animación que los delgados y chatos vidrios de color usualmente fijos en plomo.

Las potencialidades técnicas para la construcción de iglesias así han roto las restricciones de un pasado ya decrépito; ahora se puede disponer de medios constructivos pasmosos en su alcance y variedad. Obviamente con la libertad vino la licencia, y tantas desgraciadas iglesias afrontan ya los suburbios del mundo con su afectación de exuberancia, que dan seriamente que pensar. Sin embargo, si los medios son mejores, también pueden serlo los resultados. Tenemos hoy oportunidad para producir casas de Dios de las más satisfactorias nunca erigidas. Al llegar aquí conviene considerar algunos de los períodos 'grandes' de la Iglesia en el pasado. Las catedrales góticas son ciertamente los más magníficos monumentos a Dios—y a la comunidad—jamas construidos, pero fueron proyectados para una deidad terriblemente omnipotente, una liturgia cuajada de procesiones, y una autocracia clerical que seguramente no responde al los problemas del 'ethos' actual—especialmente para el protestantismo. (Cual no era su propósito, debe advertirse.) Además, muchas de las iglesias del Renacimiento y del Barroco parecen tener de todo en ellas menos el espíritu de Dios; mucho más les interesa ser deslumbrantes monumentos al hombre.

Innovaciones en la Liturgia que afectan la Arquitectura

Si bien los cambios en la expresión litúrgica, de un modo general y algo enigmático conocidos como el movimiento litúrgico, no son

Liturgical Movement commendably lies in establishing a closer relation between clergy and congregation, and in making the latter participants in the service, not mere observers.

The Liturgical Movement received one of its earliest supports in the first part of this century when Pius X, who was Pope from 1903 to 1914, urged the adoption not only of smaller, more intimate churches, but a 'one-room' design. More recently the Anglican cleric Peter Hammond, in several provocative books, has stated the liturgical case with ardour. In his *Towards a Church Architecture* (Architectural Press, London, 1962), he goes so far as to state that 'A church is essentially a place for *doing*, for corporate *action* in which all are participants and each has his appropriate function to perform; it is not a sort of jewelled cave in which the solitary individual may find some kind of worship experience, and where his emotions may be kindled by the contemplation of a remote spectacle.' Whether we agree or not with this activated togetherness, there is without question need for a more intimate ambience than a column-forested, attenuated nave can provide. A closer clergy-congregation relation must, of course, affect the entire design of the church. However, let us not forget that it takes more than a congregation grouped around a projected chancel to insure a fine church. This is only the beginning.

The Evolution of New Shapes in Church Design

With the new materials, particularly steel and reinforced concrete, enabling the architect to break away from the narrow nave dictated by stone and wood, and with liturgical evolution developing in strong opposition to the Latin Cross plan, new and different concepts of ecclesiastic space are inevitably emerging. However, that no developed pattern can be seen is confirmed by the spread of comparative plans between pages 8–9. Indeed, it can well be argued that today there should be no pattern of church planning such as characterized the Romanesque, the Gothic, and to a less degree the Renaissance, Baroque, and 'Colonial'. A church should grow from its particular requirements—its site, its climate, its neighbours, its programme—and not be trussed into a previously determined mould. Moreover, some congregations might seek an 'atonement-centred' church, while others would relish a joyous oneness with nature. This will, of course, lead to the observation that many new churches 'do not look like a church'. But what, pray, have the following in common except a cross: Santa Maria Maggiore in Rome, Santa Sophia in Istanbul, St Pierre in Moissac, Laon Cathedral, King's College Chapel in Cambridge, San Carlino in Rome, Vierzehnheiligen near Bamberg, St Basil's in Moscow, the Madeleine in Paris, to say nothing of those smaller ecclesiastic delights in the Greek islands and the Cotswolds, the almost pagan Norwegian stave churches, and the lovely white wood churches of New England? If a rundown of the greatest churches of all times proves anything, it reveals that none resembles significantly the ones which preceded it. If it had this would constitute an admission of bankruptcy in religious architecture. What a jolt it is to recall that the Italians considered Gothic architecture—today our most revered church form—so outlandish that they named it for a tribe of barbarians!

Specific Tendencies

Having briefly scanned the general forces shaping the church today, it is appropriate to outline several specific tendencies now observable in the finer European work.

ni con mucho tan dramáticos e inmediatos como la gran revolución en técnicas constructivas,—a la verdad, algunas de sus expresiones se remontan a San Stefano Rotondo en Roma en el siglo quinto—existe una creciente consciencia de la necesidad de aportar interrelaciones litúrgicas frescas. El objetivo primordial del movimiento litúrgico, laudablemente, consiste en establecer una relación más estrecha entre clero y feligresía, y en hacer de estos últimos participantes en la ceremonia, no meros espectadores. El Movimiento Litúrgico recibió uno de sus primeros apoyos a principios de este siglo cuando Pío X, quien fué Papa de 1903 a 1914, urgió la adopción no sólo de iglesias más pequeñas y más íntimas, sino con un solo local o espacio interior. Más recientemente el clérigo anglicano Peter Hammond ha manifestado con ardor el caso litúrgico en varios libros que han de estimular reconsideraciones. En su Towards a Church Architecture (Architectural Press, Londres, 1962), *llega a decir que 'Una iglesia es esencialmente un lugar para hacer, para acción comunal en la cual todos son partícipes y cada uno tiene su función propia que desempeñar; no es una especie de caverna enjoyada en la cual el individuo solitario pueda hallar alguna clase de experiencia piadosa, y donde sus emociones puedan ser excitadas por la contemplación de un espectáculo remoto'. Que estémos o no de acuerdo con este activador agrupamiento, sin duda se necesita un ambiente mas íntimo que el que pueda proporcionar una nave estrecha sembrada de columnas. Una relación mas íntima entre clero y feligresía ha de afectar por de contado el diseño entero de la iglesia. Pero no debemos olvidar que se requiere algo más que un lugar de reunión dispuesto alrededor de un presbiterio en el proyecto de una excelente iglesia. Esto es sólo el principio.*

Evolución de Nuevas Formas en el Diseño de Iglesias

Con los nuevos materiales, especialmente acero y hormigón armado, facultando al arquitecto para liberarse de la nave estrecha a que obligaban la piedra y la madera, y con la evolución litúrgica desarrollándose en fuerte oposición al plano en cruz latina, inevitablemente están surgiendo nuevos y distintos conceptos del recinto eclesiástico. Sin embargo, que no puede advertirse el desarrollo de un patrón uniforme lo confirma el número de planos comparativos expuestos en las páginas 8 y 9. En verdad, muy bien puede argüirse que hoy no debe haber un patrón para proyectar iglesias tal como los que caracterizaron el Románico, el Gótico, y en menor grado el Renacimiento, el Barroco, y el 'Colonial'. Una iglesia debiera sugir de sus requisitos particulares—su situación, su clima, sus vecinos, su propósito—y no ser encajada en un molde previamente determinado. Además, algunas feligresías puede que busquen una iglesia centrada en la expiación, mientras otras se complacerían en una feliz comunión con la naturaleza. Por supuesto de este modo llegaremos a oír que muchas iglesias nuevas 'no parecen iglesias'. Pero por favor ¿qué tienen en común aparte de la cruz: Santa Maria Maggiore en Roma, Santa Sophia en Istanbul, Saint-Pierre en Moissac, la catedral de Laon, la capilla de King's College en Cambridge, San Carlino en Roma, Vierzehnheiligen cerca de Bamberg, San Basilio en Moscú, la Madeleine en Paris por no mencionar aquellos deleites eclesiásticos menores en las islas de Grecia y en los Cotswolds, las iglesias casi paganas de troncos de madera en Escandinavia, y las amables iglesitas blancas de Nueva Inglaterra? Si un repaso de las mejores iglesias de todos los tiempos prueba algo, nos revela que ninguna se asemeja significativamente a las que le precedieron. Si lo hiciese, esto equivaldría a una admisión de bancarrota en arquitectura religiosa. ¡Qué sacudida nos da el recordar que los italianos consideraban tan extravagante la arquitectura gótica—la forma de iglesia que mas reverenciamos hoy—que le dieron el nombre de un pueblo bárbaro!

Church and Environment

Most churches—throughout history—are entered and left too abruptly with little 'preparation space', either from the worldly to the spiritual, or vice versa. S Ambrogio in Milan solved this problem superbly in the twelfth century with its walled forecourt which sensitively acts as an intermedium between the commercial hurly-burly and noise of the city and the peace of its nave. Moreover, a semi-enclosure or similar architectural subtlety encourages the congregation to tarry and chat with the priest and friends after service, in addition to possessing transition and insulating qualities. Several of the churches examined later cleverly solve this relation of church to setting. It is a concern no church architect should ignore, particularly when dealing with urban sites.

Entering the Church

The massive portal on axis with the altar, or even the simple central front door, produces within almost always a static, anticipated space. Whereas this certainly provides an acceptable solution, as history well attests, more and more architects and clergy are realizing it is not the only one. The diagonal or side entry to the nave, for instance, delivers a stimulating spatial flow and excitement, and the more simple the plan probably the greater the need for an eccentric entry. Architecture is an art-science in which one moves.

Placement of the Altar

A distinct tendency in today's churches pries the altar loose from the sanctuary wall and places it so that the priest or minister can stand behind and face the congregation during much of the service. Moreover, the altar in some of the finest new churches is swept almost totally clear of moveable objects, and stands as a clean and sacred block, the flowers and candles, and often even the cross, being placed either on the floor or on the wall behind.

Location of the Choir

The choir, many who are concerned with the church feel, should never be placed as an intruder between altar and congregation. A choir distracts—if pretty—and always makes more remote the sanctuary itself. Moreover, the famous-infamous 'divided choir' constitutes an affront to the conductor. The rear gallery is more and more the favoured location for choir and organ.

Natural Lighting

The two main determinants of excellence in church architecture are the quality of its enclosed space and of its natural light. It cannot be emphasized strongly enough that the sources and flow of daylight are among the most important factors in the success or failure of a church. There are numerous examples where fine spaces have been ruined by cruel light. No congregation can be expected to look into glare and like it. Interestingly enough, this lesson was almost totally lost on the Gothic architects who provided direct apsidal windows facing the people. The great cathedrals are almost always more impressive in the side aisles than the main nave, and a large part of this impact is due to the fact that one generally cannot see direct windows down the sides. There are few instances where *any* window in the chancel wall has been other than a disaster (one, incidentally, will be illustrated later), and yet they appear often, and with searing effect, in the work of some of the most noted architects.

The lighting in the churches to follow reflects the freedom given contemporary structure, and it will run the gamut from four walls of solid glass to those where no source of light at all is visible, only the effect. Dramatic spotlights of

Tendencias Particulares

Habiendo avistado brevemente las fuerzas generales que dan forma a las iglesias hoy, conviene bosquejar varias tendencias particulares que pueden observarse en lo mejor de la obra europea:

La Iglesia y su Ambiente

La mayoría de las iglesias—a través de la historia—se penetran y se abandonan demasiado abruptamente, con poco 'espacio de transición' ya de lo mundano a lo espiritual o viceversa. San Ambrogio en Milan resolvió este problema en forma excelente en el siglo doce con su antepatio cercado, el cual sirve de intermedio a los sentimientos entre el tráfico y bullicio de la ciudad, y la paz de su interior. Por demás, un medio-claustro o sutileza arquitectónica similar, anima a los feligreses a detenerse y conversar con el sacerdote y con los amigos después de la función—aparte de tener cualidades de transición y aislamiento. Algunas de las iglesias visitadas últimamente resuelven ingeniosamente esta relación entre la iglesia y su alrededor. Es un punto que ningún arquitecto de iglesias debe descuidar, especialmente cuando se trate de ambientes urbanos.

Entrando en la Iglesia

El pórtico masivo a eje con el altar, o simplemente una puerta central, produce en el interior casi siempre un espacio estático, ya previsto. Si bien ésto es una solución aceptable, como la historia bien demuestra, cada día los arquitectos y el clero se dan más cuenta de que no es la única. La entrada diagonal o lateral a la nave, por ejemplo. comunica una estimulante inquietud y fluidez de espacio, y mientras más sencilla sea la planta, mayor será con toda probabilidad la conveniencia de una entrada excéntrica. La arquitectura es un arte-ciencia en la cual uno se mueve.

Situación del Altar

Una tendencia marcada en las iglesias de hoy separa el altar del muro del presbiterio, y lo sitúa de modo que el sacerdote o ministro pueda estar detrás y hacer frente a la congregación durante gran parte de la ceremonia. Además, en algunas de las mejores iglesias nuevas se ha desembarazado casi por completo el altar de objetos movibles, y se le deja como un bloque limpio y sagrado, colocando las flores y candelabros, y a veces hasta la cruz, sobre el piso o sobre el muro detrás.

Situación del Coro

El coro, en opinión de muchos que se interesan por la iglesia, nunca debiera inmiscuirse entre el altar y la congregación. Un coro distrae—si es bonito—y siempre hace más remoto el santuario mismo. Además, el famoso o infame 'coro dividido' constituye una afrenta al director. El balcón o entresuelos a espaldas de la congregación es cada vez más el lugar preferido para coro y órgano.

Luz Natural

Las dos determinantes principales de excelencia en la arquitectura de iglesias son la calidad del espacio interior y la calidad de su luz natural. No puede hacerse suficiente hincapié sobre el hecho de que las fuentes y la distribución de luz solar son de los factores más importantes en el éxito o en el fracaso de una iglesia. Existen numerosos casos en los que muy buenos interiores han sido estropeados por una luz cruel. No se puede enfrentar a una congregación con una luz fuerte y esperar que le agrade. Es curioso que esta lección fuese casi completamente ignorada por los arquitectos góticos, quienes en sus ábsides pusieron ventanas frente a los ojos del pueblo. Las grandes catedrales casi siempre impresionan más desde las naves laterales que en la nave central, y gran parte de este impacto se debe al hecho de que generalmente no se enfrentan ventanas a lo largo de los laterales.

sun from roof monitors will vie with continuous peripheral illumination: churches flooded with light will be seen contrasted to those where a mysterious atmosphere prevails. The church today, both in form and light, is capable of a magnificent range of possibilities, but it must be handled with cunning and care—and restraint. Several of the churches shown later are of interest in that their architects considered not only the effect of daylight coming in, but of artificial light streaming outward after dark.

Art in Religious Architecture
Architecture, being tied to mundane mechanics in addition to ordering space, can rarely by itself evoke in the church—man's most sublime building effort—that elusive atmosphere which sets the church apart from secular building. The artist —who clarifies and intensifies experience—can often by his talents take the church to greater heights. On the other hand, he can, if not sufficiently skillful (or if the architect is not sufficiently discerning), commit havoc. As many architects and clergy do not understand contemporary art, and many artists do not understand architecture, havoc is more than widespread. And, it should be pointed out, the artist, whatever his field, should be called in to work with the architect from the beginning, not just at the end. Most of the sixty churches examined in this book have used the artist in one form or another, often several together. Some architects, in Renaissance fashion, have done the building, the art and even the furniture themselves.

New Additions to Old Churches
As mentioned earlier, all great churches in history were as 'modern' for their time as possible. Their clergy and architects never dreamed of aping the past even when new additions were made onto old churches. Consider the two towers of Chartres, for instance, one emerging from the Romanesque, its neighbour handsomely expressing the full flower of the Gothic. The Henry VII Chapel in Westminster differs markedly in 'style' from the main nave, while in Italy scores of churches proclaim proudly, and rightly, the different additions which the centuries have bequeathed them.

Today, following the unparalleled destruction of World War II, the problem of restoring sections of old churches, or of building new naves for still-standing towers, becomes particularly acute. Moreover, restoration is rendered more difficult by the fact that new additions are rarely built in the stone-by-stone fashion of the remaining bits. This delicate problem has no stock answer: except, perhaps, the greater the destruction the more contemporary the addition should be. Coventry provides a brilliant example of new with old, and several of the German churches in this book expertly pair new churches with aged towers.

Caveat

Form in church architecture becomes possible only if there is form in society. When to puzzled, uncertain, threatened-with-extinction, amorphic peoples in transition, one adds totally new building means of fantastic scope, and further complicates the situation with unprecedentedly divergent ideas concerning God and man's relation to Him, church building inescapably leans toward the unsatisfactory. The new churches of this world, with notable exceptions, number among the most fumbling and desperate ever erected. Indeed, there are so many bad new churches in Europe and the Americas that all Christians—clergy, congregations, architects, and artists—should hang their heads in shame. Far, far too many are warmed-over 'Gothic' or 'Colonial' or ill-conceived, ill-lit, ill-constructed pastiches, seemingly designed

Existen pocos casos en los que una ventana de cualquier clase sea otra cosa que un desastre (una, incidentalmente, servirá de ilustración más adelante), y sin embargo a menudo se les ve—con efecto devastador—en la obra de algunos de los más renombrados arquitectos.

La iluminación en las iglesias que seguirán, refleja la libertad otorgada a la construcción en nuestros días, y recorre toda la escala desde cuatro paredes totalmente de vidrio hasta aquellas en que no se ve por donde entra la luz, tan sólo su efecto. Focos dramáticos de luz solar rivalizarán con iluminación periférica contínua. Iglesias inundadas de luz serán contrastadas a otras en las que una atmósfera misteriosa prevalece. Hoy la iglesia, tanto en su forma como en su luz, dispone de un extenso campo de posibilidades, pero han de ser manipuladas con ingenio y con ojo avizor—y muy comedidamente. Algunas de las iglesias ilustradas más adelante son de interés por cuanto sus arquitectos tuvieron en cuenta no sólo el efecto de la luz al interior, sino también el de la luz artificial irradiando de noche al exterior.

Artes en la Arquitectura Religiosa
La arquitectura, engrampada como está con mecanismos mundanos, después de haber ordenado por sí sola el espacio, rara vez puede evocar en la iglesia—el más sublime esfuerzo constructivo del hombre—esa atmósfera elusiva que distingue la iglesia de los edificios seculares. El artista—quien aclara e intensifica la experiencia—con su talento puede a menudo llevar la iglesia a más alto rango. Por otra parte tambien puede, si no es bastante hábil (o si el arquitecto no es bastante perspicaz) cometer un estrago. Dado que muchos arquitectos y clérigos no comprenden el arte contemporáneo—y muchos artistas no comprenden la arquitectura—los estragos abundan por doquier. Y el artista, debe señalarse, cualquiera que sea su campo debe ser llamado a colaborar con el arquitecto desde el principio, no sólo al final. Las más de las sesenta iglesias examinadas en este libro han empleado artistas en una forma u otra, a menudo varios simultáneamente. Algunos arquitectos, a la manera del Renacimiento, han hecho ellos mismos el edificio, las imágenes y ornamentación, y hasta los muebles.

Ampliaciones Nuevas a Iglesias Viejas
Según queda dicho, todas las grandes iglesias en la historia fueron tan 'modernas' en su tiempo como fuera posible. Sus clérigos y arquitectos nunca pensaron imitar el pasado, aún cuando nuevas ampliaciones se añadían a iglesias viejas. Considérense las dos torres de Chartres, por ejemplo, surgiendo una del Románico y su vecina dejando ver con elegancia el florecimiento completo del Gótico. La capilla de Enrique VII en Westminster difiere notablemente en 'estilo' de la nave principal, mientras en Italia docenas de iglesias proclaman con orgullo—y con razón—las distintas ampliaciones con que los siglos las han dotado.

Hoy, a renglón seguido de la destrucción sin paralelo de la segunda guerra mundial, el problema de restaurar partes de iglesias antiguas, o de construir naves nuevas para torres remanentes, resulta especialmente agudo. Además, la restauración se hace más difícil por el hecho de que el trabajo nuevo rara vez se construye piedra sobre piedra como las partes que quedaron en pie. Este delicado problema no tiene una solución valedera para todos los casos—excepto, quizás, que cuanto mayor sea la destrucción, tanto más contemporánea debe ser la reconstrucción. Coventry nos muestra un brillante ejemplo de lo nuevo pareado con lo viejo, y varias de las iglesias alemanas en este libro unen iglesias nuevas a torres antiguas.

Advertencia

En la arquitectura de iglesias solo puede haber forma cuando hay forma en la sociedad. Cuando a pueblos en transición, perplejos, confusos, amorfos, amenazados de extinción, se le dan medios constructivos completamente nuevos y de alcance fantástico, y

to startle, be photographed of a May morning, and forgotten a year later. Obviously a ghastly amount of shoddy work characterizes every building type: look at speculative housing, for example, but today's religious architecture seems, paradoxically, capable of bringing out the worst in man.

A number of architects—and their clergy—think that if they can produce an unusual shape for a church, preferably freakish, this is all which is required. Being straitjacketed by most building types (schools, office buildings, hospitals, etc) into more or less routine, four-square functions, too many architects, when they get a church commission with its comparative freedom, consider the job a design toy, a virtuoso forum for unbridled imagination and spatial (and structural) acrobatics. In this they are abetted by the clergy, each of whom wants to prove that his parish is right on its toes. There is too much concern about originality and not enough on that emotional experience in religious space which makes such transcending demands on all concerned with church building.

Mass mediocrity is not ordained; new religious building does not have to be poor. To show that vacuous copies of the past, or preposterous forms, shocking lighting, a confusion of busy-busy materials, and a restless environment are not required, this examination of European churches was prepared.

Selection of Churches in Book

The sixty churches shown here were not chosen because they are each altogether satisfactory—no similar group from any decade in history would be. They were selected because they constitute in the author's opinion the most stimulating ecclesiastic workshop of our time; because they have established new horizons in church thinking; and because by their architects' probing we have become enriched and had our eyes opened. All of the churches to follow are considered provocative, but many, it should be freely understood, are deficient and even downright poor in some regards. Some will be finer on the inside, others on the outside, but if they make a basic contribution, or even have unsuccessfully attempted a promising new direction but failed—and we profit from this failure—they have been included. This book seeks lessons, pro and con, not just a slender clutch of polished gems which, it is hoped, will also be found in these pages.

It should be emphasized and emphasized again, that every church shown, like other successful buildings of whatever type, remains a product of its immediate environment, materials and culture. Not one of them could be transplanted to any other set of conditions, let alone to different countries. Not only do needs and conditions vary from one place to another, they can, and generally should, change if we move a building site across the street.

As regards the selection of the churches, this of necessity must be subjective. But after every church in this book was examined personally—plus hundreds of others over an extended period of time—those chosen seemed in broad perspective to contribute most. In this regard it is worth remembering a point brought out in the author's *The New Architecture of Europe*, which noted that two of the most distinguished architects of the twentieth century see little merit in Le Corbusier's Ronchamp, a chapel which many architects and critics consider the finest religious building of our time.

Scope of Book

The New Churches of Europe is primarily concerned with that one room in each religious complex which constitutes the rationale of its being: the room for worship. Ancillary adjuncts provided for educational and social activities,

cuando la situación se complica más aún con ideas más que nunca divergentes con respecto a Dios y las relaciones del hombre con la Divinidad, la construcción de iglesias inevitablemente tiende a ser insatisfactoria. Las nuevas iglesias de este mundo—con notables excepciones—se cuentan entre las más titubeantes y desesperadas nunca erigidas. En verdad hay tantas malas iglesias nuevas en Europa y en las Américas, que todos los cristianos—clérigos, feligreses, arquitectos y artistas—debieran bajar la cabeza avergonzados. Muchas, demasiadas, son seudo-góticas o seudo-coloniales, o son pastiches mal concebidos, mal iluminados, mal construidos, al parecer proyectados para sorprender, ser fotografiadas una mañana de primavera, y olvidadas antes de un año. Es verdad que una horrible cantidad de trabajo ostentoso y vulgar caracteriza todo tipo de construcción—véase los caseríos construidos como especulación financiera, por ejemplo—pero la arquitectura religiosa de hoy paradójicamente luce capaz de sacar a relucir lo peor que puede el hombre dar de sí.

Muchos arquitectos—y su clero—piensan que si logran hacer una iglesia de forma extraña, caprichosa o extravagante, eso es todo lo que se pide. Viéndose constreñidos por la mayor parte de los tipos de edificios (escuelas, oficinas, hospitales, etc.) a formas rutinarias e invariables, cuando obtienen el encargo más libre de proyectar una iglesia, demasiados arquitectos consideran su trabajo un juguete, una tribuna pública de virtuosismo, una oportunidad para dar rienda suelta a la imaginación y a las acrobacias espaciales y constructivas. En esto son animados por los clérigos, cada uno de los cuales se empeña en demostrar que su parroquia no se queda atrás. Hay demasiada preocupación por la orginalidad, y no suficiente interés por esa experiencia emocional en el espacio religioso que exige auto-superación a todos los que se interesan por la construcción de iglesias. La mediocridad en masa no es obligatoria; la construcción religiosa nueva no tiene que ser mala. Para demostrar que copias vacías del pasado, o formas absurdas, iluminación chocante, aglomeración de materiales llamativos y ambiente intranquilo no son requeridos, se preparó este examen de iglesias europeas.

Selección de Iglesias en el Libro

Las sesenta iglesias mostradas aquí no fueron escogidas por ser cada una completamente satisfactoria—ningún grupo similar en cualquier época de la historia lo sería. Fueron elegidas porque constituyen en opinión del autor el estudio colectivo eclesiástico más estimulante de nuestro tiempo; porque han establecido nuevos horizontes mentales en torno a las iglesias; y porque las indagaciones de sus arquitectos nos han enriquecido y nos han abierto los ojos. Todas las iglesias que siguen se consideran provocativas, pero muchas de ellas, entiéndase bien, son deficientes y aún decididamente malas en algunos aspectos. Algunas son mejores al interior, otras al exterior, pero si hacen una contribución básica, aunque sea un intento infructuoso en una dirección nueva y prometedora que no se alcanzó—y aprendemos algo de ese fracaso—han sido incluidas. Este libro persigue lecciones a favor y en contra, y no sólo el exiguo ramillete de pulidas joyas que es de esperar tambien se encuentre aquí. Una y otra vez debe recalcarse que cada iglesia ilustrada—igual que otros edificios bien logrados de cualquier tipo—es el producto de su ambiente inmediato, sus materiales y su cultura. Ni una sola de ellas pudiera ser transplantada a otro conjunto de condiciones, por no hablar de otro país. No sólo varían las condiciones y los requisitos de un lugar a otro, sino que pueden—y generalmente deben—cambiar si mudamos el sitio para una iglesia al lado opuesto de la calle. En cuanto a la selección de iglesias, esto necesariamente ha de ser cuestión subjetiva. Pero después que cada iglesia en este libro fué visitada personalmente—además de cientos de otras durante un largo período de tiempo—las escogidas parecieron ser en amplia perspectiva las que más han de contribuir. Con respecto a esto conviene recordar un punto mencionado en The New Architecture of Europe *de este autor, donde*

offices, quarters for priest or minister, etc, generally are omitted as being peripheral to the far more trying task of the design of the nave. Moreover, the book does not explore in detail, except where pertinent, building techniques or construction, nor does it go into costs either on an overall or cubic basis. Such factors, though admittedly important, vary so much from country to country, and can be so misleading, that it was thought wiser—given limited space—to concentrate on the message of the forest and only nod to the trees.

The author's original intent was to include at least twenty more churches, and to call on parts of many others in substantially illustrated analytical sections of the introduction. However, the severe economics of today's publishing prohibited this. Deep apologies are sincerely extended to those kind architects who generously sent requested material, yet whose churches at the last minute—and for reasons that had little to do with quality—could not be included.

Layout of Book

The churches shown are grouped by country (alphabetically in English), then by architect (also alphabetically), then chronologically if there is more than one church by the same man. The dates of completion of all churches are given in the index.

All photographs throughout the book (except a few square ones) are directly proportional to the page size, hence have the same ratio whether large or small.

Colour Slides Available

Colour slides of most of the churches shown are available from Sandak Incorporated, 39 West 53rd Street, New York 19, N.Y. Made from 9×12 cm and 4×5 in. Ektacolor negative film, and bound in glass and plastic mounts imprinted with identifying caption, these transparencies achieve excellent colour fidelity.

Photographic Note

The photographs, with few exceptions, were taken with a 9×12 cm Zeiss Juwel or a 4×5 in. Swiss Sinar film-pack camera on a tripod, with a light-yellow filter used for all black and white film. No artificial lights were employed.

anotaba que dos de los más distinguidos arquitectos del siglo veinte encuentran poco valor en la capilla de Ronchamp, de Le Corbusier, la cual muchos arquitectos y críticos consideran el mejor edificio religioso de nuestro tiempo.

Alcance del Libro

Las Nuevas Iglesias de Europa *se concierne primordialmente con ese espacio en cada grupo o edificio religioso que constituye la razón de ser de su existencia; el espacio para el culto. Servicios adjuntos para actividades educacionales y sociales, oficinas, habitaciones para el sacerdote o ministro, etc., en general se han omitido por ser circunstantes a la tarea mucho más difícil que es el proyecto de la nave. Además, el libro no investiga en detalle, excepto cuando resulta pertinente, técnicas constructivas, ni tampoco menciona costos en ninguna forma. Tales factores, sin negarles importancia, varían tanto de un país a otro y pueden ser tan desorientadores, que se consideró más prudente—dado el espacio limitado—enfocar la vista del bosque más bien que la de ningún árbol. La intención inicial fué del autor incluir por lo menos veinte iglesias más, y mencionar partes de muchas otras con secciones analíticas bien ilustradas en la introducción. Pero la estricta economía publicitaria actual lo prohibió. Profundas excusas se extienden sinceramente a los bondadosos arquitectos que generosamente enviaron el material solicitado, y cuyas iglesias en el último minuto—y por motivos que tenían poco que ver con calidad—no pudieron ser incluidas.*

Distribución del Material en el Libro

Las iglesias ilustradas han sido reunidas por nacionalidad (alfabéticamente en inglés), luego por arquitecto (tambien alfabéticamente), luego cronológicamente si hay más de una iglesia por el mismo arquitecto. Las fechas de terminación de todas las iglesias están en el índice.

Todas las fotografías en el libro (excepto unas pocas que son cuadradas) tienen las mismas proporciones que la página, y por lo tanto son en la misma relación cualquiera que sea su tamaño, grande o pequeño.

Transparencias en color obtenibles

Transparencias en color de la mayor parte de las iglesias ilustradas pueden obtenerse de Sandak Incorporated, 39 West 53rd Street, New York 19, N. Y. Tamaño 4×5 pulgadas (9×12 cm). Impresas de película negativa Ektacolor, y encuadradas en vidrio con marcos plásticos y títulos de identificación, estas transparencias logran excelente fidelidad de color.

Nota Fotográfica

Con pocas excepciones, las fotografías fueron tomadas con cámaras de film-pack sobre un trípode, una Zeiss Juwel 9×12 cm, o una Sinar suiza 4×5 pulgadas, usando un filtro amarillo claro para toda película en blanco y negro.

No se emplearon luces artificiales.

ST PIUS X *Pontlatzerstrasse, Innsbruck/Neu-Arzl—Josef Lackner architect.*
[Construction—reinforced concrete frame, roof, and walls. Finish and colours—natural concrete coffered ceiling; white walls outside and in; deep red floor matting. Competition winner. 180 seats in main nave, 45 in each side chapel. Roman Catholic.] This highly unusual church exhibits provocative merit—and one glaring fault. Its considerable, virtually unique, contribution lies in its excellent basic concept; this provides a squarish, distinctly elevated, inner platform for the nave and sanctuary, 'capped' by an inverted, almost windowless box (the roof and upper side walls) which projects some seven feet beyond the platform on all four sides. The lower walls of this topping are of glass. The wide roof projection beyond the nave not only provides an ambulatory around it, and access to all rooms and services beneath it (baptistry, confessionals, etc); far more important, it—abetted by the change in levels—gives to the place of worship a detached, floating quality—a highly successful heavenly platform. As the upper section is basically windowless and the lower fully glazed on all four sides, a suffused, reflected light fills the inner church. And, it is important to note, almost no direct light from the ambulatory can be seen from the pews. The interior space thus produced is quite wonderful, and it is handsomely topped by a deep natural concrete ceiling. Steps on either side of the altar connect chancel with the lower ambulatory, and provide dramatic access for the priests. Between the steps, and dropped behind the altar (and well out of sight of the congregation), are placed the choir and organ. The fault mentioned—as should be evident from the photographs—can be painfully observed in the triangular window behind the altar and in its four unfortunate cousins slicing off each corner. Note that the two small altars flank the main sanctuary with a fine feeling of spatial unity. The Stations of the Cross are capably incised in the unrendered concrete along three sides of the ambulatory. The Christus, recently put behind the main altar, was done by Hans Ladnel of Munich. The paintings over the side altars are by Eduard Klell.

SAN PIO X Pontlatzerstrasse, Innsbruck/Neu-Arzl—Josef Lackner, arquitecto.
[*Construcción—armadura, techos y muros, de hormigón armado. Terminación y colores—casetones del techo en hormigón en bruto; muros pintados de blanco por fuera y por dentro; piso alfombrado en color rojo oscuro. Primer premio en un concurso. Capacidad— 180 en la nave principal, 45 en cada capilla lateral. Católica.] Esta extraordinaria iglesia ostenta méritos provocativos—y un defecto notorio. Su considerable aporte, virtualmente único, estriba en su excelente concepto básico; a éste se debe una plataforma marcadamente cuadrada para la nave y el presbiterio, visiblemente elevada y cubierta por una caja invertida (el techo y los muros superiores) casi sin ventanas, que se extiende unos siete pies (2.13 m) más afuera de la plataforma por los cuatro costados. La parte inferior de las paredes de esta caja son de vidrio. La amplia extensión del techo más allá de la nave no sólo permite un ambulatorio a su alrededor y acceso a los locales y dependencias situados abajo (batisterio, confesionarios, etc.); mucho más importante es que—con ayuda de la diferencia de niveles—da al recinto religioso una calidad suelta, flotante, muy propia de plataforma celestial. Dado que la parte superior es básicamente sin ventanas y la inferior completamente vitreada en los cuatro lados, una luz indirecta, difusa, llena la iglesia interior. Y es muy importante observar que desde los bancos apenas se ve alguna luz directa procedente del ambulatorio. El espacio interior así obtenido es maravilloso, y está bellamente coronado por un techo profundo de hormigón en bruto. A los dos lados del altar unos escalones conectan el presbiterio con el ambulatorio inferior, y permiten a los sacerdotes entrar en forma dramática. Entre los escalones, detrás del altar y más bajo (invisible para los feligreses) están situados el coro y el órgano. El defecto antes mencionado—según puede verse en las fotografías—se observa con pena en la ventana triangular tras el altar, y en sus cuatro desventuradas primitas rebanando las esquinas. Nótese que los dos altares laterales flanquean el santuario principal, dando una buena impresión de unidad espacial. Las Estaciones del Vía Crucis están hábilmente grabadas en el hormigón a lo largo de tres lado del ambulatorio. El Cristo, recién colocado tras el altar mayor, fué hecho por Hans Ladnel, de Munich. Las pinturas sobre los altares laterales son de Eduard Klell.*

B

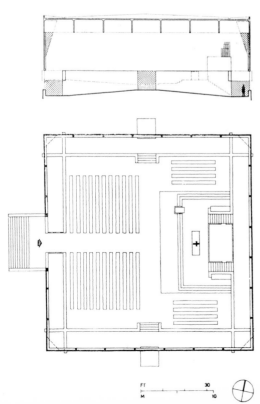

FT   30
M   10

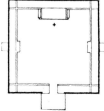

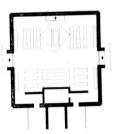

CREMATORIUM CHAPEL *Nørdre Ringvej at Mellemtoftvej, Copenhagen-Glostrup—G. Bornebusch, M. Brüel and J. Selchau architects.*
[Construction—wall-bearing brick with wood roof truss. Finish and colours—red handmade brick walls outside and in; natural wood ceiling; red tile floor. 108 seats. Protestant.]
This admirably restrained and moving chapel provides a sympathetic and fitting background for its services. Particularly appropriate for its burial function—and its distracting semi-public location—the side walls are windowless, shutting off all contact with the outside world. From above, like welcoming hands, a superbly imaginative roof window and 'chandelier' of natural maple reaches down toward the catafalque and radiates its comforting light throughout the room. The austerity of this near-cubic space finds further relief in the warm red of its walls, whose brick is nicely laid up with alternate rows of headers and flat faces. Even the altar and catafalque are brick. The well-scaled steel cross was designed by Axel Brüel; the simple, natural wood chairs by Vilhelm Wohlert and Rolf Graae. The organ, whose form, materials and placing all complement the room, was made by Frobenius and Son. Detailing throughout remains consistently sensitive. On the exterior the strong cube of the chapel plays against a long, almost unbroken wall, behind which are grouped the various offices and services. Religious and technical functions are thus cleanly separated. Even their architecture contrasts, having a monolithic masonry quality in the chapel and open, wood construction in the service wing. An underground passage connects catafalque with crematory. The juncture of the two elements exhibits skilful handling, while even the potentially troublesome, harsh fact of the heating stack has been made into a positive feature. The long cemetery wall will eventually be filled with urns and bronze identifying plaques.

CAPILLA DEL CREMATORIO Nørdre Ringvej a Mellemtoftvej, Copenhague-Glostrup—G. Bornebusch, M. Brüel y J. Selchau, arquitectos.
[*Construcción—muros portantes de mampostería de ladrillo con techos de madera. Terminación y colores—muros en ladrillo rojo hecho a mano, por fuera y por dentro; techos de madera al natural; piso de losas de barro rojo. 108 asientos. Protestante.*]
Esta capilla admirablemente comedida y conmovedora proporciona un ambiente de acuerdo con su objeto. Especialmente apropiados a su función de sepelio—y a su aturdidora situación semipública—los muros laterales no tienen ventanas, impidiendo todo contacto con el mundo externo. Desde arriba, como manos acogedoras, en forma soberbiamente imaginativa un lucernario y una 'lámpara' de madera meple al natural se extienden abajo hacia el catafalco e irradian su consoladora luz por todo el espacio interior. La austeridad de este espacio casi cúbico también se alivia con el cálido tono rojizo de sus paredes, cuyo ladrillo ha sido bien colocado en hiladas alternas de cabeza y de canto. Hasta el altar y el catafalco son de ladrillo. La cruz de acero, a buena escala, fué diseñada por Axel Brüel: los sencillos asientos en madera natural por Vilhelm Wohlert y Rolf Graae. El órgano, cuya forma, materiales y situación son todos complementos del salón, fué hecho por Frobenius e Hijo. Todo el conjunto ha sido detallado con igual sensibilidad. Al exterior, el sólido cubo de la capilla contrasta con un muro largo, casi ininterrumpido, detrás del cual se agrupan las varias oficinas y servicios. De este modo, las funciones religiosas y técnicas están claramente separadas. También su arquitectura contrasta, teniendo una calidad de mampostería monolítica en la capilla, y de construcción abierta de madera en el ala de servidumbres. Un pasaje subterráneo conecta catafalco y crematorio. La unión de los dos elementos muestra hábil manipulación, y hasta la dura y áspera necesidad de una chimenea ha sido convertida en un factor positivo. El largo muro del cementerio estará lleno algún día de urnas y tarjas de bronce identificatorias.]

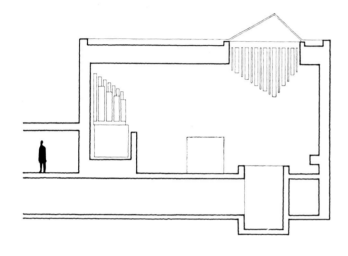

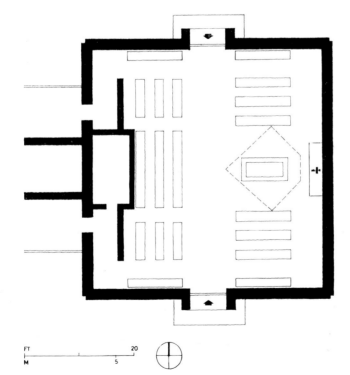

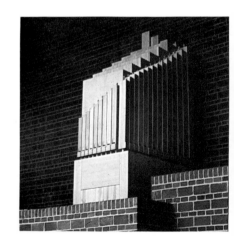

FT   20

M   5

STENGÅRD CHURCH *Triumfvej at Gammelmosevej, Copenhagen-Gladsaxe—Rolfe Graae and Vilhelm Wohlert architects.*

[Construction—cavity brick walls with steel reinforcing; interior concrete ridge beam; wood ceiling. Finish—red hand-made brick walls outside and in; natural pine ceiling and balcony, oak pews; red tile floor. 196 seats in main nave plus 192 in adjoining hall opened by sliding doors. Protestant.] Consciously seeking a neighbourhood character to fit into its northwest Copenhagen suburb, this church realizes a subtle maximum of space and effect with an obvious minimum of materials. Brick walls and tile roof, both dazzlingly red, play against pitch-painted wood muntins and belfry grilles on the exterior. Inside, the rich red of walls and floor counterpoint light, natural woods and unrendered concrete. This simple but expressive use of mainly local materials characterizes much contemporary Danish architecture; it forms a sensitive rebuttal to the notion that architectural progress must be measured only by its abandonment of traditional construction means. Spatially the approach to the nave unfolds under a low horizontally 'stepped' balcony which throws a strong visual emphasis on the altar and lends contrast to the lofty nave. This entering process provides, indeed, the most stimulating part of the three-dimensional experience of the room. The nave proper proclaims a simplicity to the point of dryness, and a certain visual competition exists between the light wood organ casing and its balcony with the dark brick altar and sanctuary. The sanctuary itself, however, is of a very superior order, binding altar, pulpit and baptismal font into an admirable whole. All three units are of the same red brick used for the surrounding walls—the altar and font accented by marble tops—and establish an excellent mutual kinship. Architecture and 'furniture' are as one for a change. Note that the freestanding, rather high altar lies directly adjacent to the pulpit, with the font, and suitable standing space for the family and guests, in front. The louvred windows of the church, though unilateral, produce an acceptable if slightly clinical illumination which is fine in the nave but glaring in the balcony. The artificial lights of small copper units affixed to the sloping ceiling are both effective and unobtrusive. A stage with adjacent storage fills the end of the adjoining hall, with sacristy, minister's office and coffin room also along the east wall.

IGLESIA DE STENGÅRD Triumfvej y Gammelmosevej, Copenhague-Gladsaxe—Rolfe Graae y Vilhelm Wohlert, arquitectos.

[*Construcción—muros huecos de ladrillo con refuerzos en acero; viga de hormigón bajo el caballete; techo interior de madera. Terminación y colores—muros de ladrillo rojo hecho a mano, afuera y adentro; techo interior y balcón de pino al natural; bancos de roble; piso de losa roja. 196 asientos en la nave principal, más 192 en salón adjunto comunicado por puertas correderas. Protestante.*] Buscando conscientemente un carácter vecindario para adaptarse a su suburbio al noroeste de Copenhague, esta iglesia consigue sutilmente un máximo de espacio y efecto con un mínimo obvio de materiales. Muros de ladrillo y techo de tejas, ambos deslumbrantemente rojos, juegan al exterior contra la madera creosotada en las parrillas del campanario y en los pies derechos de las ventanas. Al interior, el rojo brillante de muros y piso se contrapone a las maderas claras al natural y al hormigón en bruto. Este uso sencillo pero expresivo de materiales mayormente locales es típico de mucha arquitectura danesa contemporánea; refuta sensitivamente la noción de que el progreso arquitectónico debe medirse sólo por su abandono de los medios de construcción tradicionales. El acceso a la nave se desarrolla espacialmente bajo un balcón 'escalonado' horizontalmente, el cual echa un fuerte énfasis visual sobre el altar y hace contraste a la alta nave. Este modo de entrar produce, en verdad, lo más estimulante de la experiencia tridimensional del salón. La nave propiamente dicha proclama una sencillez rayando en la sequedad, y existe una cierta competencia visual entre la madera clara de la caja del órgano y de su balcón, y el ladrillo oscuro del altar y el santuario. El santuario mismo, sin embargo, es de un orden muy superior, uniendo altar, púlpito y pila bautismal en un conjunto admirable. Las tres unidades son del mismo ladrillo rojo usado en los muros circundantes—acentuados el altar y la pila por topes de mármol—y establecen un parentesco mutuo excelente. La arquitectura y el mobiliario, por variar, aquí son uno. Nótese que el altar independiente y más bien alto está inmediato al púlpito, y en frente está la pila con espacio suficiente alrededor para los familiares y amigos. Las ventanas con sus persianas, aunque unilaterales, producen una iluminación aceptable como de hospital, muy buena en la nave pero molesta en el balcón. Las pequeñas lámparas de cobre adosadas al techo inclinado son eficientes y desapercibidas. Un escenario con almacenaje adjunto llena el extremo del salón al lado, y también una sacristía, oficina del ministro y local para un ataúd a lo largo de la pared este.

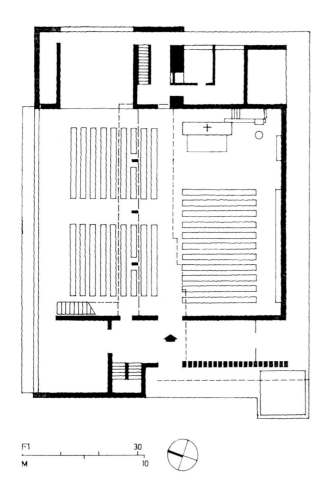

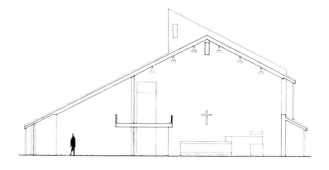

F1   30

M   10

ST KNUD LAVARD *Lyngbygårdsvej, Copenhagen-Kongens Lyngby—Carl R. Frederiksen architect.*
[Construction—reinforced concrete frame and upper walls; lally column inner supports; steel roof truss. Finish and colours—white concrete block walls above, natural wood below; natural wood ceiling; red tile floor. 400 seats. Roman Catholic.] Two features mark this church: the clarity and articulation of its structure, and the quality of its natural light. The church is wrapped on two flanks and the front by an unbroken flat band of concrete elevated eight feet above the main floor. This rests on its own meticulously stated concrete columns. Between these columns stands the lower enclosing wall of wood, topped by a narrow band of relief windows to provide light to the side aisles and to emphasize the wall's structural independence. A high band of clerestory windows tops the concrete side walls and provides the general nave illumination. The roof is supported by two inner rows of lally columns, wind-braced by steel rods against the outer structure. Thus, both from without and within the roof plane sits free of the enclosing walls, and each element is cleanly stated. A floor-to-ceiling wall of concrete (with concrete block inner facing) rises behind the altar. This is connected to the nave on the right side by a full-height window of multi-coloured panes (designed by the architect), delivering a strong accent of natural light at the chancel. A small burial chapel and a storage room stand to the left of the chancel, along with the baptismal font. The altar is, fortunately, temporary. Confessionals are placed in the side walls, broken at left by a colourful *Betonglas* window of the Passion of Christ by Eric Olson. The suspended lights are well designed, as is a finely drawn circular stair of wood inside the right entrance. This stair leads to the rear gallery for the choir and organ. The exterior, though direct and simple on the sides, shows no inspiration in front. The entry garden and the changes in level are well handled, but the mosaic is more timid than effective, while the doors puzzle as to what parts open and what parts do not. The nearby Catholic school provides for communal activities.

ST KNUD LAVARD Lyngbygårdsvej, Copenhague-Kongens Lyngby—Carl R. Frederiksen, arquitecto.
[*Construcción—armadura y muros superiores de hormigón armado; soportes interiores por columnas de hierro fundido; techo sobre armaduras de acero. Terminación y colores—muros en hormigón blanco en lo alto y en madera al natural debajo; techo interior en madera al natural; piso de losa de barro rojo. 400 asientos. Católica.] Dos rasgos distinguen esta iglesia: la claridad y articulación de su estructura, y la calidad de su iluminación natural. La nave está envuelta a los dos lados y al frente por una banda lisa de hormigón, ininterrumpida, y elevada ocho pies (2.43 m) sobre el piso principal. Esta descansa sobre sus propias columnas de hormigón meticulosamente expuestas. Entre estas columnas se alzan las paredes inferiores de madera, coronadas por una banda estrecha de ventanas para dar luz a los pasillos laterales y para acentuar la independencia estructural de las paredes. Una bando alta de ventanas clerestorio remata los muros laterales de hormigón y proporciona la iluminación general de la nave. El techo está sostenido por dos hileras de columnas de hierro, arriostradas por cabillas de acero a la estructura exterior. Así, tanto al exterior como al interior aparece el techo libre de los muros circundantes, y cada elemento está claramente expuesto. Un muro de hormigón de piso a techo (con revestimiento interior de bloques de hormigón) se levanta detrás del altar. Este se empata con la nave al lado derecho por una ventana a toda altura de cuadros multicolores (diseñada por el arquitecto), proyectando un fuerte acento de luz natural sobre el presbiterio. Una pequeña capilla mortuoria y un almacén se hallan a la izquierda del presbiterio, junto con la pila bautismal. El altar es provisional, afortunadamente. Los confesionarios están situados en las paredes laterales, interrumpidos a la izquierda por una ventana de* betonglas *rica en color, de la Pasión de Cristo, por Eric Olson. Las lámparas colgantes están bien diseñadas, como también lo está una bien ajustada escalera circular de madera, al interior de la entrada a la derecha. Esta escalera lleva, al entresuelos para el coro y el órgano. El exterior, aunque sencillo y directo a los lados, al frente no muestra inspiración. El jardín a la entrada y los cambios de nivel están bien dispuestos, pero el mosaico es más tímido que efectivo, y las puertas confunden en cuanto a las partes que abren y las que no. La escuela cátolica cerca de allí aloja las actividades comunales.*

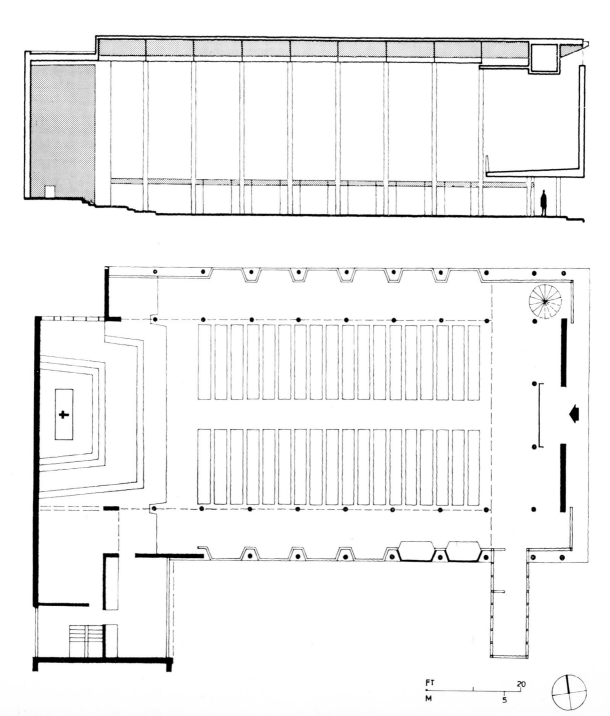

FT   20
M   5

Denmark *Dinamarca*

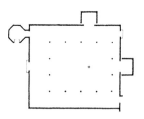

ST PAUL'S, BOW COMMON St Paul's Way at Burdett Road, London E3—Robert Maguire architect, Keith Murray associate.
[Construction—reinforced concrete inner frame carrying brick tower walls: load-bearing brick outer walls; steel-framed roof over centre, folded concrete roof over sides. Finish and colours—purple-grey brick outside and in; white concrete finish; reddish stone and white flint brick floor laid in processional pattern; natural wood pews with red cushions. 200 moveable seats at present, expandable to 500 as neighbourhood grows. Protestant.] Bow Common represents the Church of England's first substantial essay into postwar church building, and, further, its first positive statement of the new Liturgical Movement. It must be judged, therefore, as a pioneer, and a brave and somewhat experimental one at that. In a nondescript neighbourhood that is destined for redevelopment into eleven-storey apartment buildings, the church stands out with an angular forcefulness which, though a mite awkward in the prominent 'lantern', promises a welcoming retreat inside. The plan is squarish with low aisles around all four sides and a lofty inner nave and sanctuary. The octagonal entry terminates one end of the diagonal and the sacristy and offices, etc. the other. Only the font and the altar are permanently fixed. Maguire particularly wanted an intimate relation between altar, priest and congregation; he therefore placed the altar well forward and surrounded it on three sides by pews. There is, thus, a respectful grouping about the sanctuary, and a focus on it intensified by the down-pouring of light from the great lantern directly above. There is also, however, a certain amorphous and temporary quality along the outer edges of the interior space which is particularly unsatisfactory behind the altar. The wall here, with small chapel centred behind, serves scarcely more than a service and circulation area that as background detracts from the holiness of the sanctuary. Moreover, the visibility of the small triangles of clear glass (in the folded roof planes) behind the altar does not help—clear glass behind an altar rarely does. Another disturbing detail can be seen in the guillotine appearance of the wrought iron *corona lucis*, defining the sanctuary. In some respects, thus, the church is weak. However, in basic thinking, particularly as regards the plan and the altar's relation to the congregation, Bow Common can exert a powerful and salutary influence on British religious architecture. A church school and eventually a new vicarage will be added adjacent to it.

SAN PABLO, BOW COMMON St Paul's Way a Burdett Road, Londres, E3—Robert Maguire, arquitecto, Keith Murray, asociado.
[*Construcción—muros de la torre de ladrillo soportados por armadura interior de hormigón armado; muros exteriores portantes, de ladrillo; techo central armado en acero, techo sobre los laterales, de hormigón plegado. Terminación y colores—ladrillo gris-amoratado por fuera y por dentro; hormigón terminado en blanco; piso de piedra rojiza y ladrillo pedernal blanco indicando el paso de las procesiones; bancos en madera al natural con cojines rojos. 200 asientos movibles actualmente, ampliable a 500 según aumente el vecindario. Protestante.*] *Bow Common representa el primer esfuerzo importante de la Iglesia Anglicana en construcción de iglesias después de la guerra, y es también su primera manifestación positiva del nuevo Movimiento Litúrgico. Por lo tanto debe ser juzgada como una exploración, por demás valiente y un tanto experimental. En un barrio sin carácter, destinado a ser reconstruido con edificios de once pisos de apartamentos, la iglesia se destaca con anguloso vigor, y aunque una pizca desmañada en su prominente lucernario, promete un retiro acogedor una vez dentro. El plano es casi cuadrado, con pasillos de bajo puntal a los cuatro lados y una nave interior y santuario de gran altura. La entrada en forma octagonal termina un extremo de la diagonal, y la sacristía y oficinas, etc. el otro. Sólo la pila y el altar están permanentemente fijos. Maguire quería especialmente una relación íntima entre altar, sacerdote y congregación; por eso situó el altar bien adelante y lo rodeó con bancos por tres lados. Hay así un agrupamiento respetuoso alrededor del presbiterio, y una concentración sobre el altar intensificada por el torrente de luz que baja del gran lucernario directamente encima. También hay, sin embargo, cierta cualidad amorfa y provisional a lo largo del perímetro del espacio interior, que resulta especialmente poco satisfactoria detrás del altar. Aquí el muro, con la pequeña capilla en eje detrás, apenas es otra cosa que un área de circulación o de servicio que, como fondo, desdice de la santidad del presbiterio. Además, la vista de los pequeños triángulos de vidrio transparente (entre los pliegues del techo) detrás del altar, no le ayuda—vidrio claro tras el altar rara vez lo hace. Otro detalle inquietante puede verse en el aspecto de guillotina de la* corona lucis *que enmarca el lugar santo. En varios aspectos, por lo tanto, la iglesia es débil. Sin embargo, en su concepto básico, particularmente en lo que se refiere a su planta y la relación del altar con la congregación, Bow Common puede ejercer una influencia fuerte y saludable sobre la arquitectura religiosa en Inglaterra. Una escuela parroquial y eventualmente una nueva vicaría se añadirán adjuntas.*

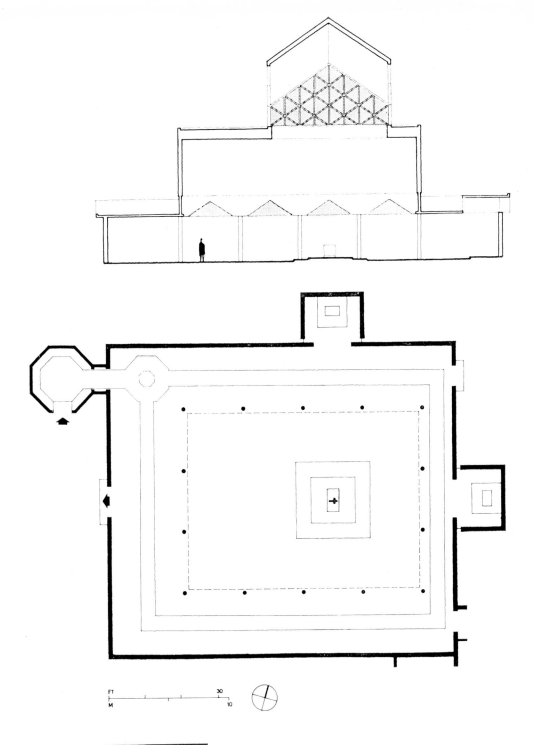

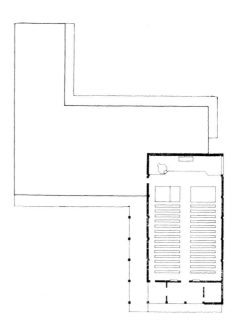

METHODIST CHURCH *Cricket Green, Mitcham, Surrey—Edward D. Mills architect.*

[Construction—reinforced concrete frame with folded slab roof; brick panel walls. Finish and colours—yellow brick; natural wood ceiling; hardwood floor. 300 seats. Protestant.] Replacing a nearby old church which had been blitzed during the war, this recent addition to a south London suburb fits easily into its new site. Trees were carefully preserved, and a welcoming, almost domestic, scale was sought to make this a good neighbour. A free-standing cross punctuates the yard, while space for sixteen cars is provided at one side. In addition to the church proper the programme included a hall seating 200 and equipped with stage, plus three large flexible classrooms, offices and services. The structure of the church, which was done in consultation with Ove Arup, is airy and cleanly expressed outside and in. The covered side porch, formed by extending the roof planes, is particularly good as it not only provides a fine entry to the hall and offices, but also creates a sheltered area where the congregation can forgather before and after service. The interior has fine natural illumination from high windows on either side plus a large window at right chancel. Small windows, low in each bay, provide visual contact with the outside. The natural materials of the nave—wood and brick—are accentuated by the two-inch-thick York stone veneer covering the chancel wall. One of the most unusual features of the church lies in the arrangement of organ and choir. The organ pipes are in a loft over the nave's entrance to the hall, while the console lies in a shallow pit at the very front of the nave facing the choir across the aisle, the choir occupying pews at right angles to the congregation. The arrangement has worked well in practice. With the exception of the altar, which came from the old church, all furniture was designed by the architect.

IGLESIA METODISTA Cricket Green, Mitcham, Surrey —Edward D. Mills, arquitecto.

[*Construcción—armadura de hormigón armado con techo en placa plegada; paños de muro de ladrillo. Terminación y colores —ladrillo amarillo, techo interior en madera natural; piso de madera dura. 300 asientos. Protestante.*] *Reemplazando una antigua iglesia cercana que fué liquidada durante la guerra, esta reciente adición a un suburbio al sur de Londres encaja bien en su nuevo sitio. Los árboles fueron preservados cuidadosamente, y se buscó una escala acogedora, casi doméstica, para llevarse bien con los vecinos. Una cruz aislada hace un punto en el patio, y a un lado hay espacio para dieciséis coches. Además de la iglesia el programa incluía un salón para sentar 200 equipado con un escenario, y tres grandes aulas flexibles, oficinas, y servicios. La estructura del edificio, que fué hecha en consulta con Ove Arup, es abierta y limpiamente expuesta al interior y al exterior. El pórtico lateral, formado por la extensión de los pliegues del techo, es especialmente útil pues no sólo hace una buena entrada al salón y oficinas, sino también proporciona un área cubierta donde los feligreses pueden conversar antes y después del oficio. El interior tiene buena iluminación natural de ventanas altas a cada lado, más una gran ventana a la derecha del estrado. Pequeñas ventanas bajas en cada crujía permiten contacto visual con el exterior. Los materiales naturales de la nave—madera y ladrillo —están acentuados por el revestimiento de piedra de York, de dos pulgadas de grueso, que cubre el muro del estrado. Uno de los aspectos más inusitados de la iglesia consiste en la disposición del órgano y el coro. Los tubos del órgano están en un desván sobre el pasillo entre la nave y el salón, mientras la consola se encuentra en un hoyo de poca profundidad al mismo pie de la nave y frente al coro, cuyos bancos hacen ángulo recto con los de la congregación. El arreglo ha dado buen resultado en la práctica. Con excepción del altar, que vino de la iglesia anterior, todo el mobilario fué diseñado por el arquitecto.*

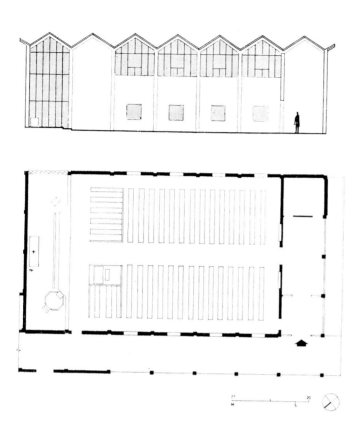

ST MICHAEL'S CATHEDRAL *Priory Street, Coventry—Sir Basil Spence architect.*

[Construction—local pink sandstone exterior walls, reinforced concrete roof truss; free-standing concrete inner columns and framing carrying wood canopy. Finish and colours—natural stone exterior; light plastered inner walls; natural spruce ceiling; black polished marble floor. Competition winner. 2,000 moveable seats. Protestant.] The new Coventry Cathedral has done more to revitalize the hitherto almost totally reactionary architecture of the Church of England than was ever dreamed possible. Because of the enormous popular success of this new church, the influence of Coventry will radiate throughout the country as a positive and exciting statement of religious building in our time. So much acclaim—and controversy—has been generated by Sir Basil's work that one must usually queue for an extended wait before even being able to enter! Actually the new cathedral might well go down in history as more notable for its influence than its architectural excellence, for it has conclusively shown Great Britain that church building need not look backward.

The basic exterior statement of Coventry and its relation to the old church are masterful. Indeed, the roofless walls and sightless windows of the fire-bombed old St Michael's (built in the fourteenth and fifteenth centuries) deliver the most dramatic, even poignant, entry to the new building of

CATEDRAL DE SAN MIGUEL Priory Street, Coventry —Sir Basil Spence, arquitecto.

[*Construcción—muros exteriores de piedra arenisca local de color rosado; soportes aislados al interior y armadura de hormigón sosteniendo un cielo de madera. Terminación y colores —piedra natural al exterior; paredes enlucidas al interior; cielo de madera de abeto al natural; piso de mármol negro pulimentado. Ganador en un concurso. 2000 asientos movibles. Protestante.] La nueva Catedral de Coventry ha hecho más por revitalizar la arquitectura de la Iglesia Anglicana, hasta ahora casi totalmente reaccionaria, de lo que se soñaba posible. Debido al enorme éxito popular de esta nueva iglesia, la influencia de Coventry irradiará por todo el país como una manifestación positiva y estimulante de construcción religiosa en nuestro tiempo. Tanto aplauso—y controversia—ha sido provocado por la obra de Sir Basil, que generalmente hay que hacer cola largo rato antes de poder siquiera entrar. En realidad la nueva catedral pudiera muy bien pasar a la historia como más notable por su influencia que por su excelencia arquitectónica, pues ha demostrado decisivamente a la Gran Bretaña que la construcción de iglesias no necesita mirar atrás. La proposición básica de Coventry, y su relación exterior a la iglesia antigua, son de mano maestra. Realmente, los muros sin techo y las ventanas vacías de la bombardeada catedral vieja de San Miguel (construida en los siglos catorce y quince) constituyen la entrada más dramática al nuevo edificio, hasta la acritud, de cualquier*

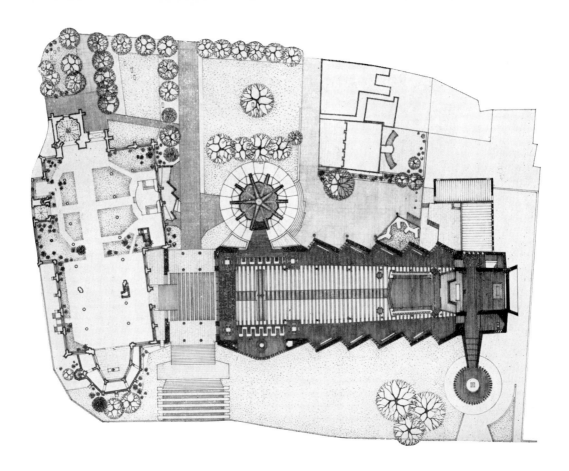

any church of our time. To approach the new via the parvis of the old constitutes an unforgettable experience. Interestingly enough almost all the other 218 submissions in the open competition for the new church disregard this possibility. Sir Basil wanted the new to grow from the old, and he very adroitly handled the transition and juncture between them. So that visual—and, indeed, mental—contact between ancient-and-sacrificed and new-and-resurrected would be maintained, the south end of the new church is sheathed in glass, well engraved with saints and angels by John Hutton. Through this thin screen one sees from without the distant high altar (when the light is right), while on leaving the cathedral the crags of the old are inextricably woven into the view, albeit in glaring fashion. As one steps into the cathedral one is swept by the great expanse of the nave, the elegant canopy of the ceiling, and the distant (290 ft) tapestry of Christ in Glory by Graham Sutherland. These features of nave, ceiling and tapestry require closer inspection. The attenuated shape of St Michael is, many feel, somewhat drawn out for current liturgical thinking, even in a cathedral, for the congregation's contact with the clergy becomes almost as tenuous as that in Gothic cathedrals. As regards the slender, precast concrete columns, designed with Ove Arup and Partners, and the elegant multi-planed ceiling, it comes as a surprise to discover that this provides merely an inner canopy with no structural relation to the outside walls. Although somewhat

iglesia de nuestro tiempo. Llegar a lo nuevo atravesando el atrio de lo viejo es una experiencia inolvidable. Es curioso que casi ningún otro de los 218 competidores al concurso libre para el proyecto consideró esta posibilidad. Sir Basil quiso que la obra nueva surgiese de la vieja, y trató con mucha destreza la transición y la coyuntura entre las dos. A fin de mantener contacto visual—y también mental—entre lo antiguo y sacrificado, y lo nuevo y resucitado, el extremo sur de la nueva iglesia ha sido cerrado sólo con vidrio, bien grabado de ángeles y santos por John Hutton. A través de esta delgada pantalla se puede ver desde fuera (cuando la luz es adecuada) el lejano altar mayor, y al salir de la catedral los escarpados de lo viejo están inseparablemente entretejidos en la vista, por demás deslumbrante. Al entrar en la catedral, uno se siente anonadado por la gran extensión de la nave, el elegante cielo-dosel, y el lejano (290 pies, 88.4 m) tapiz del Cristo Glorioso por Graham Sutherland. Estos aspectos de la nave, dosel y tapiz requieren una más cuidadosa inspección. La forma atenuada de la iglesia es, en opinión de muchos, más alargada de lo que conviene a la tendencia litúrgica de hoy, aún en una catedral, pues el contacto de los feligreses con el clero deviene casi tan tenue como el de las catedrales góticas. En cuanto a las esbeltas columnas prefabricadas, diseñadas en colaboración con Ove Arup y sus socios así como el elegante cielo polifacético, resulta una sorpresa descubrir que éste solo constituye un dosel interior sin conección estructural con los muros externos. Aunque algo reminiscente de

39

reminiscent of English Perpendicular Gothic vaulting, this ceiling does not grow from and climax the side walls; it does not even touch them. Moreover, it seems questionable that the naturally handsome warm stone of the side walls should be stuccoed and painted light within. To be sure, the lighter piers reflect their adjacent windows, but they weaken themselves in the process. The great Sutherland tapestry, measuring some 78 ft high by 38 ft wide—and supposedly the largest ever woven in one piece—seems not so much a tapestry applied to a wall as a mural totally filling a wall, one that uses thread instead of paint. This, however, is secondary to the cocoon figure and the pronounced geometric elements in the design that conflict with the architecture and are particularly disturbing behind the altar. Together with the impressive but too agitated Crown of Thorns over the choir stalls and Bishop's Throne and the excessively exposed organ pipes, there is just too much going on at the sanctuary end of the church. Actually the high altar, of forthright, hammered concrete, appears scarcely visible against such competition.

The most brilliant art of the church—and Sir Basil was admirable in assembling Britain's outstanding contemporary artists for the job—can be seen directly on entering at right. This is the thick glass by John Piper, filling the baptistry's bowed niche from floor to ceiling, and filling it with a warmth and brilliance which can be appreciated even on the many overcast days of Coventry's daily life. The sun

bóvedas góticas en el estilo Perpendicular inglés, este cielo no surge de los muros y los culmina; ni siquiera los toca. Además, uno se pregunta por qué la piedra de los muros laterales, cálida y hermosa en su estado natural, haya sido enlucida y pintada en tono claro al interior. Es verdad que los paños claros reflejan las ventanas adyacentes, pero se debilitan los soportes al hacerlo. El gran tapiz de Sutherland, midiendo unos 78 pies de alto por 38 de ancho (23.8 × 11.6 m)—que se supone el mayor nunca tejido en una sola pieza—luce no tanto un tapiz aplicado a una pared como un mural que llena por completo una pared, usando hilos en vez de pintura. Esto, sin embargo, es menos importante que la figura de oruga y los destacados elementos geométricos en la composición que chocan con la arquitectura y son especialmente pertubadores detrás del altar. Junto con la impresionante pero demasiado agitada Corona de Espinas sobre la sillería de coro y el Trono del Obispo, y con los tubos de órgano tan a la vista, hay sin duda demasiada agitación al extremo de la iglesia que es el santuario. Tan es así que el altar, de franco hormigón bujardeado, apenas resulta visible en semejante competencia.

La más lucida obra de arte en la iglesia—y Sir Basil es de admirar por haber reunido los más destacados artistas contemporáneos de Inglaterra para ese trabajo—puede verse apenas se entra a la derecha. Es la vidriera gruesa por John Piper que llena el nicho arqueado del batisterio de piso a techo, llenándolo con un brillo y un calor que puede apreciarse aún en los muchos días nublados de la vida cotidiana en Coventry. El sol brilla casi

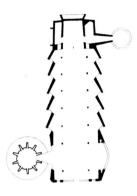

almost always shines here. At the window's foot—its theme stands for the Holy Spirit and the gift of life—appropriately is placed the font, a large, slightly hollowed boulder from the hillside of Bethlehem. A brilliant suggestion. Directly opposite the baptistry and attached to the outside, stands the ten-pointed Chapel of Unity—a plea for a universal church—with an almost too rich floor by Einar Forseth, and pencil-thin windows by Margaret Traherne outlining the deep U buttresses. Appropriately, the glass was given by Dr Konrad Adenauer. Progressing down the nave, the five seventy-foot-high angled windows on either side temptingly reveal themselves as one draws abreast. These range in generic colour from the green of youth to the red passion of young manhood through the mixed colours of middle age to the deep blue and purple of old age. The last two, of yellow and gold, represent afterlife. Effective in general, the glass is finicky in scale. One of the smaller gems of the cathedral can be seen in the gold mosaic by Steven Sykes for the Chapel of Christ in Gethsemane (to the right of the chancel). Outside, the late Sir Jacob Epstein did a handsome bronze St Michael conquering the Devil for the entry portal. And, further in the arts—in this case an almost forgotten one—it is highly appropriate that new music by Benjamin Britten, Michael Tippett and Sir Arthur Bliss was commissioned to mark the consecration of the handsome new cathedral.

siempre allí. Al pie de la ventana—su asunto simboliza el Espíritu Santo y el don de vida—con propiedad se encuentra situado la pila bautismal, una gran roca ligeramente ahuecada, de las lomas de Belén. Sugerencia brillante. Frente al batisterio y conectada al exterior está con sus diez puntas la Capilla de la Unidad— súplica por una Iglesia universal—con un piso casi demasiado rico por Einar Forseth, y vitrales delgados como lápices delineando los profundos contrafuertes en U, por Margaret Traherne. Apropiadamente, el vidrio fué donado por el doctor Konrad Adenauer. Adelantando en la nave, las cinco ventanas de 70 pies (21.3 m) de alto situadas diagonalmente a cada lado, se descubren según uno las va alcanzando. Estas varían en su colorido del verde juvenil al rojo apasionado de la virilidad a través de los colores mixtos de la edad madura al azul profundo y violeta de la vejez. Las dos últimas, en oro y amarillo, representan la otra vida. Efectista en general, el vidrio es mezquino en escala. Una de las joyas menores de la catedral puede verse en el mosaico en oro por Steven Sykes para la Capilla de Cristo en Getsemaní (a la derecha del presbiterio). Al exterior, el difunto Sir Jacob Epstein hizo un hermoso San Miguel venciendo al Diablo para el pórtico de entrada. Y penetrando en las artes— en este caso una casi olvidada—es sumamente apropiado que nueva música por Benjamín Britten, Michael Tippett y Sir Arthur Bliss fuese encargada para conmemorar la consagración de esta hermosa catedral nueva.

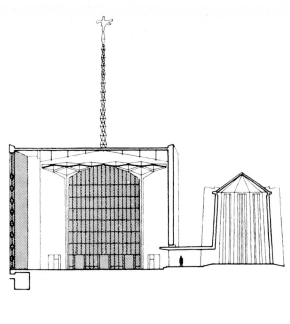

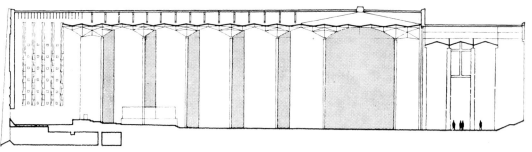

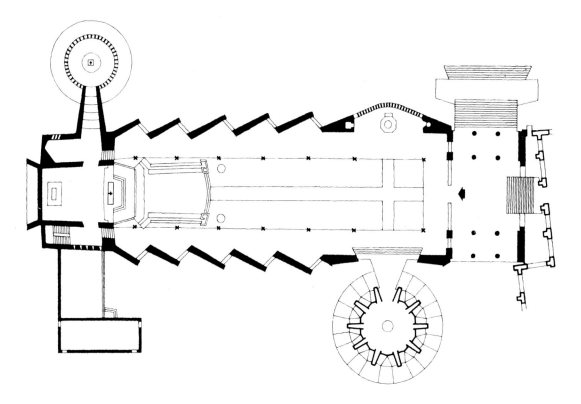

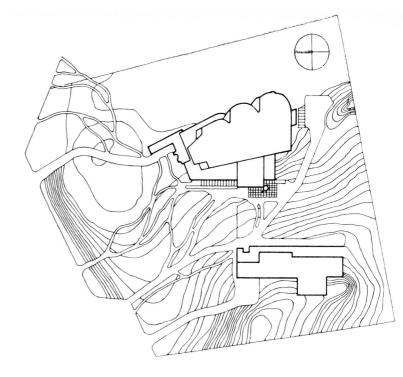

VUOKSENNISKA CHURCH *Vuoksenniska, Imatra— Alvar Aalto architect.*

[Construction—reinforced concrete frame integral with brick bearing walls. Finish and colours—all exterior and interior walls stuccoed and painted white; copper roof; natural wood pews and chairs; red tile floors. Capacity in main nave with pews 250—in the second and third sections with unfixed chairs, approximately 320 and 340, or 800 to 1,000 total. Protestant.] A determinant unlike those generally affecting church design generated this solution at Imatra, a new town, or coalescence of towns, within sight of the Soviet border. This was the use of the church primarily for religio-secular and secular organizations, and secondarily for divine service. It was further desired to have a church wherein all rooms for the various functions could be thrown together for large religious services at Christmas and Easter. This demand has, of course, somewhat compromised the religiosity of the nave proper, but it has produced a fascinating complex. Instead of a strung-out conglomeration of units, Aalto sought a form that would state its churchliness but would also properly accommodate its larger secular emphasis. The result comprises three connectable halls. One's first impression is of a building of wonderfully friendly scale, set in a grove of pine and birch (unfortunately hard hit by a freak hurricane shortly after completion), the whole punctuated by a confident belfry. The second impression concerns the puzzling plurality of entrances (there are five) which do a successful job of confusing the visitor. The front porch and door nearest the road are, for instance, used almost exclusively for funerals and weddings. But when one circles the church and the building's curves and counter-curves play with the sun and shadow—always one of Aalto's aims— and the smooth texture of the white stucco vibrates against the shaggy brown and green of the trees, one experiences an intriguing creation. Note that the almost sensuously soft forms of the east walls (which evolved from the curved mobile inner partitions) stand in sharp contrast to the pure angularity of the west (and usual entrance) side. The bell tower rises from one corner at the southwest, its finned top giving it distinction in a paysage well populated with stacks from numerous paper and pulp mills. On entering the church

IGLESIA DE VUOKSENNISKA Vuoksenniska, Imatra —Alvar Aalto, arquitecto.

[*Construcción—armadura de hormigón armado integrada con muros portantes de mampostería de ladrillo. Terminación y colores—todos los muros al exterior y al interior revocados y pintados de blanco; techo cubierto de cobre; bancos y sillas de madera al natural; piso de losa roja de barro. Capacidad en la primera nave con bancos 250, en la segunda y la tercera secciones con sillas movibles, aproximadamente 320 y 340, o de 800 a 1000 en total. Protestante.*] *Una determinante distinta a las que generalmente afectan el proyecto de iglesias engendró esta solución en Imatra, una población nueva, o conglomerado de poblaciones, a la vista de la frontera soviética. Fué el uso de la iglesia primordialmente por organizaciones semireligiosas o seculares, y en segundo lugar para oficios divinos. Se deseaba también una iglesia en la que todos los locales para las varias funciones pudiesen unirse para grandes oficios religiosos en Navidad y Pascua de Resurección. Este requisito, por supuesto, ha comprometido un tanto la religiosidad de la nave propiamente dicha, pero ha producido un conjunto fascinante. En vez de una aglomeración de unidades en fila, Aalto buscó una forma que manifestase su caracter de iglesia pero en la que también cupiese cómodamente su mayor énfasis secular. El resultado comprende tres salones conectables. La primera impresión es de un edificio de escala maravillosamente amistosa, asentado en un bosquecillo de pino y abedul (desgraciadamente averiado por un raro huracán poco después de su terminación), y puntualizado por un campanario confiado. La segunda impresión se debe a la extraña pluralidad de entradas (hay cinco) que consigue confundir al visitante. Por ejemplo, el pórtico frontal y la puerta más próxima al camino se usan casi exclusivamente para entierros y bodas. Pero cuando uno rodea la iglesia y las curvas y contra-curvas del edificio juegan con la luz y sombra—siempre uno de los objetivos de Aalto—y la textura lisa del blanco revoque vibra en contraste con el pardo y verde despeinados de los árboles, se tiene la experiencia de una creación intrigante. Nótese que la forma casi sensualmente suave de las paredes al este (debidas a los tabiques movedizos en curva del interior) están en agudo contraste a la pura angularidad del oeste, por donde usualmente se entra. El campanario se eleva desde una esquina al suroeste, su tope aleteado distinguiéndolo en un*

one discovers a pure white environment of marked intimacy, a setting of natural piety. The sanctuary's ceiling curves down behind the chancel pushing altar and pulpit into closer visual contact with the congregation, and acting acoustically somewhat like a sounding board. (Acoustic concern also dictated the curve of the wall facing the pulpit.) The altar, a simple block, seasonally vested together with the pulpit, is marked by the three crosses of Calvary. An undistinguished communion rail partly surrounds the chancel. Through a carefully calculated roof monitor a dazzling beam of sunshine spotlights the altar during the usual hours of morning service. To the right of the nave, and elevated in a small balcony above it, are choir and organ, the latter attended to rather too prominently. A bank of windows, each a different size, as they reflect the longitudinal sweep up and down of the section, opens off the left wall. The nave of the church is separated from the two more secular rooms beyond it by two monumental motor-driven doors. These divide the building into three parts, any one usable separately or all can be used together. Thus, a funeral, a woman's talk, and a scout meeting can be held simultaneously, with independent circulation for each, and not too much aural interference. It should be noted, however, that in spite of the mass of these doors and the fact that they are bedded in oil, more noise transmission occurs than would be expected or is desirable. Each section is emphasized volumetrically by the deep curve of its vaulted ceiling. Though this produces unity in each room, it militates against a feeling of oneness when all three rooms are combined. The side walls and inner windows on the east are splayed inward for acoustic purposes. Double glazing was used on these for better acoustics, insulation and light diffusion. Note the extraordinary lack of uniformity of the fenestration. Note, too, that one does not object to this. Sacristy, office for the clergyman, and a confirmation preparation hall are placed along the west side. The basement contains, in addition to services, a dining-room and kitchen. Quarters for the minister are adjacent. Although a superfluity of overlapping and even confusing means were used in the Vuoksenniska church, and many awkward angles can be found, a paradoxical counterpoint of restful simplicity with engaging vitality results.

paisaje bien surtido de chimeneas por las numerosas fábricas de papel y pulpa. Al entrar en la iglesia uno encuentra un ambiente completamente blanco de notable intimidad, marco de piedad natural. El techo interior del santuario baja en curva detrás del estrado, impulsando altar y púlpito a un contacto visual más inmediato con la congregación, y sirviendo de pantalla acústica. (Consideraciones acústicas también dictaron la curva de la pared frente al púlpito.) El altar, un simple bloque revestido como el púlpito de acuerdo con las estaciones, está señalado por las tres cruces del Calvario. Un comulgatorio indiferente rodea en parte el estrado. A través de un transmisor cuidadosamente calculado en el techo, un rayo de luz solar deslumbrante acentúa el altar durante las horas usuales de oficios matutinos. A la derecha de la nave, y elevados sobre un pequeño balcón, están el coro y el órgano, este último atendido algo en demasía. Una hilera de ventanas, todas de distinto tamaño al ajustarse a las subidas y bajadas del techo inclinado, se abre a la izquierda. La nave de la iglesia se separa de los dos locales más seculares adjuntos por dos puertas motorizadas monumentales. Estas dividen el edificio en tres partes, pudiendo ser usada cualquiera de ellas independientemente, o todas juntas. De este modo un sepelio, un club de señoras, y un comité de exploradores pueden efectuarse simultáneamente con circulación independiente para cada uno y sin demasiada interferencia audible. Debe notarse, sin embargo, que a pesar de la masividad de estas puertas y de estar acolchadas en aceite, ocurre más transmisión de ruidos de la que fuera de esperar o desear. Cada seccion está señalada volumétricamente por la curva profunda de su techo abovedado. Aunque esto da unidad a cada pieza, cuando se reunen las tres tiende a separarlas. Las paredes laterales y las ventanas interiores al este se han inclinado hacia dentro por razones de acústica. En ellas se usó doble vidrio en beneficio de la acústica, del aislamiento de calor, y la difusión de luz. Nótese la extraordinaria falta de uniformidad en la fenestración. Nótese también que no resulta desagradable. La sacristía, la oficina del clérigo, y una sala de preparación para la confirmación se hallan situadas al lado oeste. El sótano contiene, además de los servicios, un comedor y cocina. Habitaciones para el ministro se hallan adjuntas. Aunque una superfluidad de medios entrecruzados y hasta desconcertantes han sido usados en la iglesia de Vuoksenniska, y muchos aspectos poco afortunados pueden señalársele, un contrapunto paradójico de pacífica sencillez y vitalidad atractiva es el resultado.

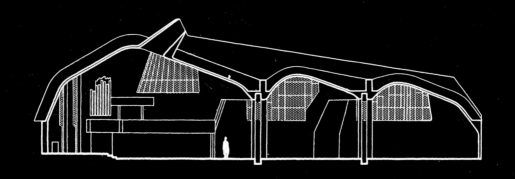

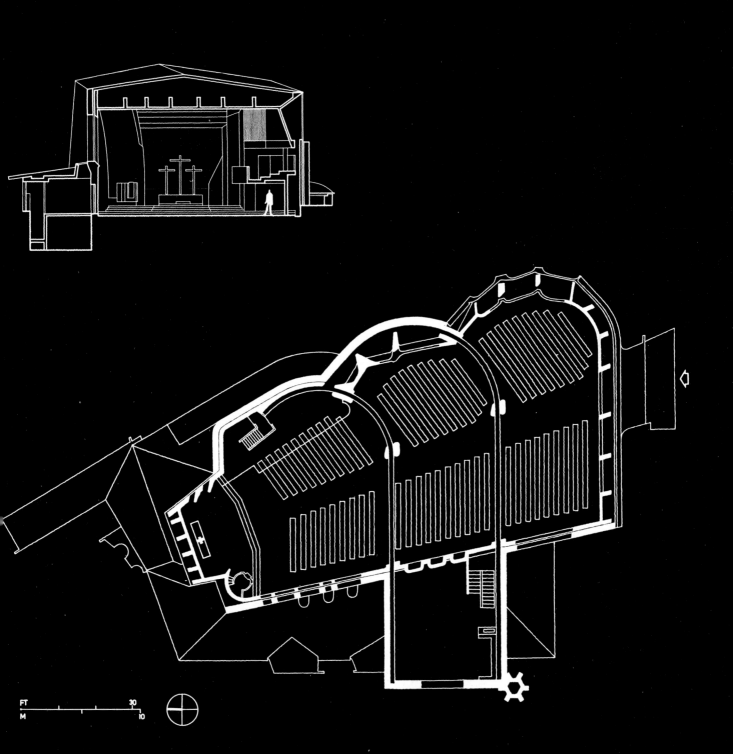

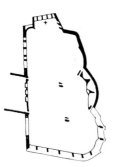

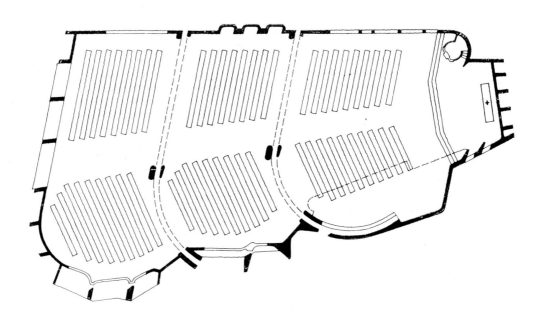

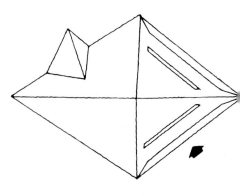

VILLAGE CHURCH *Route 4, Hyvinkää (35 miles N of Helsinki)—Aarno Ruusuvuori architect.*
[Construction—reinforced concrete throughout; precast concrete panel roofing. Finish and colours—whitish roof; white painted interior and acoustic ceiling panels; natural wood pews; black concrete flooring. Capacity—600 in main nave, 200 in balcony room. Competition winner. Protestant.] Brilliantly simple in its initial statement of two unequal half-pyramids backed together, the lower permitting a flood of over-the-shoulder light into the taller sanctuary side, the completed church piques and puzzles at the same time. The fine initial concept is carried out in the approach through the trees and in the sheltering quality of the open lower sides of the small or entrance half-pyramid. However, on the inside the powerful geometry of the whole is not readily graspable, while the overplayed structural ribs, which in moderation could be admirable, approach the distracting. This becomes especially noticeable at the point where they 'disappear' above the altar. Such emphasis is unfortunate, for the spaces themselves, though turbulent, are exciting, and the church worthy of study. The flood of natural light comes from glare-free and well-handled windows, with special accent on the chancel which projects as a smaller semi-pyramidal shape from the main mass. There are no projecting lamps, only spotlights fitted into the walls. The austere, demanding lines of the free-standing altar and pulpit, together with the pews and other furniture, were designed by Antti Nurmesniemi. The main floor contains church meeting rooms in addition to ample coat space. The choir and organ are in the balcony, along with the parish hall, which can also accommodate overflow congregation by opening folding doors. The concrete roof panels have had, unfortunately, weathering troubles and tend to streak. A rectangular bank of Sunday school rooms and church offices stands nearby.

IGLESIA DE LA ALDEA Ruta 4, Hyvinkää (56 km a norte de Helsinki)—Aarno Ruusuvuori, arquitecto.
[*Construcción—toda en hormigón armado; techado en paño de hormigón prefabricado. Terminación y colores—techo ca: blanco; interior y paneles acústicos pintados de blanco; bancos a madera al natural; piso de hormigón negro. Capacidad—600 e la nave pricipal, 200 en el local del balcón. Ganador en con curso. Protestante.] Luminosamente sencilla en su exposició inicial de dos semipirámides desiguales contrapuestas, la men admitiendo por sobre sus hombros un torrente de luz a inund el santuario de mayor puntal, la iglesia ya terminada enoja confunde a la vez. El espléndido concepto inicial está mantenie en el acceso a través de los árboles y en la calidad protectora los abiertos costados inferiores de la semipirámide menor o entrada. Pero al interior, la formidable geometría del conjun no es fácil de percibir, mientras las exageradas nervadur estructurales, que con moderación pudieron ser admirables, acercan a perturbar. Esto resulta particularmente notable don 'desaparecen' sobre el altar. Tal énfasis es desafortunado, porq los espacios mismos, aunque turbulentos, son estimulantes, y iglesia amerita ser estudiada. El torrente de luz natural viene ventanas bien utilizadas para no molestar la vista, con un acen especial sobre el estrado que se proyecta de la masa princip como una semipirámide más pequeña. No hay lámparas co gantes ni sobresaliendo, sólo unos reflectores empotrados en l muros. Las severas líneas del aislado altar y del púlpito, así col los bancos y otros muebles, fueron diseñados por Antti Nurme niemi. El piso principal incluye salones de reunión además amplia guardarropía. El coro y el órgano están en el balcón jun con la sala parroquial, la cual puede también acomodar exce. de asistentes abriendo puertas plegables. Los paños de hormig del techo, por desgracia, han tenido dificultades climatológic y se están manchando. Cercana se encuentra un ala rectangul de aulas y oficinas de la iglesia.*

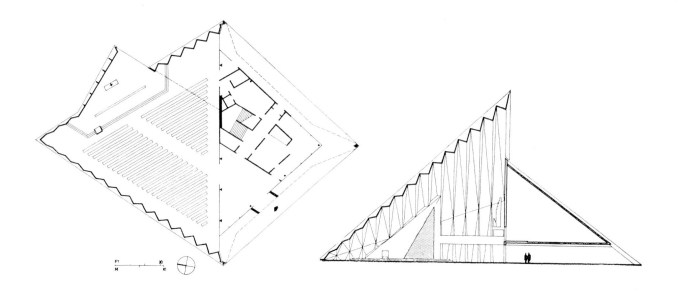

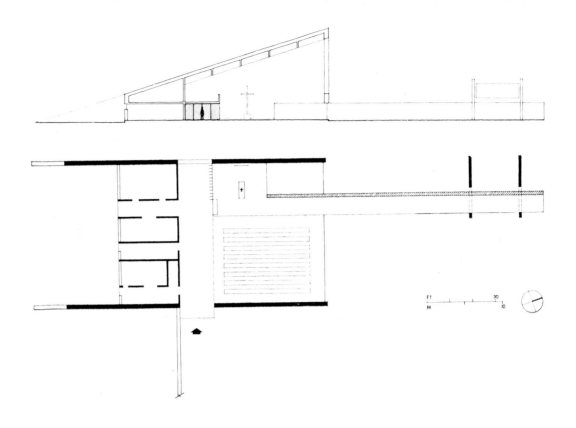

CEMETERY CHAPEL *City Cemetery, Kemi—Osmo Sipari architect.*
[Construction—reinforced concrete frame with brick cavity walls; low cemetery walls also of concrete. Finish and colours —exterior and interior painted white; natural wood ceiling and pews; red tile floor. 200 seats. Protestant.] Sensitively at home in the town's ancient cemetery, this new chapel achieves an admirably restrained dignity. Tied to its location by two long low walls—one leading to the chapel proper from the parking area, and the other from chapel to the burial ground—the building grows with discreetness out of its environment. Passing along the low wall to the left, one enters the chapel under the balcony containing choir and organ, and then steps into the carefully conceived space of the chapel proper. The plain geometry of this shape, well lit by tall louvred windows, is complemented by its white walls, natural wood ceiling and an absolute minimum of trappings. Penetrating into the chapel from the right, the other low wall semi-bisects the chancel into a small indoor garden (with wires for plants to grow ceilingward) and a path which leads the funeral procession out to the cemetery past the small flat arches of the belfry. On the left side of the chapel are grouped the two floors of services, the sacristy and the relatives' room, with crematory and service court beyond. Only one questionable detail appears: the continuation to a fine point of the triangular side walls of the chapel. Though they shield the service court, these two walls would have been more satisfying if lopped off before vanishing into the ground.

CAPILLA DEL CEMENTERIO Cementerio municipal, Kemi—Osmo Sipari, arquitecto.
[*Construcción—armadura de hormigón armado con muros huecos de ladrillo; muro bajo del cementerio también de hormigón. Terminación y colores—exterior e interior pintados de blanco; techo interior y bancos de madera al natural; piso de losa de barro rojo. 200 asientos. Protestante.*] *Adaptada con sensibilidad al antiguo cementerio del pueblo, esta capilla nueva logra una dignidad admirablemente comedida. Atada a su localidad por dos largos muros—uno llevando a la capilla propiamente dicha desde el área de estacionamiento, y el otro de la capilla al campo de enterramientos—el edificio surge con discreción de su ambiente. Pasando a lo largo del muro bajo a la izquierda, uno entra en la capilla por bajo el balcón que contiene el coro y el órgano. y luego pasa al espacio cuidadosamente pensado de la capilla misma. La geometría plana de esta forma, bien iluminada por ventanas altas con quitasoles, está complementada por sus paredes blancas, su techo interior de madera al natural y un mínimo absoluto de accesorios. Penetrando en la capilla desde la derecha, el otro muro bajo bisecta la mitad del estrado formando un pequeño jardín interior (con alambres para enredaderas que suban hacia el techo) y una senda que guía la procesión fúnebre saliendo al cementerio por los pequeños arcos chatos del campanario.*

Al lado izquierdo de la capilla están agrupados en dos pisos, servicios, la sacristía y el cuarto para los familiares, y más allá el patio de servicio y el crematorio. Sólo un detalle parece dudoso: la continuación hasta terminar en un punto de los muros laterales de la capilla. Aunque esconden el patio de servicio, estos dos muros habrían sido más satisfactorios si se les hubiese recortado antes de desaparecer en el terreno.

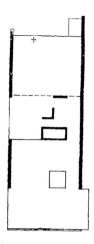

CHAPEL OF THE TECHNICAL UNIVERSITY
Otaniemi, Helsinki—Kaija and Heikki Siren architects.
[Construction—wall-bearing brick side walls; wood upper
framing and roof trusses. Finish and colours—corrugated
asbestos upper exterior walls and roof; red brick lower walls;
natural wood ceiling and upper walls; red brick floor. Competition winner. 300 seats including church hall and club room.
Protestant.] A sophisticated economy of means has been
used to produce exquisite results in this delightful chapel
six miles west of downtown Helsinki. This constitutes
one of the significant achievements of postwar church
building, and it should be noted that it was realized with
everyday, natural materials employed with sympathy and
imagination. Furthermore, it was extraordinarily inexpensive.
The chapel rests on a hillock, surrounded by boulders, birch,
and pine, and it was from this unspoiled setting that it grew.
The transition from untouched nature to a weather-tight
structure was achieved in steps. The first 'wall' (that enclosing the end of the entry court) consists solely of natural
wood rounds slightly spaced in a steel frame: half open and
half enclosed, as much forest as machine. The two walls of
brick, which provide the lateral definition of the entire
chapel, project into the entrance court: one is topped (on
the east side) by the same rounds, thus providing another
stage toward total enclosure. The rounds echo the end cross-
wall and are reverberated in the belfry. This welcoming
court recalls the parvis found so often in front of ancient
Finnish churches. The rounds-topped brick wall and the
campanile define the approach to the chapel, and, as we enter
the low hall, we are pulled forward by a glimpse of nature
seen through the plate glass end wall. With each step through
the psychological confinement of the hall the freedom
promised by the view outward unfolds until we are dramatically in the high space of the nave and are presented with a
broad and lovely panorama of nature, punctuated by a
steel cross amid the trees. Here the sheltered observer and
the Finns' native pantheism enjoy the most sympathetic of

CAPILLA DE LA UNIVERSIDAD TÉCNICA Otaniemi, Helsinki—Kaija y Heikki Siren, arquitectos.
[*Construcción—muros laterales portantes de ladrillo; armaduras
del techo y en la parte superior de los muros laterales, de madera.
Terminación y colores—techo exterior y parte superior de los
muros laterales en asbesto corrugado; ladrillo rojo en los muros
inferiores; techo interior y muros superiores en madera natural;
piso de ladrillo rojo. Ganador en concurso. 300 asientos incluyendo el salón y el local del club. Protestante.*] *Una sagaz,
economía de medios ha sido empleada para producir resultados
exquisitos en esta agradable capilla diez km al oeste del centro
de Helsinki. Constituye uno de los más importantes logros en la
construcción de iglesias después de la guerra, y debe notarse que
fué realizado con materiales corrientes y primitivos, empleados
con imaginación y simpatía. Por demás, su costo fué extraor-
dinariamente reducido. La capilla se asienta sobre una loma,
rodeada de rocas, pinos y abedules, y fué de este marco natural
ileso que tomó su forma. La transición de la naturaleza intacta
a una estructura a prueba de los elementos, fué dispuesta en
etapas. El primer 'muro' (ese que cierra el extremo del antepatio)
consiste sólo en palos de madera al natural algo separados, sobre
una armadura de acero; entreabierto, tanto de bosque como de
máquina. Los muros de ladrillo, que definen lateralmente la
capilla entera, penetran en el antepatio, y hacia el sur llevan
un tope de los mismos palos, poniendo así otra etapa hacia el
cierre hermético. Los palos hacen eco al muro atravesado al
extremo y reverberan en el campanario. Este patio acogedor
recuerda el atrio que tan a menudo se encuentra ante las antiguas
iglesias finesas. El muro de ladrillo con su tope de palos, y el
campanario, definen el acceso a la capilla, y al entrar en el
pasillo de bajo puntal, nos sentimos atraídos por la vislumbre de la
naturaleza a través de la pared final de vidrio plano. Con cada
paso en el encierro psicológico del pasillo, se va desplegando la
libertad que la vista ofrecía, hasta que nos hallamos dramatica-
mente en el espacio alto de la nave y confrontados con un panorama natural ancho y amable, punteado por una cruz de acero
entre los árboles. Aquí el observador guarecido, y el panteísmo*

settings. Nothing in the architecture, nothing in the delicately honed altar, font and pulpit interferes with bringing God's setting into man's shelter for His worship. This wall of glass provides a superb altarpiece. Wisely the Sirens fully realized that it would be impossible to confront the congregation with so much glass without counterbalancing it with a larger window behind and above the nave. The glare otherwise would have been unbearable. Therefore, as can be seen in the section, south-facing windows fifty per cent larger than the chancel glass are placed directly over the entrance to the nave proper. Through these pours the curtain-controlled general illumination for the church. It is unfortunate that the imitators of this chapel—and they are legion—grasp its identification with nature and seize on its great chancel window-wall without analyzing its rationale. This, as seen, grew from a totally felicitous, unspoiled setting, while, equally important, its facing window is carefully counteracted by a larger one behind. There are scores of recent glass-naved churches that provide dandy views of the rear ends of housing developments and traffic patterns, and which produce such glare that they are physically painful. *Caveat emptor.* As can be seen in the photographs, the nave is spanned longitudinally by four open wood trusses with steel tension rods. These offer minimum interference with flow of natural light, while their horizontal bottom chords lower the optical ceiling and make the room more intimate. The artificial lights are fitted into the ends of the vertical truss members, and are well shielded to prevent their reflecting onto the chancel glass. The two ancillary rooms, both of which are in frequent use for various meetings, can be added to the main nave by sliding doors. A kitchenette adjoins. The organ (not the selection of the architects) stands to the right of the chancel in front of the sacristy. All other furniture was designed by the architects. As one leaves the chapel, the entrance court, which provided such an agreeable introduction to the church, furnishes even more pleasures in the space development sense, and forms an excellent transition to the secular world.

nativo de los fineses, disfrutan un ambiente muy de su agrado. Nada en la arquitectura, nada en el delicado y afilado altar, pila ni púlpito, se interpone a traer la naturaleza de Dios al refugio del hombre para que Le rinda culto. Esta pared de vidrio constituye un retablo soberbio. Las Sirenas se dieron cuenta de que sería imposible confrontar a los asistentes con tanto vidrio sin contrabalancearlo con otra ventana mayor, detrás y sobre la nave. De otro modo el resplandor hubiera sido insoportable. Por eso, según puede verse en la sección, precisamente sobre la entrada de la nave propiamente dicha se han dispuestos ventanas abriendo al sur, un cincuenta por ciento más grandes que la vidriera del estrado. Por éstas entra a raudales la iluminación general de la iglesia, controlada por cortinas. Es de lamentar que los imitadores de esta capilla—y forman legión—vean su identificación con la naturaleza y copien su muro transparente del estrado sin analizar las razones en que se funda. Según vimos, éstas surgieron de un paisaje felizmente bien preservado, y lo que es igualmente importante, su ventana a la vista está cuidadosamente contrapesada por otra más grande a espaldas. Hay docenas de iglesias recientes con grandes vidrieras que permiten perfecta visibilidad de fondos de caseríos en serie y de concentraciones de tránsito, y que deslumbran de tal manera que lastiman la vista. Caveat emptor. Según puede verse en las fotografías, sobre la nave se extienden cuatro armaduras abiertas de madera con tensores de acero. Estas ofrecen un mínimo de interferencia al paso de la luz natural, mientras sus cuerdas inferiores horizontales bajan visualmente el techo y hacen el local más íntimo. Las luces artificiales están empotradas al final de los miembros verticales de las armaduras, y están bien resguardadas para evitar se reflejen en la vidriera del estrado. Los dos locales auxiliares, que son ambos usados a menudo para reuniones varias, pueden ser añadidos a la nave principal corriendo puertas movedizas. Hay una cocinita adjunta. El órgano se encuentra a la derecha del estrado, frente a la sacristía (no por decisión de los arquitectos). Todo el resto de los muebles fué diseñado por los arquitectos. Al abandonar la capilla, el antepatio que proporcionó tan agradable introducción a la iglesia, contribuye aún mayor placer con su desenvolvimiento del espacio, y forma una excelente transición al mundo temporal.

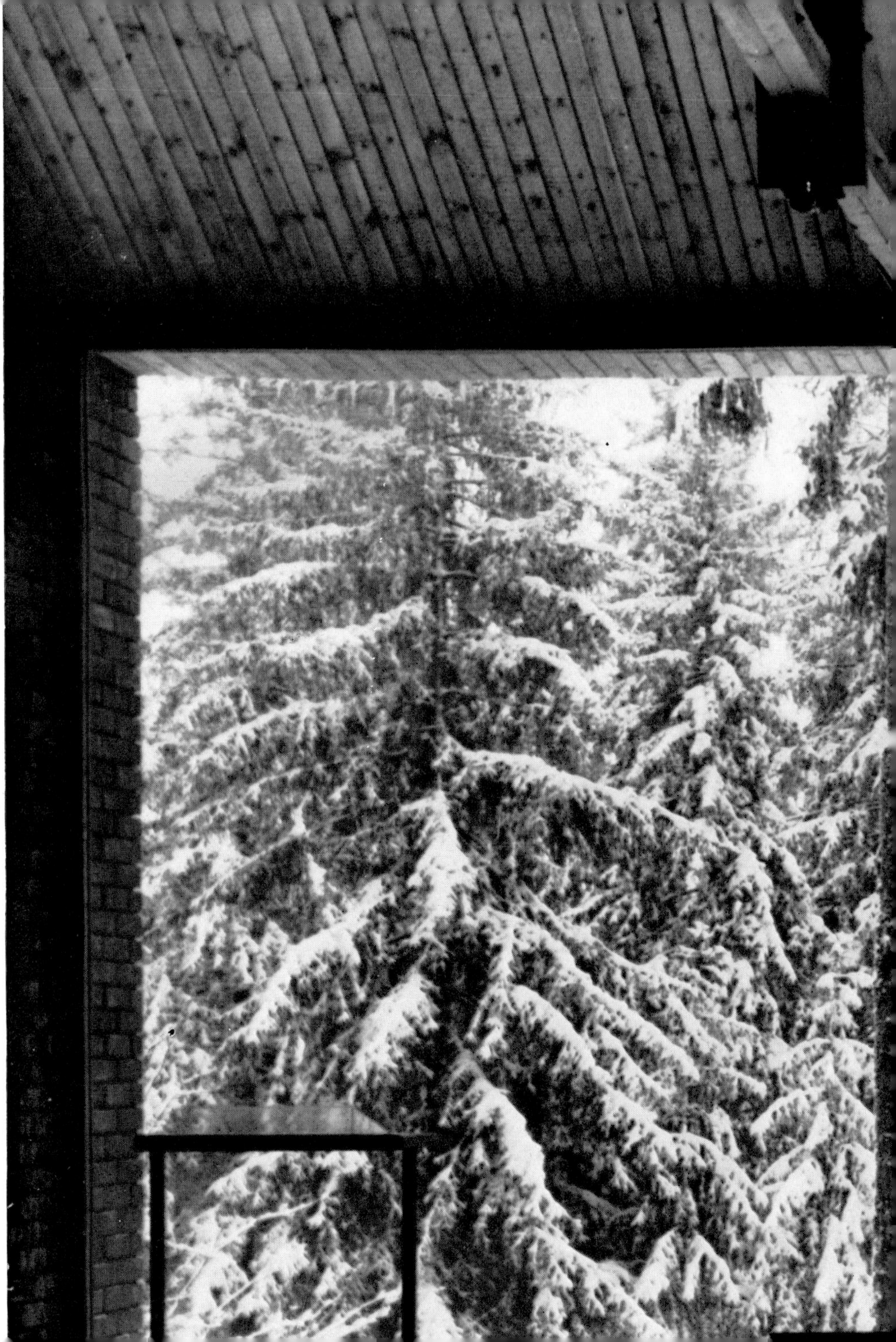

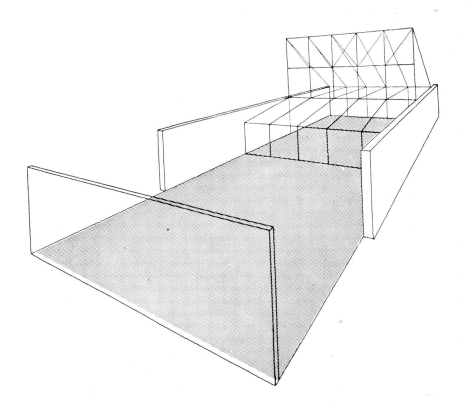

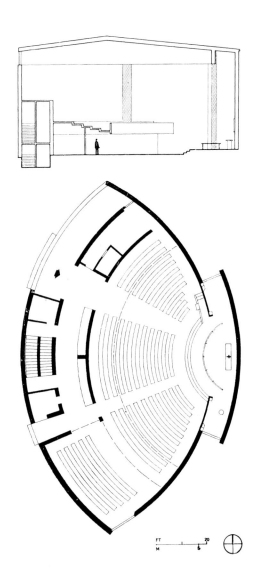

VILLAGE CHURCH *Route 9, Orivesi (33 miles NE of Tampere)—Kaija and Heikki Siren architects.*
[Construction—reinforced double brick walls; reinforced concrete roof beams. Finish and colours—white painted walls outside and in; black stone floor; white ceiling. Competition winner. Capacity—main floor 370, parish hall 110, balcony 200, choir 100. Protestant.] Composed of five free-standing, bow-shaped brick walls 28 ft high focussed to form an ovoid, the new Orivesi church delivers a friendly intimacy between chancel and congregation and does it with a very fresh statement. The five wall elements do not touch each other but are conjoined by slender vertical windows, which give indirect light, and are topped by a slightly angled roof poised lightly on a continuous clerestory. Lighting is abundant and largely glare-free. The congregation is seated in a fan shape around the chancel with no member, even in the balcony, far away. The balcony also contains choir and organ. On the sanctuary wall hangs a superb relief in wood, *The Hill of Golgotha*, by Kain Tapper. Altogether the interior provides a pure and intimate setting intensely focussed on the chancel. The entrance to the church puzzles momentarily but the exterior geometry plays handsomely against the ancient wood belfry, all that remains of the 1791 church that had previously stood on this site, but which burned down in 1959.

IGLESIA DE LA ALDEA Ruta 9 Orivesi (53 km a nordeste de Tampere)—Kaija y Heikki Siren, arquitectos.
[*Construcción—soportes y vigas del techo, de hormigón; muros dobles de cierre de ladrillo. Terminación y colores—muros pintados de blanco por fuera y por dentro; piso negro de piedra; techo interior blanco. Ganador en concurso. Capacidad—en el piso principal 370, en el salón parroquial 110, en el balcón 200, en el coro 100. Protestante.*] *Compuesta de cinco muros aislados de 28 pies (8.5 m) de alto, en forma de arcos dispuestos como un ovoide o lente bi-convexa, la nueva iglesia de Orivesi proporciona amistosa intimidad entre el estrado y la congregación, y lo hace en forma novedosa. Los cinco elementos de muro no se tocan, pero están conectados por esbeltas ventanas verticales que dan luz indirecta, y están rematadas por un techo de poca inclinación posado sobre un clerestorio continuo. La iluminación es abundante y mayormente libre de contrastes molestos. La congregación se sienta alrededor del estrado en forma de abanico, y ningún asistente queda muy lejos, ni aún en el balcón. El balcón da cabida también al coro y al órgano. En la pared del santuario cuelga un soberbio relieve en madera, 'La Colina del Gólgota' por Kain Tapper. En su conjunto el interior constituye un marco íntimo y limpio, enfocado con intensidad sobre el estrado. La entrada a la iglesia desconcierta momentáneamente, pero la geometría del exterior contrasta bellamente con el antiguo campanario de madera, único, remanente de la iglesia construida en este mismo lugar en 1791, pero que se quemó en 1959.*

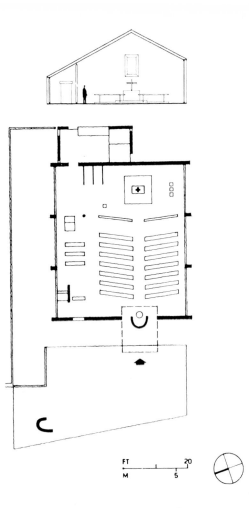

STE THÉRÈSE *rue de Croix, Hem, Roubaix—Hermann Baur architect.*
[Construction—brick bearing walls; steel roof framing. Finish and colours—red brick outside and in; natural wood ceiling and pews; natural concrete floor. 120 seats. Roman Catholic.] This small church near Lille and the Belgian border contains excellent church art. Moreover, a unity of art is constituted, not a disjointed collection. The two mosaic glass (*Betonglas*) side walls by Alfred Manessier (executed by Jean Barillet) are glorious, among the loveliest this talented, but too-little known artist has done. The larger wall (to right), the theme of which symbolically traces the history of Saint Thérèse, is particularly effective, being of greater area and better illumination. Manessier also did the tile mosaic canopy that greets one on the exterior and sweeps one into the church. Above the altar hangs an appropriate tapestry in muted colours designed by Georges Rouault and executed by Plasse le Caisne. The altar itself and its crucifix, and the statue of Saint Thérèse to the right, are by Dodeigne. The architecture scrupulously respects this art, providing for it a sympathetically sensitive setting, which emphasizes by its asymmetry the major wall and statue, while in its basic simplicity it provides the proper general background. Note, too, the discreet and effective black cylindrical hanging lamps, often a Baur trademark. To the left in front of an unsatisfactory curtain stands the side altar, and behind this the choir. Sacristy and storage are placed beyond in a small wing attached to sanctuary wall. The confessional is also along the left side, while the baptistry occupies a tight and rather undignified niche flanked by the two front doors. The church was given to this textile community by a local industrialist—a lovely contribution.

SANTA TERESITA DEL NIÑO JESÚS rue de Croix, Hem, Roubaix—Hermann Baur, arquitecto.
[*Construcción—muros portantes de ladrillo; techo armado en acero. Terminación y colores—ladrillo rojo afuera y adentro; techo interior y bancos en madera al natural; piso de hormigón al natural. 120 asientos. Católica.] Esta pequeña iglesia cerca de Lille y de la frontera belga aloja excelentes obras de arte religioso. Y lo que es más, constituye una unidad artística, no una colección desigual. Las dos paredes laterales de mosaico de vidrio (Betonglas) por Alfred Manessier (manufacturadas por Jean Barillet) son gloriosas, entre las más bellas que este talentoso aunque poco conocido artista haya hecho. La pared más grande (a la derecha), cuyo asunto traza simbólicamente la historia de Santa Teresita, es particularmente efectiva, teniendo mayor área y mejor iluminación. Manessier también hizo el cobertizo en mosaico de cerámica que lo acoge a uno al exterior y lo introduce en la iglesia. Sobre el altar cuelga un tapiz apropiado en colores tenues, diseñado por Georges Rouault y ejecutado por Plasse le Caisne. El altar mismo y su crucifijo, y la estatua de Santa Teresita a la derecha, son por Dodeigne. La arquitectura respeta escrupulosamente estas manifestaciones de arte, situándolas en un marco de armónica sensibilidad, que con su asimetría acentúa la pared mayor y la estatua, mientras en su sencillez fundamental establece un fondo general apropiado. Nótese también las discretas y efectivas lámparas colgantes en forma de cilindros negros, frecuentemente distintivas de la obra de Baur. A la izquierda, ante una cortina poco satisfactoria, se halla el altar lateral, y detrás de éste el coro. La sacristía y el almacén están situados en un ala pequeña al otro lado del muro del santuario. El confesionario también está del lado izquierdo, mientras el batisterio ocupa el estrecho y un tanto indigno nicho flanqueado por las dos puertas de entrada. La iglesia fué donada a esta comunidad textilera por un propietario de industria local. Bella contribución.*

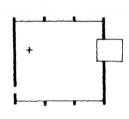

NOTRE DAME *Place Notre Dame, Royan, Charente-Maritime—Guillaume Gillet architect.*

[Construction—independent reinforced concrete V-shaped units for walls; concrete saddle roof. Finish and colours—exposed concrete outside and in; red tile flooring. 2,000 capacity, including standees. Roman Catholic.] Synthesizing two impressive structural developments pioneered by the late Bernard Laffaille, France's brilliant concrete engineer (who worked closely with the architect in arriving at this design), Gillet has produced a bold and monumental church for the badly bombed town of Royan. Laffaille's researches had explored both thin saddle roof construction and V-formed wall sections, and they are here brought together for the first time on great scale. The church is indeed a striking one, and of enormous technical ingenuity. The saddle roof stretches between two opposing, near-horizontal, parabolic arches which form a peripheral 'stability ring' that dips slightly toward the centre. This thin roof is in turn supported by the V-elements mentioned, each approximately 14.8 ft on centre and 3.1 to 4.7 in thick, and constructed by means of vertically sliding formwork. So that they could resist properly the considerable winds from the Bay of Biscay, each V-shape frames into the foundations like the mast of a ship. Also, they are tied together laterally by the upper gallery which encircles the church at three-quarters the height of the nave. Exposed steel cross-bracing can be seen at the chancel end and at the low mid-point of the roof saddle. The outside ends of the V-sections do not touch one another, but are separated by narrow bands of windows rising the full heights of the V's. These windows eventually will be all in coloured panes. The striking exterior, which rises massively from the ground via a sharply angled plinth, is somewhat marred by an ill-resolved attached belfry at the east end, and by a highly dubious entrance marquee at the west. The major statement, though, is a pronouncement of strength. Because of sloping grade conditions, one enters the church from a level 11.2 ft above the main floor. This produces a dramatic but not very churchly approach to the interior, one that takes an edge off the majesty of the nave. Nonetheless the interior flexes with power. The high entrance level extends as a gallery piercing the bases of the V-walls around both

NOTRE-DAME Place Notre-Dame, Royan, Charente-Maritime—Guillaume Gillet, arquitecto.

[*Construcción—muros en unidades independientes de hormigón armado en forma de V; techo de hormigón armado en forma de silla de montar. Terminación y colores—hormigón expuesto por fuera y por dentro; piso de losa de barro rojo. Capacidad 2000, incluyendo los que no se sientan. Católica.] Reuniendo los dos avances estructurales importantes explorados por el difunto Bernard Laffaille, brillante ingeniero de hormigón francés (quien colaboró estrechamente con el arquitecto para llegar a este proyecto), Gillet ha producido una iglesia atrevida y monumental para la ciudad seriamente bombardeada de Royan. Laffaille había investigado tanto la construcción de techos en placas delgadas como los muros en secciones de forma de V, y ambas formas se integran aquí por vez primera a gran escala. La iglesia es en verdad arrogante, y de enorme ingeniosidad técnica. El techo en silla de montar se extiende entre dos arcos parabólicos cruzados y opuestos, y forma un 'anillo establizador' ligeramente deprimido al centro. Este delgado techo a su vez está sostenido por los elementos en V ya mencionados, situados aproximadamente 14.8 pies (4.5 m) centro a centro y de 3.1 a 4.7 pulgadas (7.9 a 12.0 cm) de grueso, y construidos usando cofres movedizos verticalmente. A fin de poder resistir eficientemente los fuertes vientos del golfo de Vizcaya, cada V se incrusta en los cimientos como el mástil de un barco. Además, están arriostradas lateralmente por la galería superior que rodea la iglesia a las tres cuartas partes de su altura. Cables de arriostramiento cruzados pueden verse al descubierto al extremo del santuario y al punto medio inferior del techo alabeado. Los extremos exteriores de las V no se tocan, sino están separadas por bandas de ventanas estrechas a toda su altura. Eventualmente estas ventanas serán todas en vidrios de colores. El llamativo exterior, que se eleva masivo de la tierra mediante un plinto en ángulo agudo, está algo desmejorado por un campanario mal adosado al extremo oriental, y por una marquesina más que dudosa al occidente. El efecto principal, sin embargo, es una manifestación de vigor. Debido a la pendiente del terreno, se entra a la iglesia a un nivel 11.2 pies (3.5 m) más alto que el piso principal. El acceso resulta de este modo dramático, pero no muy propio de iglesia, y le resta algo a la majestad de la nave. A pesar de todo, el interior despliega potencia. El nivel elevado de*

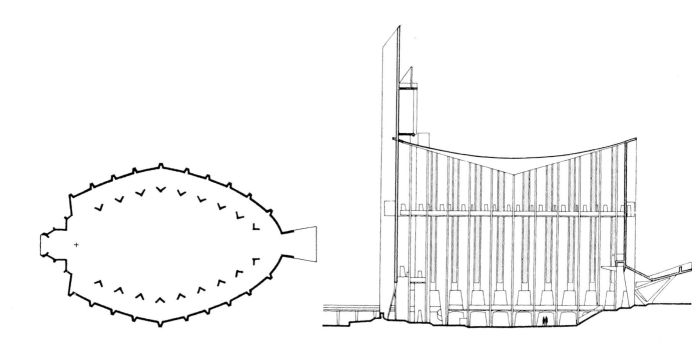

sides as far as the chancel, whence it steps down to the floor. From this gallery one gets an excellent series of views of the structural bones of the building, while beneath it, as one walks around, a stunning set of spatial relations looms and subsides. The baptistry, placed under the gallery to the southeast, near the altar, has a strong setting of its own, reachable directly from the outside, and marked without by a small pyramidal tower. The nave proper appears tamer than the spaces of the almost electric structural forms that delimit it. Furthermore, the great window brightness directly behind the high altar weakens it, the inevitable glare challenging the altar and paining the eye. It is unfortunate that this was not sufficiently taken into consideration, for even when the present milky glass gets replaced by coloured panes the situation will not be altogether remedied. Other than this important detail—and the fact that a slight aesthetic coldness characterizes the interior—the church proclaims a mighty statement. It has much of the aspiring verticality sought by the Gothic architects, but realized in strictly twentieth-century terms. An open-air altar for outdoor services stands at the foot of the east end.

la entrada se extiende como una galería atravesando las bases de los muros-V a los dos lados hasta el presbiterio, donde baja hasta el piso. Desde esta galería se obtiene una excelente serie de vistas del esqueleto estructural del edificio, y bajo ella, según se recorre el interior, un pasmoso conjunto de relaciones espaciales crece y se apacigua. El batisterio, situado bajo la galería hacia el sureste, próximo al altar, tiene un vigoroso marco suyo propio, accesible directamente del exterior y marcado por fuera con una pequeña torre piramidal. Un altar al exterior para oficios al aire libre se encuentra al pie del extremo oriental. La nave se ve más tímida que los espacios entre las formas estructurales casi electrizantes que la circundan. Además, el brillo de la gran ventana inmediatamente detrás del altar la debilita, desafiando al altar y molestando la vista. Es de lamentar no se tuviese esto suficientemente en consideración, pues aún cuando el vidrio nevado actual sea reemplazado por vidrio de color, no se habrá remediado por completo la situación. Aparte de este detalle importante—y del hecho que cierta frialdad estética caracteriza el interior—la iglesia proclama un vigoroso manifiesto. Tiene mucho de la ansiosa verticalidad que los arquitectos del Gótico buscaban, pero realizada en términos estrictamente del siglo veinte.

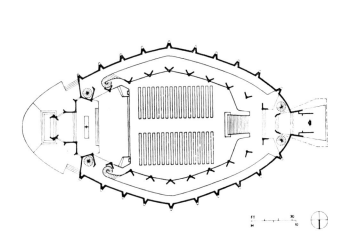

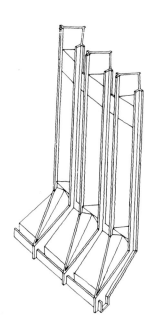

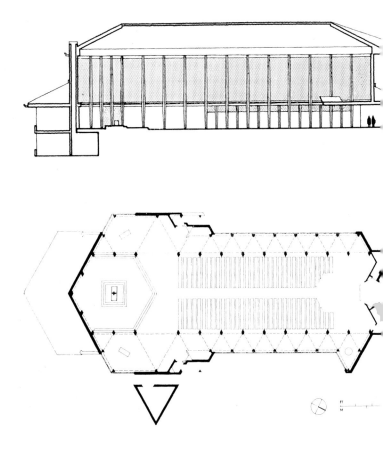

ST RÉMY *rue Dr Retournard, Baccarat (27 miles SE of Nancy)—Nicolas Kazis architect.*

[Construction—reinforced concrete columns; concrete panel upper walls; concrete block lower walls; wood roof truss and beams. Finish and colours—exposed concrete and natural wood throughout. 1,500 capacity. Roman Catholic.] Magnificent glass and a well-structured nave are the highlights of this church in the famous crystal centre of France. Its weaknesses lie in its gaudy angularity, fussy detailing, and unsatisfactory ambience for the altar. Taking advantage of its site on the steep bank of the Meurthe River, the church divides into an upper, or main section, and a lower housing church school, crypt and services. It replaces a previous church which had been destroyed in the war. The plan evolved from modules of equilateral triangles. The exterior with its three-sided (Trinity) bell tower and its angled façade (the open book) does not endear, but on entering the nave one finds a superior set of columnar supports and a breathtaking flood of coloured light from an unusual series of windows. The diamond-shaped concrete piers, set on the diagonal, are properly tapered and stand free for their lower third and semi-free above. They are bridged at the top by open, 4 ft deep, diagonal cross-bracing of wood, of unquiet detail. Above this and fully exposed is the wood roof trussing. The notable glass mentioned takes two forms: one along the side aisles and the other in the concrete panelling above. The aisles are illuminated by an extraordinary series of sculptured windows by François Stahly and Etienne

ST-RÉMY *rue Dr Retournard, Baccarat (43 km al Sudeste de Nancy)—Nicolas Kazis, arquitecto.*

[*Construcción—soportes aislados de hormigón armado; paredes superiores en paños de hormigón; muros inferiores de hormigón; armaduras y vigas del techo de madera. Terminación y colores— hormigón al descubierto y madera al natural en todas partes. Capacidad—1500. Cátolica.*] *Magníficas vidrieras y una nave bien estructurada son los puntos más salientes de esta iglesia en el famoso centro francés de fábricas de cristal. Su debilidad radica en su ostentosa angularidad, sus detalles remilgados, y el ambiente poco satisfactorio alrededor del altar. Aprovechando su situación sobre la escarpada orilla del río Meurthe, la iglesia se divide en una sección superior o principal, y otra inferior que aloja una escuela, la cripta y locales de servicio. Reemplaza una iglesia anterior que fué destruida por la guerra. La planta se desarrolla sobre un módulo de triángulos equiláteros. El exterior, con su torre de tres lados (Trinidad) y su fachada en ángulo entrante (el libro abierto) no es atractiva, pero al entrar en la nave se encuentra un conjunto de elegantes columnas o soportes y un asombroso torrente de luz coloreada que viene de una inusitada serie de ventanas. Los soportes de hormigón en forma de rombos, alineados según su diagonal, su afinan gradualmente con belleza y están aislados en su tercio inferior y semi-aislados después. Arriba están conectados con los del lado opuesto por tirantes diagonales de madera, de 4 pies (1.2 m) de profundidad y detalles minuciosos e inquietos. Sobre éstos, y totalmente visibles, están las armaduras del techo. El notable vidrio antes mencionado es de dos tipos: uno a lo largo de los pasillos laterales y el otro*

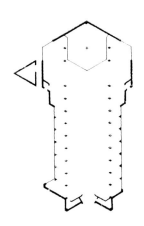

Martin. These abstracted Stations of the Cross form deep moulded reliefs, with white, grey and light-purple crystal on the outside face. They change and charge with every step, a wonderful excursion. Above the side aisles and continuing around the entire nave (even behind the columns) as a curtain-wall are the concrete panels containing the church's other highly unusual and spectacular glass. Here brilliantly coloured crystal elements are freely arranged in semi-geometric shapes within the basic discipline of a small concrete grid. There are no four-square windows as such but a succession of scintillating bursts of colour which sparkle through the nave. No one grouping resembles the two that flank it, no rectangular framing can be seen. These 'windows' puncture and flow through the wall panels with uninhibited joy. The glass behind the secondary altars, bulging on either side of the main chancel, is not as fine as that elsewhere, being comprised of six semi-abstracted saints, each with a full moon face, and stiffly arranged. Confessionals and side entrances are also found in the amorphous transept that swells this part of the church. The setting for the high altar unfortunately meets competition with the busy panelling about it. Sacristy and choir vesting room are behind the sanctuary in a low separate wing; baptismal font stands at left on entering. Claude Idoux, Albert Lenormand, Reynard and Denise Chesay were the artists who designed the provocative upper windows.

en los paños de hormigón más altos. Los pasillos están iluminados por una extraordinaria serie de ventanas esculturales de François Stahly y Etienne Martin. En profundo bajorelieve modelado y con cristal blanco, gris y violeta al lado externo, son estaciones del Vía Crucis en abstracto. Cambian a cada paso y vuelven a cambiar, una excursión maravillosa. Sobre los pasillos laterales y todo alrededor de la nave (aún detrás de las columnas) como un muro de cristal se encuentran los tableros de hormigón conteniendo la otra colección inusitada y altamente espectacular, de vidrio en la iglesia. Aquí elementos de cristal de brillantes colores están dispuestos libremente en formas semigeométricas dentro de la disciplina básica de una parrilla de hormigón a pequeños cuadros. No son propiamente ventanas, sino una sucesión de chispeantes explosiones de color que centellean por toda la nave. Ningún grupo se parece a los que lo rodean, ni pueden verse los marcos rectangulares. Estas chispas punzan y fluyen por los paños de pared con alegría irreprimible. Las vidrieras tras los altares secundarios entrometiéndose a cada lado del presbiterio, no son tan finas como las demás, estando compuestas de seis santos semiabstractos, con cara de luna llena y rígidas posiciones. También se encuentran confesionarios y entradas laterales en el amorfo tránsito que infla esta parte de la iglesia. El enmarcamiento del altar mayor desgraciadamente encuentra competencia en los complicados tableros a su alrededor. La sacristía y el vestidor del coro están detrás del santuario en un ala aparte de poca altura; la pila bautismal se encuentra a la izquierda al entrar. Claude Idoux, Albert Lenormand, Reynard y Denise Chesay fueron los artistas que diseñaron las estimulantes ventanas superiores.

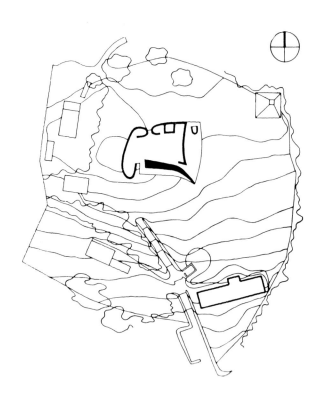

NOTRE DAME DU HAUT *Ronchamp, Haute-Saône* (13 *miles W of Belfort)—Le Corbusier architect.*

[Construction—north, east and west walls of concrete-reinforced stone, stuccoed; south wall of concrete frame with metal lath covering and sprayed cement finish; reinforced concrete double shell roof. Finish and colours—brown painted roof and ceiling; white walls outside and in; dark stained pews; natural concrete floor. 200 capacity with seats for 50. Roman Catholic.] 'An architecture must be *walked through and traversed*. . . . This is so true that architecture can be judged as dead or living by the degree to which the rule of *movement* has been disregarded or brilliantly exploited.' (*Le Corbusier Talks With Students*, Orion Press, New York, 1961.) Not only is movement necessary, but personal experience is essential to comprehend and appreciate fully Notre Dame du Haut, for of all buildings this stunning, subtle and overwhelming structure must be witnessed to be judged. Outside and in one moves with a restless rapture.

Crowning the hill above a nondescript town and replacing a nondescript church (see photograph) that had been levelled by war, the new Notre Dame commands the rolling countryside in all directions. Approaching the church by a rude track, past a slightly disturbing inn for pilgrims, one mounts the steep slope and the south façade gradually reveals itself. This front comprises three major elements—a silo-like tower to left, a boldly projected and upturned brown roof, and a wall of pronounced batter and curved end, pierced with a strange collection of rectangular openings, and shining in whiteness. These forms—all modular-bred like the entire conception—extend a powerful magnetism, and as one draws ever nearer their spatial relation shifts with irresistible power until one is enmeshed in the abstract geometry of the fenestration, then ensorcelled by the brilliantly enamelled front door. This

NOTRE-DAME-DU-HAUT Ronchamp, Haute-Saône (21 km al oeste de Belfort)—Le Corbusier, arquitecto.

[*Construcción—muros de piedra al este, norte y oeste, reforzados con hormigón y revocados; muro al sur con armadura de hormigón, cubierto de malla metálica y terminado en mortero de cemento a pistola; techo en doble lámina de hormigon armado Terminación y colores—techo exterior é interior pintado de color castaño; muros blancos fuera y dentro; bancos teñidos de oscuro piso de hormigón al natural. Capacidad para 200 con 50 asientos. Católica.*] 'Una arquitectura debe ser recorrida y atravesada . . . Esto es tan cierto que la arquitectura puede considerase muerta o viva según el grado en que la regla de movimiento haya sido descuidada o brillantemente utilizada'. (Le Corbusier habla con los estudiantes, *Orion Press, New York*, 1961). No sólo el movimiento, sino la experiencia personal también es necesaria para conocer y apreciar debidamente a Notre-Dame-du-Haut, pues más que ningún otro edificio, esta estructura asombrosa, sutil y abrumadora ha de ser visitada para apreciarla Por fuera y adentro uno deambula en un éxtasis desasosegado Coronando la colina próxima a un pueblo vulgar y reemplazando una vulgar iglesia (véase la fotografía) que fué demolida por la guerra, la nueva Notre-Dame domina el ondulante paisaje en todas direcciones. Dirigiéndose a la iglesia por una tosca vereda y pasando una molesta posada de peregrinos, se sube una cuesta inclinada y la fachada sur gradualmente se descubre. Este frente comprende tres elementos principales—una torre similar a un granero a la izquierda, un techo pardo que se adelante atrevidamente y se dobla hacia arriba, y un muro de pronunciada inclinación y curvo término, agujereado por una extraña colección de aberturas rectangulares y brillando de blancura Estas formas—todas engendradas por el modulor, lo mismo que el concepto general—ejercen un magnetismo poderoso, y según uno se va acercando su relación espacial cambia con fuerza

somewhat improbable yet altogether magnificent wall—a wall which has had an incalculable influence on contemporary architecture—tapers from a thickness of 12.1 ft at the base to 4.7 ft at the top. Although its openings appear fascinating but relatively casual, on the interior they play a strange and marvellously co-ordinated fugue. The centrally-pivoted steel door is emblazoned, outside and in, with symbolic designs—a hand giving, a hand receiving, the road up, clouds, etc. The cylindrical tower at left of the door shelters (on the inside) one of the three secondary chapels. Topping the church the roof projects like the wing of an airplane with thin concrete top and bottom skins separated by 8.5 ft of structural framework. Corbusier writes that the shell of a crab inspired its design.

The south wall turns out at its right end to form a prow-like corner with the similarly curved east wall. Together they uphold the roof cantilever which projects over the east, as well as the south, and furnishes dramatic protection to the outdoor sanctuary. Ronchamp being a pilgrimage church, an outdoor altar and pulpit had to be incorporated to serve up to 10,000 pilgrims who come here each June and September. This sanctuary stands in direct touch with the inner chancel, and the Virgin in the small square window of the east wall can be seen by both congregations. (She even is pivoted for the occasion—and on the inside her window produces a distinct glare.) Beyond the church rises a stepped, off-centre, pyramidal monument to the French soldiers killed in defending this area (the famous Belfort Gap lies within sight), and from this monument one has a firm grasp of the east side of the church plus an angle of the north. One can also see the full profile of the roof.

The left half of the north wall of Ronchamp puzzles, the juncture of roof and wall is unsatisfactory, its windows seem

irresistible hasta que uno se encuentra enredado por la geometría abstracta de la fenestración y luego embrujado por la puerta brillantemente esmaltada. Este muro algo absurdo y con todo magnífico—muro que ha ejercido ya una incalculable influencia sobre la arquitectura contemporánea—se reduce de un grueso de 12.1 pies (3.7 m) en la base a 4.7 (1.4 m) en la cima. Aunque sus aberturas parecen fascinantes pero algo casuales, al interior se contrapuntan en forma extraña y maravillosamente coordinada. La puerta de acero, empivotada al centro, está blasonada por dentro y por fuera con dibujos simbólicos—una mano dando, una mano recibiendo, el camino ascendente, nubes, etc. La torre cilíndrica a la izquierda de la entrada cubre una de las tres capillas secundarias. Rematando la iglesia, el techo se extiende como las alas de un avión, con delgadas láminas arriba y abajo separadas por 8.5 pies (2.6 m) de armadura. Corbusier dice que el carapacho de un cangrejo le inspiró su forma.

El muro sur se curva hacia fuera a la derecha para formar con el muro este, similarmente curveado, una esquina como de proa. Los dos sostienen el voladizo del techo al este tanto como al sur, protejiendo dramáticamente el santuario al aire libre. Siendo una iglesia de peregrinaje, un altar y un púlpito exteriores fueron necesarios para atender hasta 10,000 peregrinos que vienen aquí cada junio y septiembre. Este santuario se encuentra en contacto directo con el del interior, y la Virgen en la pequeña ventana cuadrada del muro este es visible a los dos grupos de asistentes. (Según la ocasión demande se le hace girar—y al interior la luz de su ventana molesta la vista.) Más allá de la iglesia se levanta hacia un lado una pirámide escalonada, monumento a los soldados franceses muertos al defender esta región (la famosa quebrada de Belfort se ve desde allí), y desde este monumento se domina el lado este de la iglesia y un poco, en ángulo, del norte. También puede verse el perfil completo del techo.

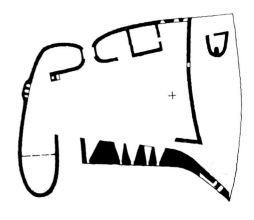

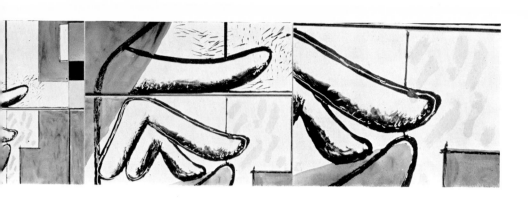

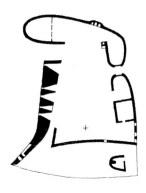

unco-ordinated, and the exterior steps to the church office and sacristy appear rather tacked on. However, the two back-to-back half-rounded towers to right that frame the everyday entrance to the church are splendid, and play in a spirited counterpart with the third tower beyond (the tower seen to left on approaching the church from the south). Each of these three half-cylinders wraps around an interior side chapel. Their startling upward projections seek to catch and play with the revolving angles of the sun—just as such shapes are used in the Balearics to catch the breeze, as seen in Hans Finsler's startling photograph taken in Ibiza in 1948. On rounding the north wall towards the west one encounters a lofty gargoyle that spews all the rain into a pixie catch-basin. The waters dance here.

The interior of Notre Dame churns with elusive spaces and subtle lines. It measures only 43 ft by 82 ft, but one can probe it for hours and again come up with fresh relations and impacts. The famous south wall is purposefully warped; the floor assumes the several angles of the grade; the ceiling resembles the underside of a Biblical tent with a sharp, low catenary at one end, a shallow high curve at the other. There are in Ronchamp almost no references to any known church, yet it creates an impressively religious and deeply spiritual atmosphere. As one enters one sees first the simple altar and the nearby blaze of candles, then the deep recesses of the windows of the south wall begin their calculated work. These well-ordered embrasures permit one to see only the glass more or less opposite, with the result that one is unconsciously impelled to walk about to see the others. This interior cannot be grasped from a fixed Renaissance viewpoint— it is 'architecture that must be walked through and traversed'. Another important point to note is the fact that the roof does not rest directly on the east and south walls, but on small

La mitad izquierda del muro norte aturde, el encuentro de muros y techo no es satisfactorio, sus ventanas no parecen bien coordinadas, y la escalera exterior que sube a la sacristía y oficina parece de postín. En cambio, las dos torres semicirculares que dándose la espalda enmarcan la entrada cuotidiana a la iglesia, son espléndidas, y duplican con viveza la tercera torre (la que vimos a la izquierda al acercarnos a la iglesia desde el sur). Cada uno de estos tres semi-cilindros envuelve una capilla lateral al interior. Sus sorprendentes elevaciones buscan atrapar los volteantes rayos del sol y jugar con ellos—al igual que formas similares se usan en las Baleares para jugar con la brisa, como se vé en la sorprendente fotografía tomada en Ibiza en 1948 por Hans Finsler. Rodeando el muro norte gacia el oeste, se encuentra una elevada gárgola que bota toda el agua lluvia a un receptáculo juguetón. Aquí bailan las aguas.

El interior de Notre-Dame bulle con espacios elusivos y líneas sutiles. Mide sólo 43 por 82 pies (13.1 por 25 m), pero uno puede explorarlo por horas y seguir encontrando nuevas impresiones y correspondencias. El famoso muro sur está intencionalmente jorobado; el piso adquiere distintos ángulos según el terreno; el techo interior semeja el de un pabellón bíblico, con una catenaria baja y aguda a un extremo y una leve curva elevada al otro. Apenas hay en Ronchamp referencia a ninguna iglesia conocida, y sin embargo produce un atmósfera impresionantemente religiosa y profundamente espiritual. Al entrar uno ve primero el sencillo altar y el fuego de las velas allí cerca, luego los hondos recesos de las ventanas en el muro sur comienzan su premeditada labor. Estas bien dispuestas troneras sólo permiten ver sus vidrios al llegar frente a ellas, con lo cual se siente uno inconscientemente impelido a moverse para ver las demás. Este interior no puede ser visto desde un punto fijo como los del Renacimiento—es 'arquitectura que debe ser recorrida y atravesada'. Otro punto importante a notar es que el techo no

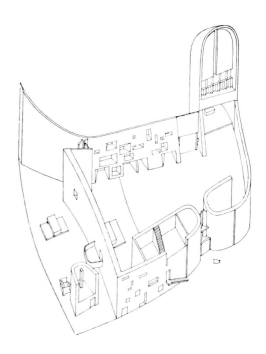

impost blocks—their first such use in architecture, it might be added, and one widely copied since. The resulting glazed strip of light permits a flow and flowering of space over the walls, complementing the lateral play of volumes and forms.

The pews of the church, raised on a one-step platform, are massive, almost primitive, affairs in arcane league with the interior. The black-painted, metal communion rail is likewise substantial. Behind lies the totally simple chancel with block altar of white Burgundian stone, a plain wooden cross (recently moved off-centre), and the brilliant branches of votive candles—the only source of artificial light. Above to left are placed the elevated choir gallery and access to the sacristy. The pulpit also rises to left, at the entrance to the front secondary chapel. This chapel, very startlingly a brilliant red within, flanks, on the outside, the normal (i.e. north) entrance of the church with its twin tower-chapel. Both of these have semi-concealed inner entrances. The third chapel, which as mentioned adjoins the ceremonial entrance on the south wall, opens directly into the nave, its chaste white half-cylinder with cubic altar establishing a respectful foil to the bright enamel of the adjacent door. Confessionals are placed between the two rear chapels. The windows—like every other facet of the church—are by Le Corbusier. On several of them are painted, with calculated folksiness, salutations to the Virgin; others are decorated with designs from nature; some are coloured glass, others near-clear; all permit the trees, the clouds, or even people to be seen to establish a fleeting contact with the world outside.

The Calvinist Le Corbusier, who was born forty-three miles to the south of Ronchamp across the Swiss border at La Chaux de Fonds, has created in this church a synthesis of the arts in a sculptured interior space which resembles no other room in the world, while its brilliant exterior 'is the masterly, correct and magnificent play of masses brought together in light'. Ronchamp is to many the most impressive church of the last 500 years.

descansa directamente sobre el muro este y el sur, sino sobre pequeños bloques o impostas—su primer uso en arquitectura, por decirlo de una vez, que ha sido copiado abundantemente después. La línea de luz admitida por los vidrios en esta banda abierta, produce una fluidez y florecimiento del espacio sobre los muros que complementa el juego de formas y volúmenes a los lados.

Los bancos de la iglesia, levantados un escalón sobre una plataforma, son asuntos masivos, casi primitivos, en misteriosa compenetración con el interior. El comulgatorio de metal pintado de negro es igualmente substancioso. Detrás se encuentra el presbiterio absolutamente sencillo con un altar-bloque de piedra blanca de Borgoña, una cruz lisa de madera (recién movida fuera de centro), y el brillante multicandelabro de velas votivas —la única fuente de luz artificial. Arriba a la izquierda está situado el coro en alto y el acceso a la sacristía. El púlpito también se eleva a la izquierda, a la entrada de la capilla secundaria del frente. Esta capilla sorprendente—el interior es un tono rojo subido—al exterior flanquea con su torrecapilla gemela la entrada normal a la iglesia, o séase la del norte. Ambas capillas tienen acceso semiescondido desde el interior. La tercera capilla, que según se dijo está al lado de la entrada de ceremonia por el muro sur, se abre directamente a la nave, realzando el brillo del esmalte de la puerta cercana con el respetuoso contraste de su limpio mediocilindro blanco. El confesionario está situado entre las dos capillas al fondo. Las ventanas, igual que todos los aspectos de la iglesia, son por Le Corbusier. En algunas de ellas se ve escrito, con premeditada naturalidad, partes del Ave María; otras están decoradas con dibujos de formas naturales; algunas tienen vidrios de color, otras casi transparentes; todas permiten ver los árboles, las nubes, y aún la gente, para establecer un efímero contacto con el mundo externo.

El calvinista Le Corbusier, quien nació 69 km al sur de Ronchamp al otro lado de la frontera suiza de La-Chaux-de-Fonds, ha creado en esta iglesia una síntesis de las artes en un espacio interior escultural que no asemeja ningun otro local interno en el mundo, mientras su espléndido exterior 'es un magistral, correcto y magnífico juego de masas reunidas a la luz'. Ronchamp es, para muchos, la iglesia más impresionante de los últimos quinientos años.

HANS FINSLER

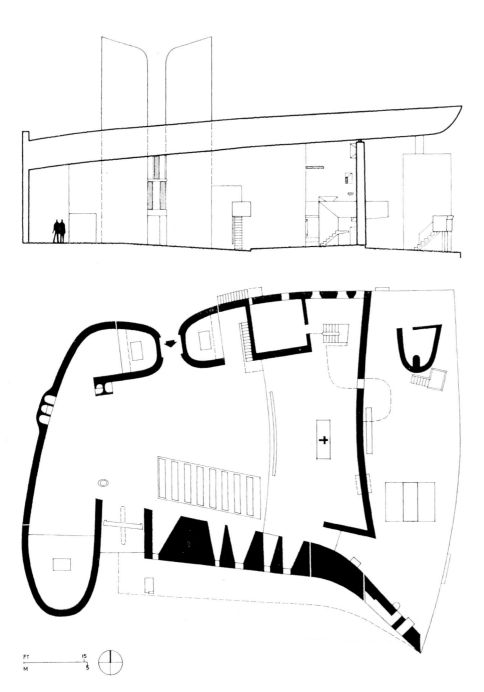

FT ———— 15
M ———— 5

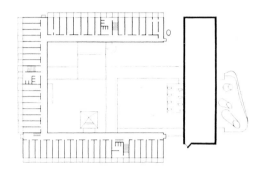

SAINTE MARIE DE LA TOURETTE *Eveux-sur-l'Arbresle (16 miles WNW of Lyon)—Le Corbusier architect.* [Construction—reinforced concrete and concrete panels. Finish and colours—natural concrete outside and in, except primary colouring in parts of chapel. Accommodation for 100 monks. Roman Catholic.] This brilliantly virile, harshly rectangular, primitively finished Dominican friary proclaims with a powerful voice that the architecture of our time need not confine itself to neat cubes of slick glass and fastidious surfaces. Raw potent concrete, the concrete of the twentieth century, has been called on for a strength of expression that approaches the medieval. La Tourette, indeed, seems a calculated rebuttal to the pristine, frangible structures so characteristic of most of today's buildings. It is a masterful statement. The monastery, which rests on a hillside with a lovely view to west, forms two separate elements connected by covered passages; a U-shaped block of three to five stories (reflecting the slope) contains quarters, study rooms and refectory for the monks, and, across the north side of the U, the chapel. The blank bulk of the chapel, with its curiously upheld belfry and intriguingly roofed low adjunct, is the first part of the building which teases one down the tree-shaded approach. Then, beyond the chapel, one arrives at the cluster of pillbox shapes which shelter the concierge and control point. This grouping stands free under the protection of the extended wing above, and as there is a sharp separation between U-wing and chapel block, an emphatic spatial gyration and tension develop at the entry. One also notices at the entrance the visual play between blank wall of chapel and the highly textured exterior walls of the monks' cells. Continuing south, down the tree-hemmed path along the

SAINTE-MARIE-DE-LA-TOURETTE Eveux-sur-l'Arbresle (26 km al oeste-noroeste de Lyon)—Le Corbusier, arquitecto. [*Construcción—Hormigón armado y paños de hormigón. Terminación y colores—hormigón al natural por fuera y por dentro, excepto algunas partes de la capilla pintadas en colores primarios. Acomodo para 100 monjes. Católica.*] Este monasterio de Frailes Predicadores, con su lúcida virilidad, su áspera angulosidad, y su acabado primitivo, proclama a voz en cuello que la arquitectura de nuestro tiempo no tiene porqué limitarse a limpios cubos de pulidas vidrieras y superficies melindrosas. Con hormigón crudo y potente, hormigón del siglo veinte, se ha conseguido una fuerza de expresión comparable a la medioeval. La-Tourette, en verdad, parece una refutación premeditada a las estructuras primerizas e impermanentes tan características de muchísimos edificios de hoy. Es una declaración magistral. El monasterio, situado en las laderas de una colina con linda vista al oeste, forma dos elementos separados y conectados por pasajes cubiertos; un bloque en forma de U incluyendo de tres a cinco pisos (siguiendo la pendiente) contiene habitaciones, salones de estudio y refectorio para los monjes, y atravesando la abertura de la U al norte, la capilla. El volumen en blanco de la capilla, con su campanario curiosamente sostenido y su bajo volumen adjunto de techo intrigador, es la primera parte del edificio que araña la vista cuando uno llega por bajo la sombra de los árboles. Luego, más allá de la capilla, se llega al racimo de formas de fortín que alojan al concierge y el lugar de control. Este grupo está libre y protejido por el ala que se extiende arriba, y como hay una separación claramente delineada entre el bloque en U y el de la capilla, a la entrada se desarrolla una tensión y revuelo espacial enfáticos. Continuando hacia el sur, a lo largo de la senda

upper part of the monastery, one finally breaks into the open and sees, for the first time (cf. Ronchamp), the building in its setting against the hill. One also notices that the cells, which fill the upper two floors of the entire U, project beyond the lower rooms to form a detached, it might be said nearer-heaven, cantilever. The 100 cells—all of which face outward—are spartan, roughly finished, narrow rectangles 16 ft deep. Relief from confinement and a contact with nature is provided each monk by the open loggia off every room. On the south and west sides in particular one enjoys a feeling of isolation, with lovely views of the rolling countryside. The exposed pebble aggregate in the precast framing of the loggia face, plus the rough-finished concrete grille, make the upper two floors of the building among the most highly textured that one will see. These floors are completely given to accommodation for the monks. The floor below the living quarters (the entrance level) houses a small reception room, chapel for the students (projecting into courtyard), library and instruction rooms. The library, which occupies the southeast corner, is illuminated by a long horizontal slit, while the instruction rooms are marked by vertical, interestingly irregular, louver-mullions of concrete. This same fenestration and semi-sun-protection extends on the lower west side to the refectory (directly below the classrooms), and to the kitchen (on ground level). Much of the downhill side of the building rests on stilts to accommodate the pronounced slope of the hill; the open southwest corner with its several sizes of supports providing one of the most visually exciting angles. Beyond on the west side, and seemingly slung from the classrooms above, is the dining-room with kitchen below. As Le Corbusier writes: 'If I had not designed the building from above, it would have been

bordeada de árboles a la parte superior del monasterio, por fin se llega a una abertura y se ve por primera vez (como en Ronchamp) el edificio en su situación sobre la ladera. También se advierte que las celdas, que llenan los dos pisos superiores de la U entera, se extienden más afuera que los pisos inferiores para formar un voladizo aparte, diríase que más cercano al cielo. Las cien celdas, todas las cuales miran hacia fuera, son rectángulos estrechos, espartanos, toscamente terminados, de 16 pies (4.9 m) de profundidad. Alivio a la sensación de encierro y contacto con la naturaleza se le da a cada monje con el balcón que abre desde cada celda. A los lados sur y oeste particularmente se disfruta una sensación de aislamiento, con bellas vistas del movido paisaje. El agregado de chinas pelonas expuesto a la vista en los paños prefabricados de hormigón en los balcones, y la tosca terminación de la armadura de hormigón, hacen de los dos pisos superiores del edificio uno de los de superficie más áspera que se puedan ver. Estos dos pisos están completamente destinados a las habitaciones de los monjes. El piso bajo las habitaciones (el nivel de la entrada) incluye una pequeña sala de recibo, capilla para los novicios (que se proyecta hacia el patio), la biblioteca y locales de enseñanza. La biblioteca, que ocupa la esquina sureste, está iluminada por una abertura horizontal larga y estrecha, mientras los locales de enseñanza están señalados por quiebra-soles verticales irregularmente espaciados. Esta misma fenestración y protección solar se extiende al refectorio en el piso mas bajo al oeste, y a la cocina al nivel del terreno. Gran parte del edificio cuesta abajo se apoya en zancos teniendo en cuenta la pendiente del terreno. Debido a esto el ángulo suroeste, abierto entre sus soportes de varios tamaños, constituye uno de los aspectos más interesantes del edificio. Mas allá por el lado oeste, y al parecer colgado de las aulas superpuestas, se halla el comedor con la cocina debajo.

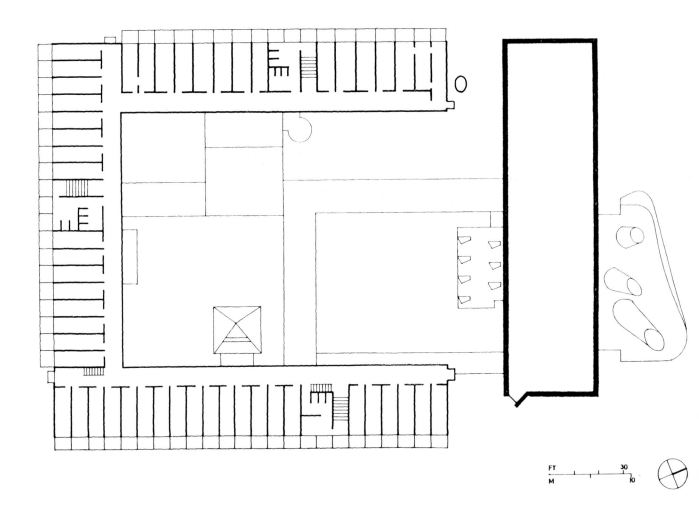

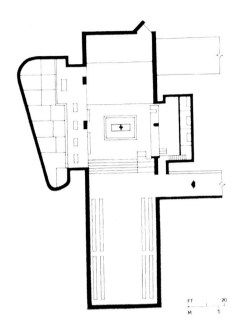

necessary to level the ground and to build an Assyrian fortress.'

The garth, around which the building rises and which opens outward under the south side, bursts with a fascinating series of shapes and covered passages—in sharp contrast to the orderly geometry of the exterior façades. The prime elements are: (1) an elevated, pyramidally-topped students' chapel, (2) a low rectangular blank-walled chapel (with seven kite-shaped roof monitors stretching towards the sun) attached to the south side of the main sanctuary mass, and (3) a 'hall' with sharply angled pent roof that leads to the refectory. Connecting these on several levels are the closed and open passages or 'cloisters'.

The main chapel forms a tall, long and severely plain rectangular box. Attached to its sheer, almost unbroken sides are two side chapels, one in the court (and already mentioned), the other to the north, and seen on approaching the monastery. The Chapel of the Holy Sacrament (that to the north) provides particular interest outside and in, for—in contrast to the many curves of Ronchamp—it is the only major non-rectangular shape at La Tourette. Its free shape and battered flanks stand in vibrating contrast to the unadorned wall rising dramatically behind. Projecting upward from its roof are three ungulae—*les canons à lumière*—twisted like so many sunflowers seeking the early morning and late afternoon sun of the north side, for it is through them that the chapel receives its natural light. The interior of the main chapel is divided near its mid-point by six steps into a choir for the monks (e.g. the 'nave' in a regular church) with pews placed longitudinally along the walls, and an elevated sanctuary with the two side chapels mentioned. The entire interior—still only in a semi-finished condition—proclaims

Según dice Le Corbusier; 'Si yo no hubiese diseñado el edificio desde arriba, habría sido necesario nivelar el terreno y construir una fortaleza asiria'.

El espacio central alrededor del cual se distribuye el edificio, bulle con una fascinante serie de formas y pasajes cubiertos—en agudo contraste con la severa geometría de las fachadas exteriores. Los elementos principales son: (1) una capilla de novicios elevada y rematada por una pirámide, (2) una capilla baja rectangular de muros ciegos (con siete lucernarios de forma de cometa dirigidos al sol) ligada al lado sur del santuario principal, y (3) un corredor con techo en ángulo agudo que lleva al refectorio. Conectando éstos en distintos niveles están, a manera de galerías de claustro, los varios pasajes abiertos o cerrados.

La capilla principal es una caja rectangular alta, larga, y severamente libre de adornos. A sus dos lados, casi ininterrumpidos, hay dos capillas. Una está en el patio (y ya se mencionó), la otra al norte, y se ve al llegar al monasterio. La Capilla del Santísimo (la del lado norte) es de especial interés tanto por dentro como por fuera, porque (en contraste a las muchas curvas de Ronchamp), es la única forma importante no rectangular en La-Tourette. Su forma libre y costados en declive contrastan vívidamente con el muro liso erguido dramáticamente detrás. Saliendo hacia arriba de su techo hay tres pezuñas o conos truncados—les canons à lumière—retorcidas como otros tantos girasoles buscando por el norte el sol del amanecer y el atardecer, pues por ellas llega la luz natural a la capilla. El interior de la capilla principal está dividida casi al centro por seis escalones, formando un coro (que sería la nave en una iglesia corriente) con bancos situados longitudinalmente a lo largo de las paredes, y un santuario elevado con sus dos capillas laterales ya mencionadas. El interior entero—aún sin terminar—proclama una drástica

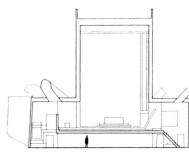

a drastic simplicity befitting its thirteenth-century order. The walls, which at earlier stages were to be finished with a polygonal design—'the points of a diamond'—are now as they were when stripped of their formwork. The ceiling, too, remains unplastered. It should be noted that no ordinary windows as such are used—only horizontal and vertical glazed slits admitting indirect and reflected light, plus a single roof monitor over the choir. The sharply angled openings along the sides are horizontal and filled with coloured glass, while across the very top of the 'nave's' west wall there runs a narrow strip-window separating this wall from the ceiling, and admitting at vespers a sunset blaze of golden light across the top of the chapel. At the east end a strong vertical light slit punctures one corner. A simple slab high altar dominates the temporarily furnished chancel. The box shape of the room is broken by the two side chapels, the south one of which spatially penetrates but does not open onto the main chapel. Its access comes via the external passage. The north chapel, on the other hand, forms an open extension of the main chancel, and provides further emphasis through a stunning blaze of primary colour—the only mass colour in the building. Each of its three roof cylinders, which trap the daylight, glows with a different colour, while the ceiling itself is bright blue and the low wall yellow. This side chapel provides two distinctly separate levels: an upper which forms the spatial extension of the main sanctuary, and a lower, reached through the crypt, which shares the three cones of light of the top in a double-height private space of its own. Its seven altars are vertically staggered up the grade.

Altogether La Tourette provides a brilliantly inventive, site-adapted solution. Le Corbusier, the architectural apotheosis of our culture, has again expanded the horizon of architecture, this time toward a rough, primitive, yet curiously sophisticated direction.

sencillez propia de esta orden del siglo trece. Los muros, que se había pensado terminar con un dibujo poligonal—'los puntos de un diamante'—están ahora como cuando se les quitaron los cofres. El techo interior también ha quedado sin enlucir. Debe observarse que no hay ventanas corrientes, sino tan sólo hendeduras verticales y horizontales con sus vidrios que admiten luz indirecta o reflejada, además de un lucernario en el techo sobre el coro. Las aberturas en ángulo agudo de los costados son horizontales y llevan vidrios de color, mientras la cima del muro oeste está atravesada por una banda estrecha que separa este muro del techo, y a la hora de vísperas admite un fulgor de luz dorada a lo alto de la capilla. Un sencillo altar mayor de una losa domina el presbiterio amueblado provisionalmente. La forma de caja del local está rota por las dos capillas laterales, de las cuales la del sur se interpenetra espacialmente pero no se comunica con la capilla principal. Se llega a ella por un pasadizo externo. La capilla al norte, en cambio, forma una extensión del santuario, y le añade mayor énfasis con su asombrosa llamarada de colores— el único uso de color en todo el edificio. Cada uno de sus tres conos en el techo, que atrapan la luz, resplandece con un color distinto, mientras el techo mismo es azul claro y los muros amarillos. Esta capilla lateral contiene dos niveles distintos y separados: uno superior que es la extensión del santuario, y otro inferior accesible desde la cripta, que participa de la luz de los tres conos de luz en un espacio suyo privado de doble puntal. Sus siete altares están escalonados subiendo la pendeinte.

En su conjunto, La-Tourette presenta una solución brillantemente inventiva de adaptación al sitio. Le Corbusier, apoteosis arquitectónica de nuestra cultura, de nuevo ha extendido el horizonte de la arquitectura, esta vez en una dirección tosca, primitiva, y no obstante curiosamente astuta.

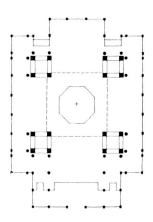

ST JOSEPH *Boulevard François I, Le Havre—Auguste Perret and Associates architects.*

[Construction—reinforced concrete and concrete panel throughout. Finish and colours—natural concrete outside and in. Capacity 960. Roman Catholic.] Stemming directly from the late Perret's projected basilica for Ste Jeanne d'Arc of 1926, this mighty 'spiritual lighthouse' welcomes the world's ships to the harbour as it dominates sea and land. Perret's postwar rebuilding of Le Harve has resulted in a sterile, almost classic, city, and in some respects this church appears likewise desiccated. However, it is so extraordinary in its concept and so powerful in its realization that it well merits study. Perret, the world's first master of concrete, unfortunately died just before the building was completed. Rising from a square plan 131 ft on a side, the church's cubic base turns by angled pendentives into an octagonal hollow tower whose interior space soars uninterruptedly heavenward for 276 ft. (The lantern and exterior cross above are over 350 ft high.) The impact of this stupendous open shaft on entering the church is notable, for with each step forward the tower unfolds amid a swirl of coloured lights. This form adds a powerful focus to the sanctuary, a focus which is abetted by the clusters around the chancel of the four column groups that support the tower. The eight sides of the tower—like much of the lower section—are filled with typically Perret precast grille-work in which over 12,000 pieces of coloured glass are inset. This glass is zoned according to general aesthetic effect, liturgical significance of the colour, and orientation. There are seven prime colours—orange, yellow, green, yellow-green, purple, red and white. The effect of these colours, playing with the sun, changes throughout the day. It is interesting to note that Mlle Marguerite Huré, who designed the glass, also did the glass for Perret at the famous Notre Dame du Raincy in 1923. As the plan of the church forms a square with central altar, the congregation can compose around the sanctuary respectfully. The baptistry stands to the right on entering. Heating of this vast chamber is achieved by radiant coils. Raymond Audigier, Georges Brochart and Jacques Poirrier were the associated architects.

SAN JOSÉ Boulevard François I, el Havre—Auguste Perret y asociados, arquitectos.

[*Construcción—toda de hormigón armado y paños de hormigón. Terminación y colores—hormigón al natural por fuera y por dentro. Capacidad 960. Católica.*] *Procediendo directamente de la proyectada (en 1926) basílica de Santa Juana de Arco del mismo Perret, este gran 'faro espiritual' da la bienvenida a los barcos del mundo que llegan al puerto, ya que domina la costa y el mar. La reconstrucción del Havre por Perret después de la guerra ha dado por resultado una ciudad estéril, seudoclásica, y en algunos aspectos esta iglesia parece igualmente disecada. Sin embargo, es tan extraordinario su concepto y tan poderosa su realización que bien merece ser estudiada. Perret, primer maestro del hormigón en el mundo, por desgracia murió poco antes de ser terminado el edificio. Surgiendo de una planta cuadrada de 131 pies (40 m) de lado, la base cúbica de la iglesia se transforma mediante pechinas planas en una torre hueca octogonal, cuyo espacio interior asciende sin interrupción 276 pies (84.1 m) al cielo. La linterna y la cruz al exterior alcanzan más de 350 pies (106.7 m) de alto. El impacto de este estupendo cañón cuando uno entra en la iglesia es notable, pues a cada paso adelante la torre se desenvuelve en un torbellino de luces de colores. Esta forma añade un poderoso foco al santuario, foco reforzado por los cuatro grupos de columnas que sostienen la torre. Los ocho lados de la torre—igual que gran parte de la sección inferior—se componen de parrillas prefabricadas típicas de Perret, en las que se han incrustado más de 12,000 piezas de vidrio coloreado. Estos vidrios están zonificados de acuerdo con el efecto estético general, el sentido del color en la liturgia, y la orientación. Hay siete colores principales—naranja, amarillo, verde, amarillo-verdoso, violeta, rojo y blanco. El efecto de estos colores, jugando con el sol, varía durante todo el día. Es interesante saber que la señorita Marguerite Huré, quien diseñó estas vidrieras, también hizo para Perret en 1923 los vidrios para la famosa Notre-Dame-du-Raincy. Como la planta de la iglesia forma un cuadrado con altar central, la congregación puede distribuirse respetuosamente alrededor del santuario. El batisterio está a la entrada a la derecha. La calefacción de este vasto recinto se efectúa por serpentines radiantes. Raymond Audigier, Georges Brochart y Jacques Poirrier fueron los arquitectos asociados que completaron la obra.*

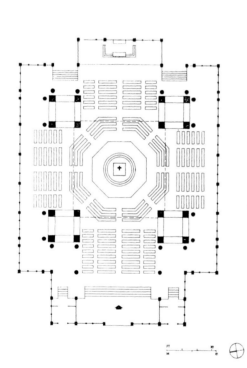

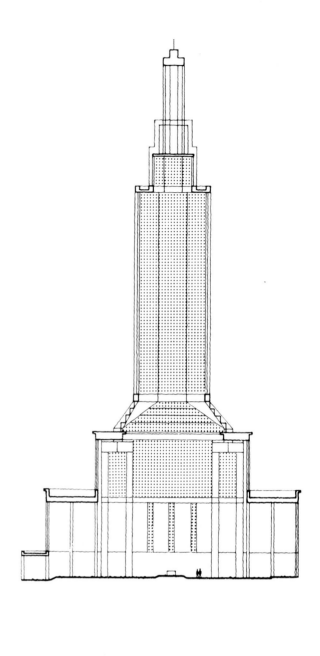

ST PIUS X BASILICA *Cité Réligieuse, Lourdes, Hautes-Pyrénées—Pierre Vago architect, Eugène Freyssinet engineer.*
[Construction—reinforced concrete throughout. Finish and colours—natural concrete. Capacity 22,000. Roman Catholic.]
This gigantic underground basilica provides not a church in the ordinary sense of the word, but an enclosure for religious services—probably the largest ever seen. Considerably more than 500,000 pilgrims descend on Lourdes each year, with the greatest influx in mid-August, and this basilica was built so that services could be held irrespective of weather. Completed in time for the Centennial of Lourdes, its designed capacity is from 10,000 to 22,000, smaller groups being taken care of in previously existing buildings. The basilica was placed underground so that the lovely but limited open space in front of the Cité Religieuse (and near the grotto where Bernadette Soubirous reputedly saw the Virgin Mary) could be preserved. This below grade placement was particularly difficult because the Gave River wraps around two sides of the site. The structure—brilliantly engineered by the late Freyssinet—forms an ellipse in plan, 660 ft by 266 ft, with a long horizontal backbone and twenty-nine double-arch ribs of prestressed concrete branching from it. The interior clear height was compressed to 30 ft so that the minimum intrusion above ground and minimum penetration into the waterlogged site could be effected. An ambulatory 33 ft wide encircles the entire inner structure; with its adjoining ramps more than 20,000 people can be evacuated in less than fifteen minutes. The main design problem concerned providing such a group with a clear view of the services at the centrally placed high altar. To this end Vago evolved the ovoid shape, as being easiest to span with a low rise, dished the floor profile, and created a stepped platform for the altar. Thus, even when the basilica is filled to capacity, good visual contact results. The interior space, with its double-branched flat arches, is deeply impressive. With the artificial lighting confined to the ambulatory, plus a brilliant (but poorly designed) group of spotlights on the altar, a series of dramatic forms and impressions reveal themselves as one moves about the curves of the outer ring. Vago insisted that the interior be kept completely simple—no decorations, no colour—and this austerity adds further to the excellence of the concept. Ventilating ducts, fed by two blowers at each end, line the central spine. So that the basilica would be almost totally invisible from without, its roof is covered with earth and planted with grass. The church was dedicated by Cardinal Roncalli, who subsequently became Pope John XXIII. Pierre Pinsard and André le Donné were associated architects.

BASILICA DE SAN PIO X Cité Réligieuse, Lourdes, Hautes-Pyrénées—Pierre Vago, arquitecto, Eugene Freyssinet, ingeniero.
[*Construcción—toda de hormigón armado. Terminación y colores—hormigón al natural. Capacidad—22,000. Católica.*]
Esta gigantesca basílica subterránea no provee una iglesia en el sentido usual de la palabra, sino un recinto para oficios religiosos —probablemente el más grande nunca visto. Mucho más de medio millón de peregrinos descienden sobre Lourdes cada año, con el mayor aflujo a mediados de agosto, y esta basílica fué construida de modo a poder celebrar en ella los oficios a prueba de las inclemencias del tiempo. Terminada a tiempo para el Centenario de Lourdes, su capacidad proyectada es de 10,000 a 22,000 siendo los grupos menores acomodados en edificios más antiguos. Se hizo subterránea la basílica a fin de preservar el agradable pero no muy grande espacio frente a la Cité Religieuse (y cerca de la gruta donde Bernadette Soubirous dijo haber visto a la Virgen María). Este emplazamiento bajo tierra era particularmente difícil porque el río Gave rodea el sitio por dos lados. La estructura, brillantemente diseñada por el difunto Freyssinet—forma en planta una elipse, mide 660 pies (200 m) por 266 (81 m), y tiene un largo espinazo horizontal con 29 costillas en forma de arcos dobles de hormigón pretensado partiendo de él. El puntal libre interior se redujo a 30 pies (9.1 m) con el objeto de penetrar lo menos posible en el espacio abierto arriba, y en el subsuelo húmedo debajo. Un ambulatorio de 33 pies (10 m) de ancho rodea por completo la estructura interior; por sus rampas de acceso 20,000 personas pueden ser evacuadas en menos de quince minutos. El problema más difícil consistió en dar a tal asistencia buena visibilidad del altar mayor situado al centro. A este fin Vago desarrolló la forma ovoide como la más fácil de cubrir con baja cumbre, deprimió el piso al centro, y elevó el altar sobre una plataforma escalonada. Así, aún cuando la basílica está repleta, la visión es buena. El espacio interior, con sus arcos chatos de dos ramas, impresiona profundamente. Con la luz artificial limitada al ambulatorio y a un eficiente (pero mal diseñado) grupo de reflectores sobre el altar, una serie de formas e impresiones dramáticas se revelan según uno recorre la curva de la periferia. Vago insistió en que el interior se mantuviese absolutamente simple—sin adornos, sin colores—y esta austeridad subraya la excelencia del concepto. Conductos de ventilación, activados por dos sopladores a los extremos, se extienden sobre el espinazo central. Para que la basílica sea casi completamente invisible desde fuera, se cubrió su techo con tierra y se sembró un césped. La iglesia fue inagurada por el Cardenal Roncalli, quien más tarde llegó a ser el Papa Juan XXIII. Pierre Pinsard y André le Donné fueron arquitectos asociados.

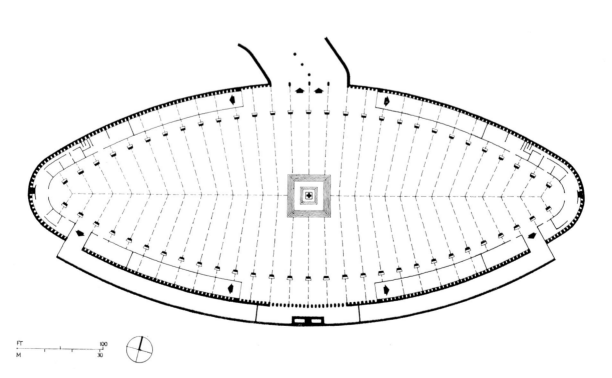

FT 100
M 30

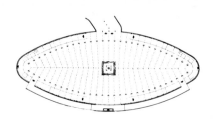

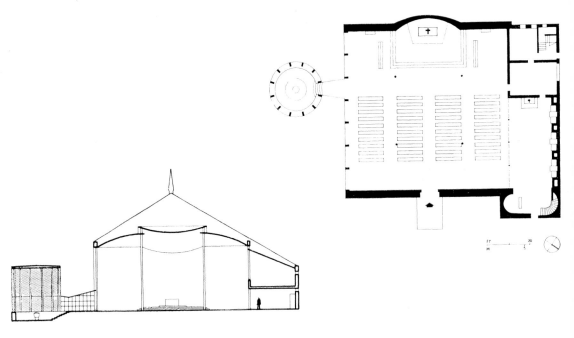

MARIA KÖNIGIN *Goethestrasse at Leyboldstrasse, Cologne-Marienburg—Dominikus Böhm architect.*
[Construction—steel frame and roof trussing; brick bearing walls. Finish and colours—natural red brick outside; white plastered brick within; parquet floor. 328 seats. Roman Catholic.] The architectural statement of Maria Königin is relatively unimportant; its façade and several details are undistinguished, while its interior space, though agreeable in the main, is weak at apse. However, the great curtain of glass that sweeps from end to end and from floor to ceiling of the south wall provides one of the loveliest to be seen anywhere, a glorious achievement. Designed by the late Prof Böhm and Heinz Bienefeld, the colours of the glass were carefully kept to a limited palette of silver-greys and grey-greens, while the pattern of the leading abstractly recalls the trunks and leaves of the trees—a *Wunderwald*—in the unspoiled little park outside. Into each of its seven sections are woven two litanies of the Virgin; made of bright bits of glass recovered from bombed churches they add not only a liturgical significance but just the proper touch of complementary colour. The heavy mullions dividing the sections are of black-painted exposed steel. Unobtrusively abutting the wall, a trimly detailed clear glass nexus joins the church with the circular baptistry that swims in the park beyond. The baptistry, thus, can be entered directly from the exterior; only after the sacrament is the child brought into the church. Its glass, which symbolizes baptism, reflects a lesser breed than that in the church proper, being fidgety both in scale and colour. The squarish main nave of the church focuses on the apse with altar and fifteenth-century Madonna. The nave is supplemented by a side chapel with confessionals, a war memorial chapel at entry, and a sacristy on the ground floor, with balcony above containing choir and organ, and church offices beyond. Delightfully enough, four bright vermilion columns uphold the nave—like poles supporting the 'tent image' sought by the inset ceiling panel.

MARIA KÖNIGIN Goethestrasse y Leyboldstrasse, Colonia-Marienburgo—Dominikus Böhm, arquitecto.
[*Construcción—soportes, y armaduras en el techo, de acero: muros portantes de ladrillo. Terminación y colores —ladrillo rojo al exterior; enlucido blanco al interior; piso de mosaico de madera. 328 asientos. Católica.*] *La manifestación arquitectónica de Maria Königin es relativamente poco importante; su fachada y algunos detalles son corrientes, mientras su espacio interior, si bien agradable en general, es débil en el ábside. En cambio, la gran cortina de vidrio que barre de un extremo al otro y de piso a techo la pared sur, constituye una de las más bellas a ver en cualquier parte, una hazaña gloriosa. Diseñada por el difunto profesor Böhm y por Heinz Bienefeld, los colores de la vidriera fueron cuidadosamente reducidos a una paleta de gris-plata y verde-gris, mientras el dibujo de las molduras de plomo que sostienen los vidrios recuerda estilizándolos las hojas y troncos de los árboles—un* Wunderwald*—en el rústico parquecito afuera. En cada una de sus siete secciones se han entretejido dos invocaciones de la Letanía de la Virgen; hechas de pedaceitos de vidrio en colores vivos recuperados de iglesias bombardeadas, añaden no sólo un sentido litúrgico sino también un complemento de color. Los fuertes soportes que separan las secciones son de acero estructural expuesto a la vista, y pintados de negro. Saliendo de esta pared sin llamar la atención, un istmo de vidrio claro limpiamente diseñado conecta la iglesia con el batisterio circular como península en el parquecito. Este batisterio tiene acceso desde fuera; sólo después del sacramento se lleva al niño a la iglesia. El vidrio aquí, simbolizando el bautismo, refleja una raza inferior al de la iglesia propiamente dicha, siendo mezquino en escala y agitado en su color. La nave cuadrangular de la iglesia concentra sobre el ábside y la Madonna del siglo quince trás el altar. La nave está suplementada por una capilla lateral con confesionarios, otra conmemorativa de la guerra a la entrada, y una sacristía en el piso principal, a más de una galería superior conteniendo el coro y el órgano y oficinas para el párroco. Deliciosamente, cuatro columnas delgadas color vermellón sostienen el techo—como palos que completen la 'carpa' sugerida por el plafón insertado en el techo colgante.*

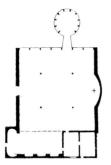

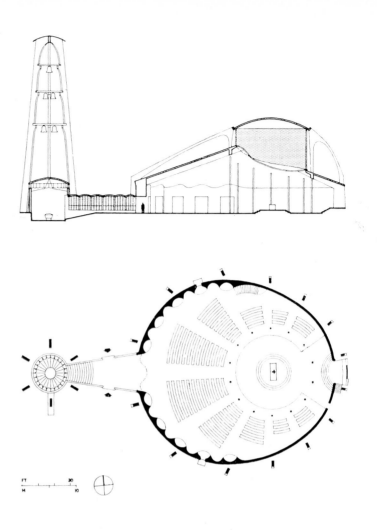

ST ALBERT *Jägersfreude Strasse, Saarbrücken—Gottfried Böhm architect.*

[Construction—reinforced concrete exposed framing from which roof is hung by steel cables; brick bearing walls. Finish and colours—natural red brick on outside, plastered and painted reddish within; flagstone floor. 450 seats. Roman Catholic.] Although the structure of this church seems dubiously extravagant and the lighting from its one great oculus not exactly restful or glare-free, the nave does deliver a fine intimacy between congregation and clergy. This is achieved by an ovoid plan with circular chancel projected forward in the smaller end of the egg shape. The congregation thus nearly surrounds the sanctuary but is kept at a clearly defined distance by the ring of inner supports of the concrete 'flying buttresses' seen without. This plan closely resembles several of the theoretical forms that Rudolf Schwarz published in *The Church Incarnate* which were concerned with 'sacred inwardness'. The theatricality of this nave, especially its dramatic lighting, recalls the Baroque. Interior weaknesses can be seen in detailing (behind the sanctuary, etc), and in the too-prominent, hence distracting, organ. Confessionals line the entrance wall, while sacristy and quarters for the priest form a separate wing attached to the rear of the church. Underneath the high altar is placed the small private chapel. A circular baptistry nestles at the foot of the forthrightly expressed bell tower to left at entry.

SAN ALBERTO Jägersfreude Strasse, Saarbrücken—Gottfried Böhm, arquitecto.

[*Construcción—pórticos expuestos de hormigón armado, de los cuales cuelga el techo por cables de acero; muros portantes de ladrillo. Terminación y colores—ladrillo rojo al exterior, muros enlucidos y pintados en tono rojizo al interior; piso de lajas de piedra. 450 asientos. Católica.*] *Aunque la estructura de esta iglesia es de una extravagancia dudosa, y la iluminación de su gran óculo solitario no es precisamente sedante o sosegada, la nave consigue intimar la congregación con el clero. Esto se logra por una planta ovoide con un presbiterio circular cerca del extremo angosto de la forma oval. La congregación rodea el santuario casi por completo, pero es mantenida a respetuosa distancia por el anillo de soportes de los 'arbotantes' de hormigón visibles al exterior. Esta planta se asemeja bastante a varias de las formas teóricas publicadas por Rudolf Schwarz en su libro* Vom Bau Der Kirche *(publicado por Verlag Lambert Schneider, Heidelberg, 1938, y traducido al inglés como* The Church Incarnate*), referentes a 'interioridad sacra'. La teatralidad de esta nave, especialmente en su dramática iluminación, recuerda el Barroco. Otros puntos débiles al interior son los detalles (al fondo del santuario, etc.), y la prominencia, y consecuente distracción, del órgano. Los confesionarios se alinean con el muro de entrada, mientras la sacristía y las habitaciones del sacerdote forman un ala aparte, unida a la iglesia por detrás. Debajo del altar mayor está situada la pequeña capilla privada. Un batisterio circular se acurruca al pie del sólido y erguido campanario.*

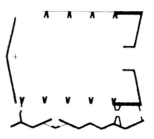

ST MAURITIUS *Moltkestrasse, Saarbrücken—Albert Dietz architect, Bernhard Grothe associate.*
[Construction—reinforced concrete throughout; *Betonglas* window walls. Finish and colours—natural and painted concrete walls on outside; natural and plastered within; white mosaic tile floor; black wood pews. 400 seats. Roman Catholic.] Two excellent features distinguish St Mauritius: its semi-enclosed entrance forecourt and cloister, and its scintillating side walls of *Betonglas* or mosaic glass. One enters and leaves most churches too abruptly, with little spiritual 'preparation', either coming or going. However, here one is introduced to the church concept by the belfry-dominated entrance and the cloister which wraps around three sides of the building. This provides an excellent intermedium between secular and religious worlds, and in addition furnishes a sheltered walk with small garden and fountain away from outside cares. One of the earliest expressions of such a parvis can be seen in St Ambrogio in Milan (whose atrium was finished in 1150); the concept has equal validity for many of today's urban churches. The interior of St Mauritius provides a refreshingly simple foil for the brilliant side walls, accentuated nicely by the exposed concrete bents of the roof. These walls are composed on inch-thick, multi-coloured glass set in concrete (hence *Betonglas*), and are used here for the first time in Germany. Such windows are composed on large flat sheets of clear glass, their chunks (*dalles* in French) being laced with reinforcing wire, and their interstices filled with fine cement. When dry the resulting panels are polished, after which they form a weatherproof wall, ready for installation. As the exterior glass chunks are faceted, they catch and reflect the sun and light at varying angles so that they glow with wonderfully alive intensities. Prof Boris Kleint designed these windows, and Gabriel Loire of Chartres made them. Troughs for the concealed fluorescent lighting are located at juncture of walls with ceiling, while just off the floor, between the window reveals, are located the radiator grilles. The choir and the organ console are placed at right rear, with a small chapel to left. The organ pipes fill a small balcony over both. The baptistry, enterable from a separate door, stands at extreme left front, adjacent to the splayed bell tower, with confessionals along the side aisle. This passage leads to the sacristy and services. Several twelfth to fourteenth century wood statues enliven the nave.

SAN MAURICIO Moltkestrasse, Saarbrücken—Albert Dietz, arquitecto, Bernhard Grothe asociado.
[*Construcción—toda de hormigón armado; muros transparentes de Betonglas. Terminación y colores—hormigón al exterior pintado y al natural; enlucido y al natural al interior; piso de losas de mosaico blanco; bancos de madera negros. 400 asientos. Católica.*] *Dos excelentes aspectos distinguen a San Mauricio: su antepatio y claustro cercado, y sus centelleantes paredes laterales de Betonglas o mosaico de vidrio. Se entra a la mayoría de las iglesias, y se les deja, demasiado abruptamente, con poca preparación espiritual tanto al ir como al venir. Pero aquí el concepto de iglesia está introducido por la torre que domina la entrada y por el claustro que rodea la iglesia por tres lados. Así se establece un excelente intermedio entre los mundos secular y religioso, y además se obtiene un pequeño jardín privado con su fuente y enramada lejos del mundanal ruido. Una de las más antiguas expresiones de tal clase de atrio puede verse en San Ambrogio en Milán (cuyo atrio fué terminado en 1150); el principio tiene igual validez para muchas de nuestras iglesias urbanas hoy. El interior de San Mauricio provee un fresco y sencillo contraste a las brillantes paredes laterales, finamente acentuado por las viguetas de hormigón. Estas paredes están hechas de vidrios de color de una pulgada de grueso incrustados en hormigón (de aquí el nombre alemán Betonglas, hormigón-vidrio), y se usaron aquí por primera vez en Alemania. Tales vidrieras se fabrican sobre grandes planchas de vidrio liso ordinario, sus 'cascajos' (dalles en francés) son amarrados con refuerzo de alambre, y se llenan los intersticios con mortero fino de cemento. Una vez fraguado el cemento, se pulen los paños así formados y resulta una pared impermeable, lista para ser instalada. Como los trozos de vidrio conservan facetas al exterior, reciben y reflejan la luz del sol en ángulos variantes, de modo que refulgen con intensidad maravillosamente viva. El profesor Boris Kleint diseñó estas vidrieras, y Gabriel Loire, de Chartres, las hizo. En la unión de muros y techo hay ranuras para esconder las unidades de iluminación fluorescente, y sobre el piso, entre los soportes de hormigón, están las rejillas de la calefacción. El coro y la consola del órgano están la derecha de la entrada, y una pequeña capilla a la izquierda. Los tubos del órgano llenan un pequeño balcón que se extiende sobre ambas. El batisterio, con entrada separada, se encuentra más a la izquierda de la capilla, entre el campanario y los confesionarios en la nave o pasillo lateral. Este pasillo también conduce a la sacristía y servicios. Varias esculturas de los siglos doce al catorce dan animación a la nave.*

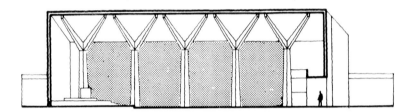

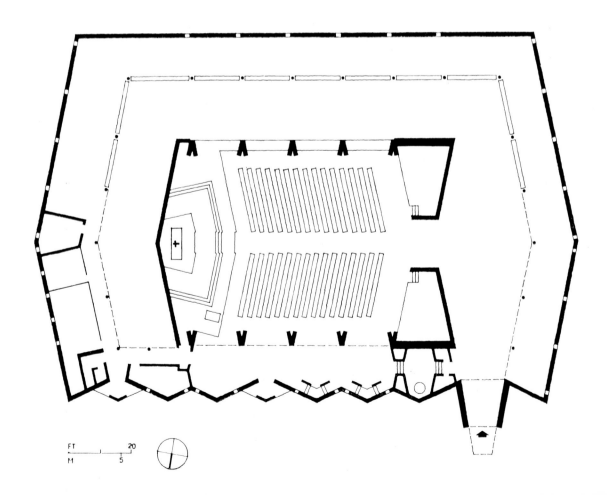

FT   20
M   5

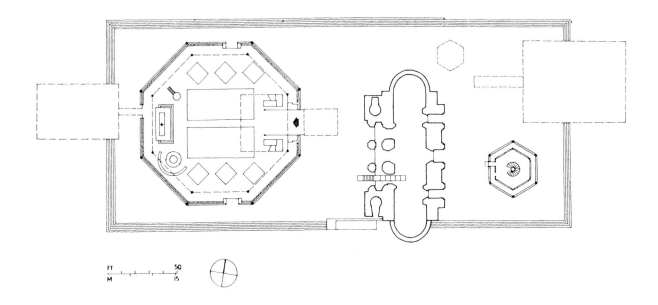

FT |—|—|—| 50
M |—|—|—| 15

KAISER WILHELM MEMORIAL CHURCH
Breitscheidplatz, Berlin—Egon Eiermann architect.
[Construction—steel frame with double concrete-and-glass panel walls outside and in. Finish and colours—black steel frame; *Betonglas* upper panels, solid lower ones; multi-coloured round tile floor. Competition winner. 900 seats. Protestant.] As stern sentries flanking and guarding the bomb-shattered—but to Berliners still precious—ruins of the old church, this new nave and tower by Eiermann are among the most unflinching statements in today's religious architecture. Unrelentingly hard, taut as piano wires, they function magnificently as aesthetic and psychological statements—and as counterpoints to the old tower. They might, indeed, be said to reflect the brave congregation they serve. The interior provides a quiet, cool retreat amid the turbulence of mid-Berlin. Dominated by blue, and enlivened with secondary notes of red and yellow, the windows suffuse the nave with light from its eight sides. One would never guess that the traffic's roar is but a few feet away. This inner peace and the quiet character are made possible by the fact that —unbeknown to most who enter—the church's walls are double, with a space approximately 5 ft wide between outer and inner skin, each wall with its own set of *Betonglas*. Thus almost all sounds from its noisy location are screened out. Furthermore, the artificial lights that make these walls glow so beautifully, being in the between-wall space, can be turned up or down as outside conditions (amount of daylight, the turning of the sun, etc) dictate. As a consequence, not

IGLESIA CONMEMORATIVA DEL KAISER GUILLERMO Breitscheidplatz, Berlin—Egon Eiermann, arquitecto.
[*Construcción—armadura de acero con paredes en paños dobles de hormigón-y-vidrio por dentro y por fuera. Terminación y colores—armadura pintada de negro; paños superiores de* Betonglas *inferiores sólidos; piso de losa redonda multicolor. Ganador en un concurso. 900 asientos. Protestante.*] *Como austeros centinelas custodiando las ruinas despedazadas—pero todavía preciosas para los berlineses—de la iglesia vieja, esta nueva nave y nueva torre de Eiermann son de las más decididas manifestaciones en la arquitectura religiosa de hoy. Duras sin concesión, tensas como cuerdas de piano, llenan espléndidamente su función estética y psicológica—y sirven de contrapunto a la torre antigua. Pudiera decirse, en verdad, que reflejan la valerosa congregación a quien sirven. El interior proporciona un retiro fresco, tranquilo, en la turbulencia del centro de Berlín. Predominando el azul con tonas secundarias de rojo y amarillo, los vidrios inundan la iglesia de luz por los ocho costados. Nadie se imaginaría que un tráfico atronador se encuentre a pocos pies de distancia. Esta paz y tranquilidad interior se han hecho posibles por el hecho—ignorado por la mayoría de los visitantes— de que los muros de la iglesia son dobles, con un espacio aproximadamente de 5 pies (1.5 m.) entre la membrana exterior y la interior, llevando cada una su propia vidriera de* Betonglas. *Con eso se impide la infiltración de ruidos de su localidad. Además, las luces artificiales que tan bello fulgor dan a estos muros, hallándose en el espacio intermedio, pueden encenderse o apa-*

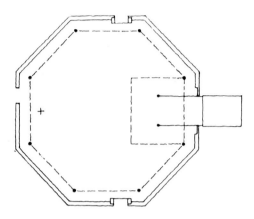

only can the interior effect be nicely adjusted to provide a lovely mantle of colour completely surrounding the congregation, the exterior after dusk glows with an equally appropriate—and controllable—richness. The church from the outside at dusk provides, indeed, a lovely sight, promising—and delivering—a welcome refuge from urban hurly-burly. The windows themselves, by Gabriel Loire, are, from the design point of view, good but a bit too scattered chromatically to be masterful. The black frame of the steel accentuates the colours of the glass in fine fashion, and this black is picked up again in the leather backs and seats of the wood-frame chairs. The lively colours of the circular floor tiles, which are laid in several sizes, provide a carpet of flowers that is well illuminated by the clustered down-lights hung from the ceiling. The simple altar is surmounted by an almost transparent metal cross, with prominent font to left, and a somewhat disjointed pulpit to right. Stairs, curtained behind the altar, lead down to basement where services and sacristy are located. The choir and spectacular organ are in a balcony over the entrance. On the exterior one can get a clear grasp of the steel frame and waffle panel construction. Both frame and precast panels are superbly fabricated, while in colour the black frame sets off the honeycomb white panelling handsomely. The panels of the outer walls are square with five alveoli per side. Those on the inner wall—reflecting the same panel height but reduced building diameter, as well as adjusting to the more intimate interior scale—are 7 by 8. The entrance marquee is brutal but handsome. The only serious shortcoming of the design can be seen in the campanile. This has, or seems to have, the same skin as the church itself, but it shelters no one. Even more reprehensible, the upper section of the tower, though containing a multitude of bells, is almost indistinguishable from the panelling which girds the solid church. A statement of bells should certainly have been made here. The church, otherwise, is brilliant, far more satisfactory, incidentally, than the winner of the first of the two stages of the competition for its design. A separate chapel, and on the other side, a library, are now being added as shown on the site plan.

garse según lo requiera las condiciones del tiempo, cantidad de luz solar, dirección de los rayos del sol, etc. Por lo tanto, no sólo puede el efecto interior ser bien ajustado para envolver la congregación en un bello manto de color, sino que también puede el exterior brillar después del ocaso con riqueza igualmente apropiada y controlable. De noche la iglesia es realmente una vista atractiva, ofreciendo—y prestando—un acogedor refugio del bullicio urbano. Las vidrieras mismas, por Gabriel Loire, son de buen diseño, pero demasiado dispersas cromáticamente para ser magistrales. El negro de los marcos de acero realza bien el colorido de los vidrios, y el negro se repite en los cojines de cuero de los asientos y respaldos de las sillas de madera. Los vivos colores de las losas circulares en el piso, en varios tamaños, son como una alfombra de flores bien iluminada por racimos de reflectores colgados del techo. Sobre el sencillo altar se halla una cruz de metal casi transparente, y tiene una pilla prominente a la izquierda y un púlpito algo dislocado a la derecha. Detrás del altar, escaleras con cortinas conducen al sótano donde se encuentran la sacristía y otros servicios. El coro y un órgano espectacular están en un balcón sobre la entrada. Al exterior puede apreciarse claramente la construcción con su armadura y tableros en forma de barquillos. Ambos han sido ejecutados espléndidamente, y como cuestión de color, el marco negro hace resaltar los blancos tableros-colmenas. Los tableros del muro exterior son cuadrados, con 5 alvéolos por cada lado. Los del interior—manteniendo la misma altura pero reduciendo su ancho con el diámetro interior, a la vez que ajustándose a la escala interior más íntima—tienen 7 por 8. El cobertizo de la entrada es brutal, pero hermoso. El único defecto serio del proyecto está en el campanario. Este tiene, o parece tener, la misma envoltura que la iglesia misma, pero nada ni nadie se aloja allí. Y lo que es peor, la parte superior de la torre, aunque contiene multitud de campanas, no se diferencia de la contrucción que encierra la nave de la iglesia. Una manifestación de campanas ciertamente debió hacerse aquí. Por lo demás la iglesia es brillante, mucho más satisfactoria, incidentalmente, que el proyecto premiado en la primera de las dos etapas del concurso. Una capilla separada, y al otro lado una biblioteca serán añadidas según muestra el plano de situación.

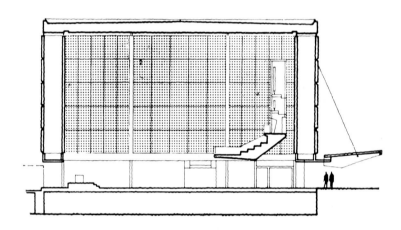

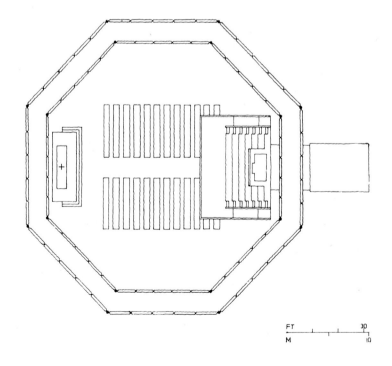

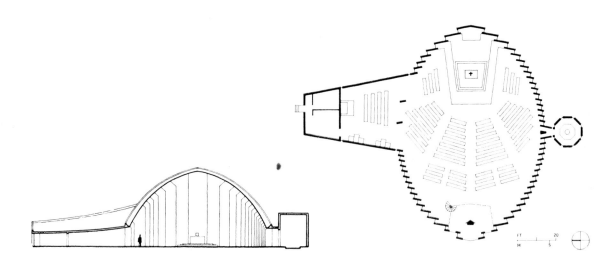

ST ALBERTUS MAGNUS *Saarstrasse, Leverkusen-Schlebusch—Josef Lehmbrock architect.*

[Construction—frame of reinforced concrete 'louvers'; walls of small concrete diagonals alternating with glass; vaulted wood roof. Finish and colours—natural concrete outside and in; natural wood ceiling. 355 seats. Roman Catholic.] Two unusual features mark this well-situated church: its construction and its peripheral lighting. A series of different-width, different-height concrete planks, describing an ovoid plan, form its vertical frame. The 24 in space between these louvers is closed by a herringbone of alternating prefabricated concrete boards and tinted glass. Spread like a somewhat symbolic net above, rests the vaulting of uniform, short wood members in the Zollinger system. The interior space stands completely free of supports. The light which slices through the louvered sides of the church furnishes a good overall intensity with accent at both chancel and entrance, the points of greatest wall height. Moreover, when looking forward one does not see the sources of this light, only its effect, with little glare, or side annoyance of brightness, except from certain pews. However, the overall atmosphere of the church, its religiosity, remains unfortunately secondary to its technical virtues. The impression produced is too mechanical and impersonal, particularly on grey days. The lack of colour accent and the skeletal quality of the pews do not alleviate this chilliness. A small chapel, with sacristy behind, opens off the left side and can be used for overflow congregations; a baptistry will be added to the right. Choir and organ are in a tribune over the entrance. The ovoid shape of the church was derived from earlier studies by Karl Franke, who also did the glass. This shape facilitates processions around the exterior of the church, and provides space for an outdoor altar.

SAN ALBERTO MAGNO Saarstrasse, Leverkusen-Schlebusch—Josef Lehmbrock, arquitecto.

[*Contrucción—soportes-quiebrasoles de hormigón; cierres por pequeñas diagonales de hormigón alternando con vidrio; techo abovedado de madera. Terminación y colores—hormigón al natural por fuera y por dentro; techo interior en madera al natural. 355 asientos. Católica.] Dos aspectos poco corrientes distinguen esta iglesia: su construcción, y su iluminación periférica. Una serie de 'tablones' de hormigón de distintos anchos y alturas, circundando una planta oval, forma su armadura vertical. Cada espacio de 24 pulgadas (61 cms.) entre estos quiebrasoles está cerrado por un 'diente de perro' (punto de espiguilla) de tablas prefabricadas de hormigón y vidrio de color. Como una red algo simbólica arriba, está la bóveda de cortas piezas de madera en el sistema Zollinger. El espacio interior se halla completamente libre de soportes. La luz que entra en tajadas por las celosías a los costados, da una buena intensidad general más acentuada sobre el presbiterio y a la entrada, los puntos de mayor altura de muros. Mirando hacia delante no se ven las entradas de esta luz, sino sólo su efecto, con poca molestia de resplandor lateral, excepto en algunos bancos. Sin embargo, la atmósfera total de la iglesia, su religiosidad, permanece por desgracia subordinada a sus virtudes técnicas. La impresión producida es demasiado mecánica e impersonal, especialmente en días grises. La falta de acentos de color, y el carácter esquelético de los bancos, no alivia esta frialdad. Una pequeña capilla, con sacristía detrás, se abre al lado izquierdo y puede ser usada por la asistencia en exceso: un batisterio será añadido a la derecha. El coro y el órgano están en una tribuna sobre la entrada. La forma oval de la iglesia fué derivada de estudios anteriores de Karl Franke, quien también hizo los vidrios. Esta forma facilita las procesiones alrededor de la iglesia al exterior, y provee espacio para un altar al aire libre.*]

ST MARTIN *Badenstedter Strasse 29, Hanover—Dieter Oesterlen architect.*
[Construction—reinforced concrete triangulated frame; concrete block side walls; brick end walls. Finish and colours—red brick walls; natural concrete frame; natural wood ceiling; black slate floor. Competition winner. 575 seats in nave, 200 in balcony. Protestant.] Replacing a war-destroyed old church, and nicely complementing its remaining neo-Gothic (1852) tower, the new St Martin gracefully tops its open, sloping site. Its real distinction, however, lies within. Here a carefully thought out and meticulously expressed structure encloses the fabric of the church, while a simple but effective system of glazed openings illuminates it. A triangulated frame of concrete bents envelops the nave and provides the support of the airily detached balcony to right. This frame is clearly expressed inside and out. The side enclosing walls are made of a special textured concrete block, its slight tooth making for better acoustics. These blocks are spaced apart approximately one-third of their length, and the resulting interstices are glazed with clear glass. A soft general illumination thus fills the nave, a light given strong accentuation at the chancel by two large stained-glass windows which fill each end panel. These windows, done by Claus Arnold and the architect, bathe with a revealing oblique light Arnold's brick mural representing the twelve gates of Jerusalem. This relief fills the sanctuary wall, angled to fit the structural pattern of the church, and fills it becomingly. However, it unfortunately drops down so low that its vigorous carving creates competition with the simple slab altar. The other furniture in the presbytery—pulpit, lectern and chairs—are as cleanly designed as the altar, and, like it, are by the architect. The side aisle of the church, sheltered with impressive spatial play by the overhanging, seemingly floating balcony, focuses on the late seventeenth-century baptismal font saved from previous churches on this site. Both light and space here are admirable, the space having an entity of its own yet in immediate contact with the main nave, hence providing overflow accommodations, while the southerly light floods in through the glazed block spacings more satisfactorily than on the sunless north side. Choir and organ are placed in the back section of the balcony. A sacristy and room for the sacristan project from the entrance, and are tied by a small 'cloister' and garden to the old tower and the front entrance.

SAN MARTIN Badenstedter Strasse 29, Hannóver—Dieter Oesterlen, arquitecto.
[*Construcción—armadura triangulada de hormigón armado; muros laterales de bloques de hormigón: muros extremos de ladrillo. Terminación y colores—hormigón de la armadura, al natural; ladrillo rojo en los muros; techo interior de madera al natural; piso de pizarra negra. Ganador en un concurso. 575 asientos en la nave, 200 en el balcón. Protestante.] Reemplazando una iglesia antigua destruida por la guerra, y complementando gentilmente su preservada torre neogótica (1852), la nueva iglesia de San Martín remata con gracia la cresta de su amplio y ondulante solar. Su verdadera distinción, sin embargo, se halla dentro. Aquí una estructura cuidadosamente proyectada y meticulosamente acusada encierra la fábrica de la iglesia, y un sencillo pero efectivo sistema de aberturas vidriadas la ilumina. Una armadura triangulada de pórticos de hormigón envuelve la nave y sostiene el ligero y suelto balcón a la derecha. Esta armadura está claramente expuesta por fuera y por dentro. Las paredes de cierre laterales están hechas con bloques de hormigón de superficie intencionadamente áspera con vistas a la acústica. Estos bloques están espaciados aproximadamente a un tercio de su longitud, y los intersticios resultantes cerrados con vidrio transparente. Una suave iluminación general llena la nave, y su luz está fuertemente acentuada en el estrado por dos grandes ventanales de vidrio coloreado en lugar del último tramo a cada lado. Estos ventanales, hechos por Claus Arnold y el arquitecto, bañan con relevante luz oblicua el mural de Arnold, en ladrillo, representando las doce puertas de Jerusalén. Este relieve llena el muro del santuario, dispuesto en ángulos que se adaptan a la forma de la estructura, y lo llena en forma atractiva. Sin embargo, es de lamentar que se extienda tan abajo que su vigoroso relieve hace competencia al sencillo altar de una losa. El resto del mobiliario en el presbiterio—púlpito, facistol y sillas—han sido tan limpiamente diseñados como el altar, y como él, son por el arquitecto. La nave lateral, cubierta en impresionante juego de espacios por el voladizo del balcón al parecer flotante, enfoca la pila bautismal del siglo diecisiete recuperada de iglesias anteriores en este sitio. Tanto la luz como el espacio son aquí admirables, teniendo el espacio una entidad suya propia y sin embargo en contacto inmediato con la nave principal, por lo que sirve para acomodar exceso de asistencia, mientras la luz del sur la inunda más satisfactoriamente que por el lado norte sin sol. El coro y el órgano están situados en la sección trasera del balcón. Una sacristía y habitación para el sacristán están incorporados en la galería que rodea el pequeño jardín o 'claustro' ante la entrada y conecta visualmente con la vieja torre.*

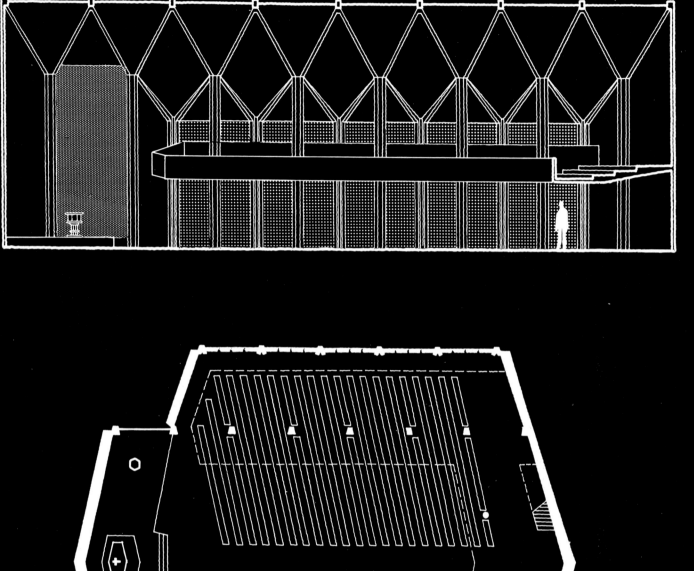
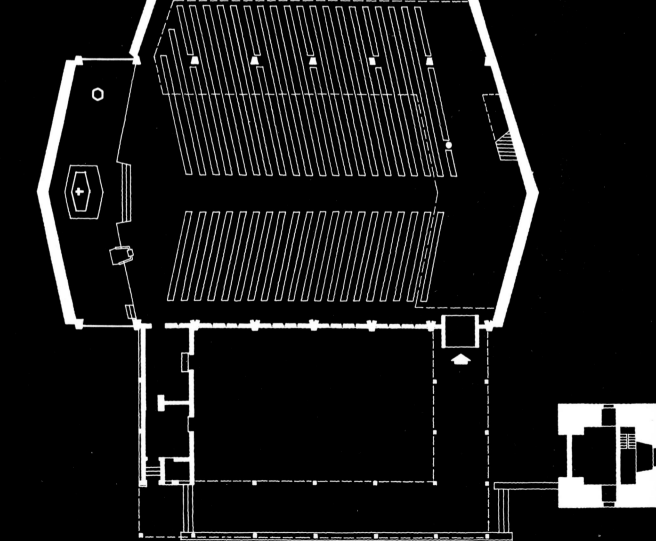

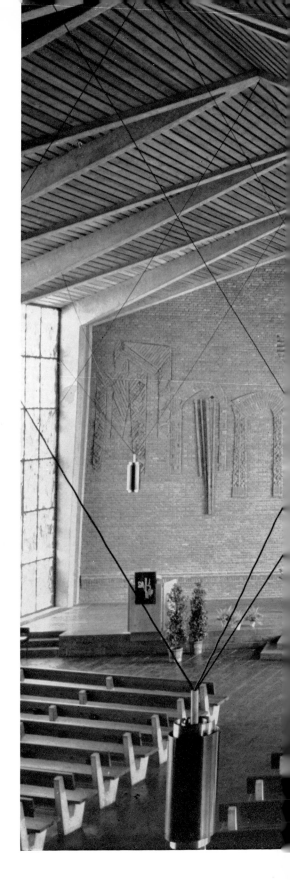

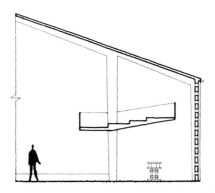

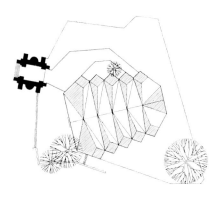

CHRIST CHURCH *Am Rathaus, off Essener Allée, Bochum* (11 *miles E of Essen)—Dieter Oesterlen architect.*
[Construction—reinforced concrete frame and roof; reinforced brick cavity walls. Finish and colours—red brick walls outside and in; ceiling partly of exposed concrete, part wood; stone floor. 700 seats in nave, 200 in balcony. Protestant.]
Prof Oesterlen has brilliantly solved two taxing church architectural problems here. The first concerned the need for delicate respect for the old (1879) neo-Gothic tower that survived war's bombing largely intact; the second underscored identity for the church amid the welter of larger buildings that hemmed its urban site. Oesterlen resolved both difficulties with one means: a building of angles and crystal forms which echo the breaks and planes in the aged tower, while at the same time the church's fractured geometry stands out against its routine four-square neighbours. Furthermore, the diamond-shaped planes of the roof, as they ring the periphery of the church, suggest the symbolism of the Crown of Thorns. The interior merits the highest respect, in form, in lighting, and in the art of its windows. One enters beneath the large balcony (which also carries the choir and organ), then steps forward under the dramatic, full canopy of a fascinating ceiling geometry whose angled planes are superb. The chancel stands serene, framed vertically by three brick-panel walls that bend forward at each end in a protective gesture. The altar, pulpit and lectern could scarcely be more simple—or have a more sympathetic background. The angled brick side piers, with their small rhythm of acoustic holes, are separated by thick *Betonglas* windows which admit a flood of glare-proof light over the shoulders of the congregation. This glass, by Helmut Lander, is limited in its colours almost exclusively to blues, and black and white, and in its theme to the totally abstract. From the interior the glass possesses an exciting vitality, somewhat reminiscent of the paintings of the late Franz Kline. From without, it remains energetic but with a slightly disjointed appearance in the white panels. Lander also did the first-rate bronze entry door. Sacristy and church office occupy a small, and slightly maladjusted wing to the left of the church proper, along with a small chapel and community room. The church, one of the finest in Germany, has only one trouble: like too many Protestant churches, it is almost invariably locked.

IGLESIA DE CRISTO Am Rathaus, cerca de Essener Allée, Bochum (18 km. al este de Essen)—Dieter Oesterlen, arquitecto.
[*Construcción—armadura y techo de hormigón armado; muros huecos de ladrillo. Terminación y colores—muros de ladrillo rojo por fuera y por dentro; techo interior en parte de hormigón a la vista y en parte de madera; piso de piedra. 700 asientos en la nave, 200 en el balcón. Protestante.*] *El profesor Oesterlen ha resuelto brillantemente aquí dos problemas arquitectónicos difíciles. El primero concernía la necesidad de respetar con delicadeza la vieja (1879) torre neogótica que sobrevivió mayormente intacta el bombardeo de la guerra; el segundo subrayaba la distinción de la iglesia entre el tumulto de edificios más grandes que ribetean su solar urbano. Oesterlen resolvió los dos problemas de una vez, con un edificio de ángulos y formas cristalográficas que hacen eco a los planos quebrados de la vieja torre, y que a la vez se destaca de sus rutinarios y cuadrangulares vecinos. Además, los rombos del techo, al rodear la periferia de la iglesia, sugieren el simbolismo de la Corona de Espinas. El interior merece la más respetuosa consideración, por su forma, por su luz, y por el arte de sus ventanas. Se entra por bajo el balcón (que también lleva el coro y el órgano) y se pasa al dramático dosel total, la fascinante geometría de cuyo cielo en planos plegados es soberbia. El estrado es sereno, enmarcado verticalmente por tres paños de muro de ladrillo que se inclinan a cada lado en un gesto protector. El altar, el púlpito y el facistol difícilmente podrían ser más sencillos—o tener un ambiento más acogedor. Los muros de ladrillo a los lados, con su pequeño ritmo de hoyos acústicos, están separados por vidrios de grueso* Betonglas *que admiten por sobre el hombro de la concurrencia un torrente de luz sin molesto resplandor. Estos vidrios, por Helmut Lander, están limitados en su color a azul, blanco y negro casi exclusivamente, y en su tema a lo totalmente abstracto. Por dentro las vidrieras poseen una vitalidad estimulante, algo reminiscente de las pinturas del difunto Franz Kline. Por fuera siguen siendo enérgicos, pero con una apariencia algo dividida en los paños blancos. Lander también hizo la puerta principal, de primera calidad. La sacristía y oficina ocupan un ala pequeña y un tanto desajustada a la izquierda de la iglesia propiamente dicha, junto con una capilla pequeña y una sala de reuniones. La iglesia, una de las mejores en Alemania, sólo tiene una dificultad: al igual que demasiadas iglesias protestantes, casi siempre está cerrada.*

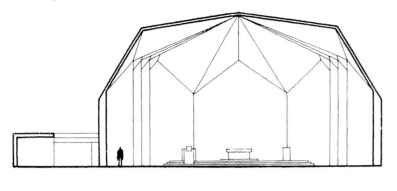

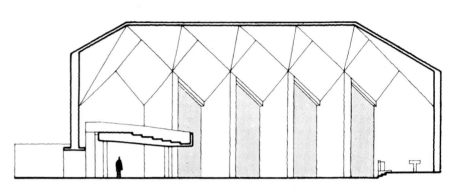

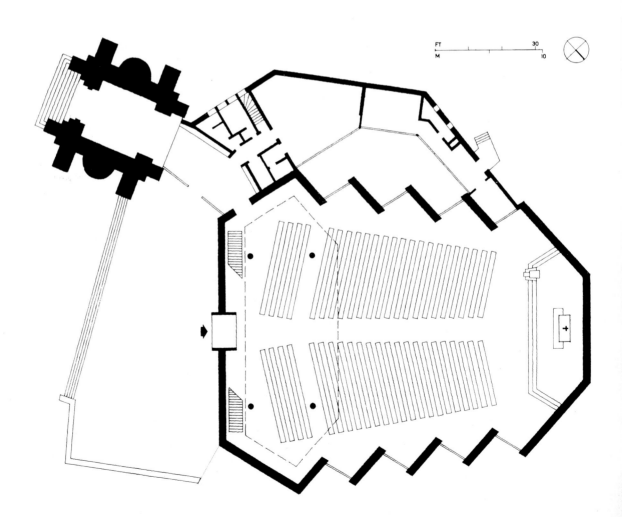

Germany *Alemania*

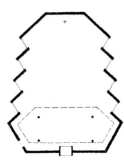

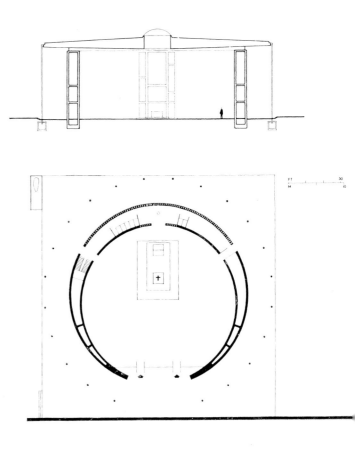

ST JOHANN VON CAPISTRAN *Gotthelfstrasse,*
Munich—Sep Ruf architect.
[Construction—brick bearing walls; steel roof framing.
Finish and colours—natural red brick outside and in;
natural wood slat ceiling; red brick floor. 300 seats, 700
capacity. Roman Catholic.] The single most provocative idea
of this unusual circular church can be found in its sensitive
manner of entry: this demands that one walk from the street,
past a garden-lawn, around 180 degrees to the entrance on
the far side. Thus, one is prepared to enter the place of
worship. Perceptive and commendable, such an entry
works in reverse in transferring one from the religious to the
secular. The church itself—an off-centre round within a
round—provides a handsomely restrained background for
worship that binds clergy and congregation with excellent
unity. The interior states a form which can be grasped at
once. Its natural brick walls rise unbroken to a narrow,
continuous clerestory, and are topped by a slightly upward-
angled ceiling of varyingly spaced wood slats. At the centre
an oculus of clear, acrylic plastic 16.4 ft in diameter gives a
marked emphasis to the forward-pushed altar. The substantial light from above is supplemented by a floor-to-
ceiling glass panel at entry, behind the congregation, thus
producing excellent, totally glare-free illumination. The
artificial lights are equally well studied: simple suspended
cylinders, augmented by a ring of invisible neon lights in
clerestory and oculus. The pews are respectfully but intimately grouped in three squared banks about a simple lime-
stone high altar 2 m square, with the sacramental altar
behind. Inasmuch as the two circles which form the church

SAN JUAN CAPISTRANO Gotthelfstrasse, Munich—
Sep Ruf, arquitecto.
[*Construcción—muros portantes de ladrillo; armadura del techo
de acero. Terminación y colores—ladrillo rojo por fuera y por
dentro: techo interior de varillas de madera: piso de ladrillo
rojo. 300 asientos, capacidad 700. Católica.*] *La idea más interesante en esta iglesia circular poco corriente, puede encon-
trarse en la manera de llegar a ella: ésta requiere caminar desde
la calle, pasando un césped-jardín y circunvalando 180°, a la
entrada por el lado más lejano. Así se prepara sensitivamente al
visitante a entrar en el lugar de culto. Tal acceso, inteligente y
laudable, en 'marcha atrás' lo devuelve a uno de lo religioso a
lo secular. La iglesia misma—un círculo inscrito en otro sin ser
concéntricos—provee con mesura un bello marco para el culto que
une clero y feligresía en forma excelente. El interior presenta una
forma que puede ser apreciada al instante. Sus paredes de
ladrillo al natural suben sin interrupción hasta un clerestorio
contínuo y estrecho, y están rematadas por un cielo de varillas de
madera separadas y ligeramente inclinadas hacia arriba. Al
centro un óculo de 16.4 pies (5 m.) de diámetro, de plástico
acrílico transparente, dá marcado énfasis al altar situado hacia
delante. La abundante luz de arriba está suplementada por una
vidriera de piso a techo a la entrada, a espaldas de la congregación, produciendo una iluminación excelente, sin la menor
molestia. Las luces artificiales están igualmente bien estudiadas:
sencillos cilindros colgantes, y aumentada por luces neón escondidas en el clerestorio y el óculo. Los bancos están reunidos
respetuosamente, pero con intimidad, en tres grupos rectangulares
alrededor de un sencillo altar mayor cuadrado, de piedra caliza,
de 2 m. de lado. Siendo excéntricos los dos círculos que forman la*

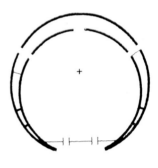

are ex-centric, a space 13.1 ft at its maximum is created between the two walls. This sickle shape accommodates on the ground floor the sacristy, baptistry, confessionals and services; on the second level the choir and organ console (behind brick grille); and on third the organ pipes (also behind grille). At ground level these services have a separate outside door. The pronounced overhang (14.8 ft) of the eaves which surrounds the church does not derive from whimsy, but from the need to keep the roof in tension. Each of the twenty-two steel columns of the periphery attaches to the cantilevered eave at top while its lower end is heavily weighted and hangs free in individual covered 'wells'. This weighting prevents the roof from being sucked off by a high wind, while aesthetically—in somewhat mannered and formalistic terms—the column-defined covered ring around the building gives protection to those entering the church, and, further, defines the procession (*Kreuzweg*) about it. The most imaginative art of the project can be seen in front along the pavement: a monument to its patron saint carved by Josef Hanselmann in a rough boulder. The glass painting above the entrance, by Josef Oberberger, and the bronze door itself, by Heinrich Kirchner, are not outstanding. A community hall, 52.6 ft square, fills one corner of the lot away from the street. This is visually attached to the bell 'banner' (as yet unbelled) at the other corner by a 9.9-ft-high wall, the hall, wall, and banner defining the private open space outside the entrance to the church. A community library, supervised youth club room, and quarters for the priest occupy the long, low building along the street side to the left.

iglesia, un espacio de 13.1 pies (4 m) en su punto más ancho se ha producido entre los dos muros. Esta forma de hoz acomoda en planta baja la sacristía, batisterio, confesionarios y servicios, en planta alta el coro y la consola del órgano (detrás de una celosía de ladrillo); y a un tercer nivel los tubos del órgano (tambien détrás de una celosía de ladrillo). En planta baja estos servicios tienen entrada separada. El extenso voladizo (14.8 pies o 4.5 m.) del techo que rodea la iglesia no es por capricho sino derivado de la necesidad de mantener el techo en tensión. Cada una de las 22 columnas de la perifieria está fija al alero arriba, mientras su extremo inferior lleva un gran peso y cuelga libre en un 'pozo' cubierto individual. Este contrapeso impide sea al techo arrastrado por la fuerza del viento, mientras estéticamente—en una forma algo amanerada—ese anillo definido por las columnas rodeando el edificio proteje a quienes llegan a la iglesia, y además, también señala el recorrido de las procesiones. La obra más imaginativa en este grupo se encuentra al frente del solar junto a la acera; un monumento al santo patrón de la iglesia tallado por Josef Hanselmann en una peña en bruto. La vidriera sobre la entrada, por Josef Oberberger, y la puerta de bronce por Heinrich Kirchner, no son extraordinarias. Una sala de communidad parroquial cuadrada, de 52.6 pies (16 m.) de lado ocupa una esquina del solar lejos de la calle. Esta ha sido conectada visualmente a la 'bandera' de campanas (hasta ahora sin campanas) a la otra esquina por un muro de 9.9 pies (3 m.) de alto, sirviendo la sala, el muro y la bandera para definir un área descubierta privada ante la entrada a la iglesia. Una biblioteca parroquial, salones de actividades juveniles, y habitaciones para el párroco, ocupan el edificio bajo y largo del lado de la calle a la izquierda.

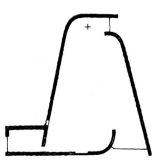

ST JOSEPH *Hasloch-am-Main (22 miles W of Würzburg)—Hans Schädel architect.*

SAN JOSÉ Hasloch-del-Meno (35 km al oeste de Würzburg)—Hans Schädel, arquitecto.

147

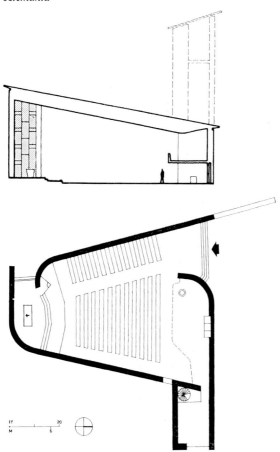

[Construction—local redstone walls; steel roof truss. Finish and colours—natural stone outside; white plastered walls and ceiling within; flagstone floor. 300 seats. Roman Catholic.] Using as his plan-generator three independent, unbroken stone walls bent at the end, Schädel has achieved an impressive interior in this church in a tiny village near Wertheim. The walls are overlapped and composed somewhat like hands: the first (to left at entry) shelters confessionals and baptismal font; the second wraps around the pulpit; while the third harbours the chancel, and—reflecting its significance—basks in the main source of light, a large window between wall ends. The three are covered with a flat ceiling rising toward the altar, which planar form on the exterior seeks visual counterbalance at the low end in the bell tower. Although a certain amount of natural illumination comes through the window above the church's entry, the major source of light floods in by the chancel. It is important to note that only the effect of this daylight is seen—not the source. A delightful general illumination results, one totally glare-free, and one which handsomely emphasizes the well-placed statue, by Julius Bausenwein, attached to the chancel wall. Architecture, sculpture and light are intimately integrated. A general simplicity in design of altar, pulpit, pews and lighting fixtures compliments an interior whose only questionable feature lies in its hectic floor pattern. Choir and organ are placed in a balcony at rear. Sacristy and quarters for the priest occupy a lower level.

[*Construcción—muros de piedra de la localidad; armaduras de techo de acero. Terminación y colores—piedra al natural por fuera; muros y techo enlucidos al interior y pintados de blanco; piso de lajas de piedra. 300 asientos. Católica.*] *Usando como generatriz de su planta tres muros independientes y sin aberturas curvados a un extremo, Schädel ha conseguido un impresionante interior en esta iglesia de una pequeña aldea cerca de Wertheim. Los muros se sobreextienden parcialmente como manos protectoras: el primero (a la izquierda al entrar) proteje el confesionario y la pila bautismal; el segundo rodea el púlpito; mientras el tercero resguarda el santuario, y—reflejando su importancia—se baña en la principal fuente de luz, un gran ventanal entre dos muros. Los tres están cubiertos por un techo interior liso que se eleva sobre el altar, y cuya forma plana busca en el campanario contrapeso visual al extremo más bajo. Aunque una cierta cantidad de luz entra por la ventana sobre la puerta, la luz más fuerte inunda el santuario. Es importante observar que sólo el efecto de la luz natural es visible—no su entrada. Una iluminación general muy agradable es el resultado, sin resplandor alguno, y que acentúa bellamente la estatua por Julius Bausenwein bien colocada sobre el muro del estrado. Arquitectura, escultura y luz han sido íntimamente integradas. Sencillez general en el diseño de altar, púlpito, bancos y lámparas complementan un interior cuyo único aspecto dudoso consiste en un piso febrilmente agitado. El coro y el órgano están en un balcón sobre la entrada. La sacristía y habitaciones del sacerdote ocupan un nivel inferior.*

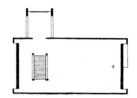

MARIA REGINA MARTYRUM *Heckerdamm, Berlin-Charlottenburg—Hans Schädel and Friedrich Ebert architects.* [*Construction—reinforced concrete throughout, clad externally with prefabricated concrete panels. Finish—pebble finish concrete panels outside, smooth raw concrete showing prominent formwork within; natural wood ceiling of spaced planks; masonry floor. 400 seats. Roman Catholic.*] This highly unusual, boldly stated concept merits thoughtful study—in spite of exhibitionist qualities. Moreover, the symbolism which supposedly determined it unfolds intriguingly. The church stretches above, and at one end rests on, a walled rectangular court which is entered by either of two determinedly non-centric gates. This spacious, sombre, basalt-paved parvis (which can accommodate 8,000 outdoor worshippers) is highlighted along the east side by a vigorous, abstruse *Kreuzweg* by Otto H. Hajek. These bronze stations of the Cross lead one down a very gentle slope to the open-air altar beneath the church proper, the trip climaxing the experience of the court and representing symbolically the way to Golgotha. The church rests box-like but lightly athwart the court as a 'sign of glorification' above the 'Zone of Death', with a brilliant gilt plaque by Fritz Koenig marking the entrance. The plaque's semi-abstracted theme, which allegorically concerns the conflict between Christ and Satan, stems from the Book of Revelation, Chapter 12, which begins: And a great portent appeared in heaven, a woman clothed with the sun, with the moon under her feet, and on her head a crown of twelve stars.' The glass doors beneath the plaque lead directly to the broad stair which sweeps one up to the church above, while behind these stairs is placed the crypt, a low-lit, meditative retreat with sixty seats and a touching Pietà (also by Fritz Koenig). The nave proper constitutes a harsh, rectangular box with raw concrete side walls and a concrete and wood ceiling. However, the severity of this consciously demanding setting is softened both by the 'escape' space separating the side walls from the ceiling and end walls, and by the great mural by Georg Meistermann which fills the entire sanctuary wall. The 'light frame' greatly lessens any confinement of the interior, plus admitting satisfactory natural illumination from no directly visible source. The artificial lights (of fluorescent tubes) are placed in the ceiling troughs. A slight glare emits from the front alongside the mural, but it is not too troublesome and could probably be toned down. The mural itself, playing a crucial role in the church, only partially succeeds. In the first place, a tapestry would have undoubtedly been better, affording purer colour, a more sympathetic texture amidst hard walls, and finer acoustics. The theme of the mural derives, like that of the plaque, from Revelation (here 5:6): 'And between the throne and the four living creatures and among the elders, I saw a Lamb standing, as though it had been slain, with seven horns and with seven eyes, which are the seven spirits of God sent out into all the earth.' Handsome at the reduced scale of a photograph, the mural gives the impression in space of having been overly enlarged from a small study. In spite of this disappointment, however, the church makes a provocative contribution.

MARIA REGINA MARTYRUM Heckerdamm, Berlin-Charlottenburg—Hans Schädel y Friedrich Ebert, arquitectos. [*Construcción—toda de hormigón armado, revestida al exterior con paneles prefabricados de hormigón. Terminación y colores—piedras redondas expuestas en los paneles de hormigón externos, hormigón liso de moldes fuertemente acusados al interior; cielo colgante de tablones separados de madera al natural; piso de mampostería. 400 asientos. Católica.*] Este concepto altamente inusitado y audazmente manifestado, a pesar de su exhibicionismo merece estudiarse con detenimiento. Además, el simbolismo que se supone lo determinó se despliega curiosamente. La iglesia se extiende por encima de, y a un extremo descansa sobre, el muro que rodea un patio rectangular al que se entra por una de dos entradas decididamente fuera de centro. Este atrio espacioso, sombrío (que puede acoger 8,000 fieles al aire libre) está acentuado al lado este por un abstruso Kreuzweg *por Otto H. Hajek. Las estaciones del Vía Crucis, de bronce, nos dirigen bajando muy suavemente hasta el altar exterior bajo la iglesia misma, culminando el paseo la experiencia del patio y representando simbólicamente el camino del Gólgota. La iglesia atravesada al patio, descansa en forma de caja pero ligeramente como un signo de gloria sobre la 'Zona de la Muerte', con una brillante placa dorada por Fritz Koenig para marcar la entrada. El tema semi abstracto de la placa, que se refiere alegóricamente al conflicto entre Satanás y el Mesías, procede del Libro del Apocalipsis, Capítulo 12, que empieza: 'Y un gran portento apareció en el cielo, una mujer vestida del sol, con la luna a sus pies, y sobre su cabeza una corona de doce estrellas.' Las puertas de vidrio bajo la placa llevan directamente a la amplia escalera que impulsa a subir a la iglesia, mientras detrás de la escalera se encuentra la cripta, un retiro meditativo a media luz con 60 asientos y una Pietà lastimera (también por Fritz Koenig). La nave misma constituye una caja dura, rectangular, con muros laterales de hormigón en bruto y techo de hormigón y madera. Sin embargo, la severidad de propósito exigente de este lugar, está suavizada a la vez por la zona de escape que separa los muros laterales del techo y de los muros extremos, y por el gran mural de Georg Meistermann que llena por completo el muro del santuario. El marco de luz disminuye mucho cualquier cerrazón del interior, además de admitir iluminación natural suficiente sin que se vea directamente su procedencia. Las luces artificiales (de tubos fluorescentes) están colocadas en sus huecos del techo. Un ligero resplandor se advierte al frente a los lados del mural, pero no es demasiado molesto y pudiera reducirse. El mural mismo, que juega un papel primordial en la iglesia, solo en parte acierta. En primer lugar, un tapiz hubiera sido indudablemente más apropiado, aportando colores más puros, textura más simpática entre paredes duras, y mejor acústica. El tema del mural, como el de la placa, viene del Apocalipsis (ahora 5:6), 'Y entre el trono y los cuatro animados en medio de los ancianos, vi un Cordero de pie, como si hubiera sido inmolado, con siete cuernos y con siete ojos, que son los siete espíritus de Dios enviados por toda la tierra.' Hermoso en la escala reducida de una fotografía, el mural da la impresión de haber sido ampliado en exceso desde un croquis pequeño. A pesar de esta defraudación, sin embargo, la iglesia hace una contribución provocativa.

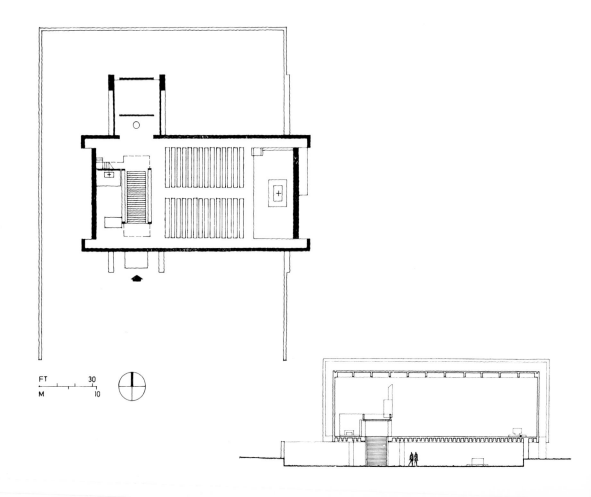

FT 30
M 10

PAUL GERHARDT CHURCH *Waldhof Strasse at Paul Gerhardt Strasse, Mannheim—Gerhard Schlegel and Reinhold Kargel architects.*
[Construction—brick walls with steel frame; steel columns and space-frame supporting wood roof; reinforced concrete belfry. Finish and colours—yellow brick outside and in; white space-frame; blue ceiling; yellow brick floor. Competition winner. 500 seats. Protestant.] Given a site with a noisy main traffic artery on one side and drab four- and five-storey apartment buildings on the other, the architects have achieved here a splendid solution to a difficult problem. They sought a space of silence and repose, and they achieved it by closing the church to the outside world while opening it onto a private garden court. This parvis thus acts as an intermedium between the secular and the sacred, a place of transition and preparation. The space of the court plays an active part in the spatial development and expression of the nave itself, for the two are separated one from the other only by a wall of glass, doubled to keep out the noise. The other three nave walls, facing onto streets, are of solid brick except for a narrow slit of heavy glass at the juncture of the sanctuary end with the right side. This thin window sprays the rays of the morning sun across the chancel wall, and, by avoiding a closed angle, lessens spatial confinement at this corner. Across the top of the nave a fragile-looking space-frame skips airily, upheld along the aisle side by a row of steel columns tapered at each end. The contrast of colours here, white tubing against blue ceiling, furnishes a lively note. Interestingly enough, more than a hint of late Gothic ribbing can be seen in this space-frame. The unusual wood and steel pews are placed in continuous rows centred on the very simple, free-standing, steel and Macassar ebony altar. The pulpit and font on either side are equally refined. The side aisle—between supporting columns and glass wall—centres on the low enclosure for choir and organ. The courtyard is framed by glass on the church side, by extremely fine semi-open walls of U-shaped concrete blocks along entrance and back, and by a somewhat agitated masonry mural by Blasius Spreng along the parish house. The concrete bell tower, rising well above the walls of the *cortile*, acts like a visual magnet to pull people to the church, while within the court its verticality softens the rigidly stated geometry. A fountain and planting boxes further embellish the area. The parish house, closing the other side of the yard, contains a large community hall, confirmation room, and classrooms. The entire complex of parish house, court, and church is wrapped in a constant-height wall, solid along the ends. This produces a somewhat forbidding exterior, but one which does promise—and deliver inside—a spiritual oasis. Only the obduracy of the solid, copper-clad door to the courtyard tends to turn one away instead of inviting one in.

IGLESIA DE PAUL GERHARDT Waldhof Strasse y Paul Gerhardt Strasse, Mannheim—Gerhard Schlegel y Reinhold Kargel, arquitectos.
[*Construcción—muros portantes de ladrillo; soportes aislados internos, y armadura tridimensional, de acero, sosteniendo un techo de madera; campanario de hormigón armado. Terminación y colores—ladrillo amarillo afuera y adentro; armazón pintado de blanco; cielo azul; piso de ladrillo amarillo. Ganador en un concurso. 500 asientos. Protestante.*] *Habiéndoles sido dado un solar con una ruidosa vía principal de tránsito a un lado y monótonas casas de apartamentos de cuatro y cinco pisos al otro, los arquitectos han logrado aquí una espléndida solución a un problema difícil. Pretendían un espacio de silencio y de reposo, y lo consiguieron cerrando la iglesia al mundo externo y abriéndola a un patio-jardín privado. Este atrio sirve de intermedio entre lo secular y lo sagrado, un lugar de transición y preparación. El espacio del patio juega un papel activo en el desarrollo espacial y la expresión de la nave misma, pues los dos están separados uno de otro sólo por una pared de vidrio, hecha doble para dejar fuera el ruido. Los otros tres muros de la nave, dando a las calles, son de ladrillo y sin aberturas, excepto una larga y estrecha hendedura de grueso vidrio en la unión del extremo del estrado con el lado derecho. Esta esbelta ventana pulveriza los rayos del sol de la mañana sobre el muro del estrado, y al evitar el ángulo cerrado, alivia la sensación de encerramiento en esta esquina. Al través de lo más alto de la nave, una armazón tridimensional de frágil aspecto salta ligeramente de un lado al otro, sostenida frente al ventanal por una hilera de columnas de acero rematadas en punta a cada extremo. El contraste de colores aquí, tubos blancos contra cielo azul, da una nota de animación. Es curioso que en esta armazón puede verse una insinuación bastante acusada de nervaduras a lo Gótico tardío. Los bancos poco corrientes de acero y madera están dispuestos en líneas continuas, frente a un altar muy sencillo, aislado, de acero y ébano Macasar. El púlpito y la pila a cada lado son igualmente refinados. El pasillo lateral único—entre las columnas de acero y el muro de vidrio—está en línea con el bajo cercado para el coro y el órgano. El patio está cerrado por vidrio del lado de la iglesia, por muy finos muros semiabiertos de bloques de hormigón en forma de U a la entrada y al fondo, y por un mural en mampostería de Blasius Spreng, algo agitado, del lado de la casa parroquial. El campanario de hormigón, elevándose muy por encima de los muros del patio, actúa como un imán visual para atraer gente a la iglesia, y una vez en el patio su verticalidad suaviza la rígida geometría de manifiesto. Una fuente y cajas de jardinería embellecen el lugar. La casa parroquial, cerrando el otro lado del patio, contiene una gran sala de reuniones, sala de confirmación, y aulas. El grupo entero de casa parroquial, patio e iglesia, está envuelto en un muro de altura uniforme, sólido a los extremos. Esto produce un exterior algo inhospitalario, pero que promete—y lo cumple al interior—un oasis espiritual. Sólo la dureza de la sólida puerta forrada de cobre a la entrada del patio tiende a ahuyentar en vez de invitar.*

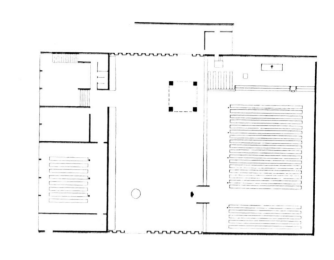

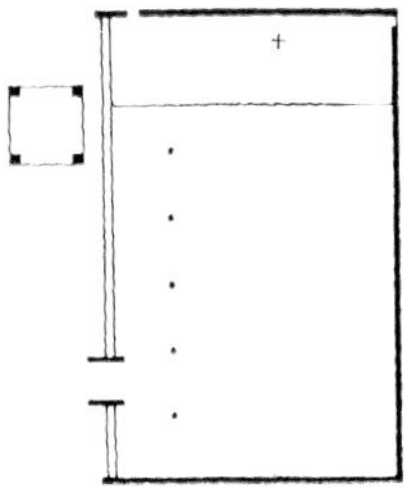

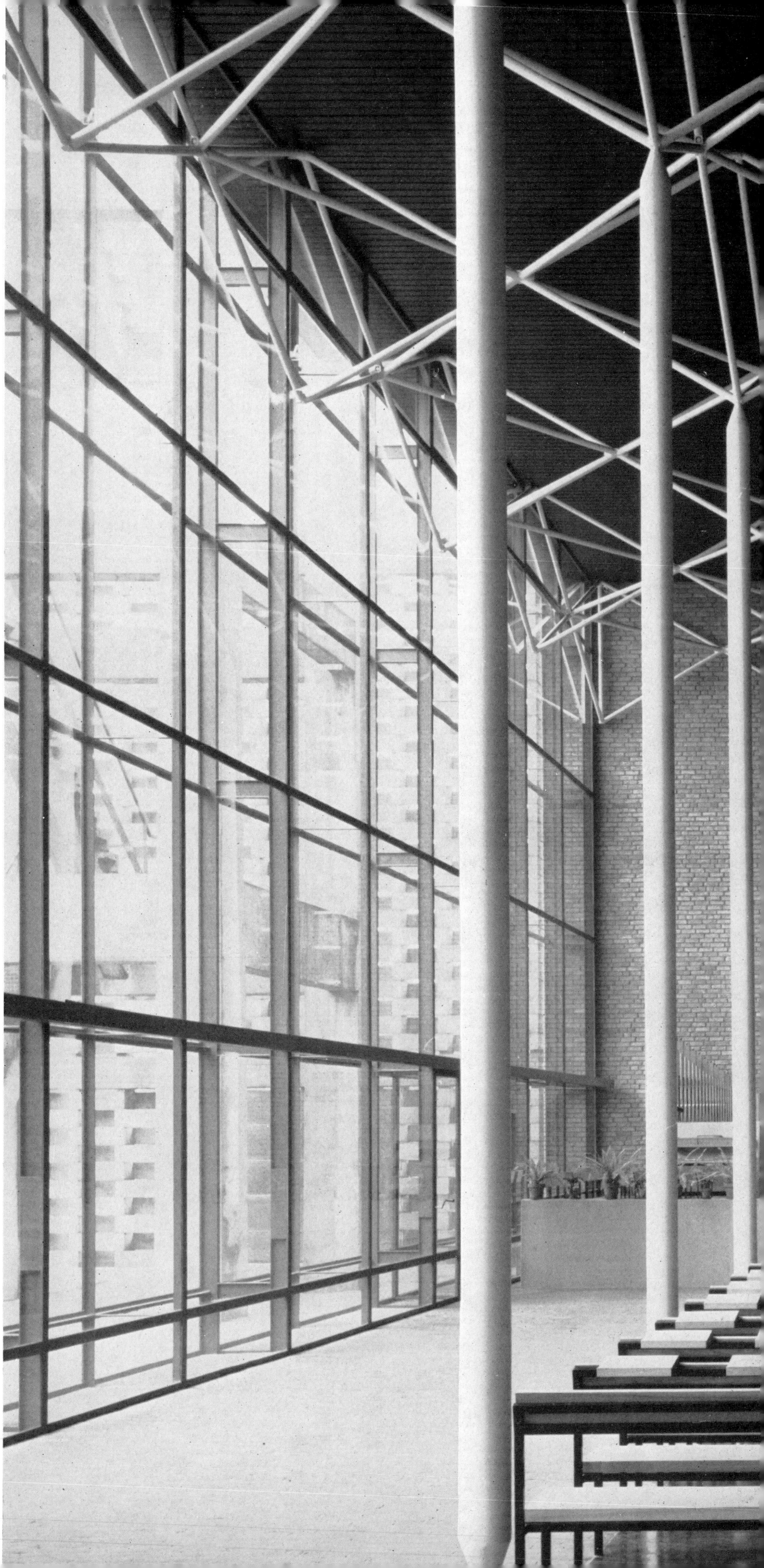

Germany *Alemania*

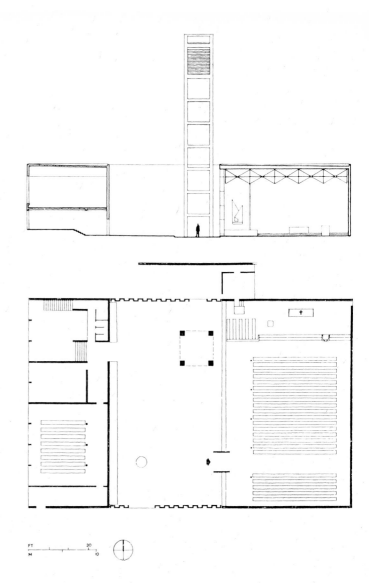

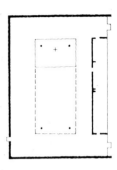

ST PIUS *René-Bohn Strasse, Cologne-Flittard—Joachim Schürmann architect.*

[Construction—brick outer walls; inner steel columns and space-frame with wood roof; upper nave walls of wood, suspended on eight steel cables from space-frame. Finish and colours—red brick low walls; upper walls of French slate on exterior, natural wood shingles on inside; white acoustic board ceiling; white plastered ambulatory walls and ceiling; black tile floor with some white. Competition winner. 268 seats which can be augmented. Roman Catholic.] St Pius combines a particularly fine basic concept and plan (cf. the Mannheim church), with a dubious belfry—on which a covey of angels are seemingly impaled—and an unreasonable structural tour de force in its suspended upper walls. These details mar a conception otherwise outstanding. The competition programme called for a church to seat upwards of 300, a youth centre with a half-dozen convertible rooms, plus a sizeable dwelling with office for priest, assistant priest, sexton and his family. Schürmann set up three parallel axes for these functions, with the church and youth centre, separated by entry court, wrapped together within a 10-ft-high wall. This creates a simple, clear architectural statement in the weltering neighbourhood. An outscaled campanile, changed—not for the better—from the original drawing punctuates this court. The residence group forms a block, which projects slightly beyond the youth centre, but which is closely knit to it by a narrow court and enclosing walls. The residence-office can be entered directly from this smaller yard, which also provides a second entry to the youth centre. The church proper has two divisions: a low, windowless, peripheral aisle which forms an ambulatory and expansion space around four sides of the nave, and the high inner church room. This lofty core rises dramatically and lightly upward. Its solid, shake-finished walls —an unexpected but acceptable note—are separated from both the lower aisle and the ceiling by ribbons of continuous windows. The high, light band is made of translucent corrugated glass without mullions (except at the hinged windows); the lower frieze of lightly-coloured glass was done by Paul Weigmann. The fragile framing of the roof rests delicately on its four tapered supports. The only nonsense about this otherwise imaginative space lies in the cable suspension for the slate-and-shingle walls; the steel sections already supporting the inner ambulatory could, by extension, have carried these walls far more efficiently. The overall interior space is good, with low entry and contrasting high nave. Its excellence is marred somewhat by the visual disorder in the prominently placed rear choir and organ, and by a certain amorphousness and lack of sacred character in having circulation behind the altar.

SAN PÍO René-Bohn Strasse, Colonia-Flittard—Joachim Schürmann, arquitecto.

[*Construcción—muros de afuera de ladrillo; soportes aislados internos y armazón tridimensional, de acero, con techo de madera; paredes de la parte alta de la nave, de madera, colgados del armazón por ocho cables de acero. Terminación y colores— muros bajos de ladrillo rojo; muros altos terminados en pizarra francesa al exterior y en tablillas de madera al natural por dentro; cielo raso de losa acústica de color blanco; muros y techo interior del ambulatorio enlucidos en blanco; piso de losa negra con algo de blanco. Ganador en un concurso. 268 asientos y puede aumentarse. Católica.*] *San Pío combina un concepto básico especialmente bueno (compárese a la iglesia de Mannheim), con un campanario ambíguo—sobre el cual una bandada de ángeles están al parecer empalados—y un ilógico tour de force estructural en los muros altos suspendidos. Estos detalles desmejoran un concepto por lo demás extraordinario. El programa del concurso pedía una iglesia para sentar por lo menos 300, un centro juvenil con media docena de locales convertibles, más una residencia de buen tamaño con oficinas para el párroco, su coadjutor, el sacristán y su familia. Schürmann estableció tres ejes paralelos para estas tres funciones, separando la iglesia del centro juvenil por un patio de entrada y envolviéndolos juntos con un muro de 10 pies (3 m) de alto. Esto crea una manifestación arquitectónica clara y sencilla en el tumultuoso barrio. Un campanario fuera de escala, reformado—y no para mejorar—del proyecto original, puntualiza este patio. El grupo residencial forma un bloque un poco más allá del centro juvenil, pero está bien unido al resto por un patio estrecho y muros de cerca. La residencia-oficina tiene acceso desde este patio menor, que también da acceso al centro juvenil. La iglesia propiamente dicha tiene dos divisiones: un pasillo periférico bajo, sin ventanas, que forma un ambulatorio y espacio adicional por los cuatro costados, y el alto local central de la iglesia. Esta gran nave se eleva dramática y ligeramente. Sus paredes ininterrumpidas de tablillas—inesperada nota pero aceptable—está separada del pasillo bajo tanto como del techo por bandas de ventanas continuas. La banda de luz alta está hecha de vidrio corrugado translúcido sin divisiones (excepto donde hay aberturas embisagradas); el friso más bajo, en vidrio de colores claros, fué hecho por Paul Weigmann. La frágil armazón del techo descansa delicadamente sobre sus cuatro columnas terminadas en punta. El único desatino en este espacio por demás imaginativo, consiste en la suspensión por cables de las paredes de pizarra y tablillas; las secciones de acero que ya soportan el ambulatorio bien pudieran sostener también estas paredes con mayor eficiencia. El espacio interior en general es bueno, con una entrada baja y nave alta por contraste. Su excelencia se halla un tanto desmejorada por el desorden visual en el coro situado prominentemente al fondo, y por cierta calidad amorfa y falta de carácter sagrado al haber una circulación por detrás del altar.*

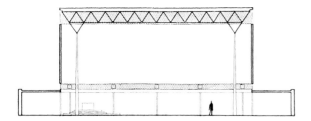

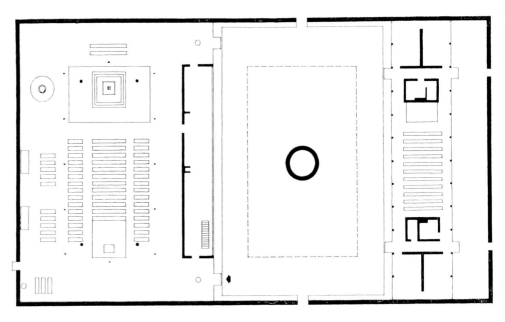

FT   30
M   10

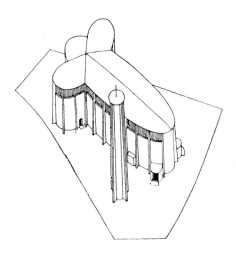

ST MICHAEL *Rotlintstrasse at Gellertstrasse, Frankfurt-am-Main—Rudolf Schwarz architect.*

[Construction—reinforced concrete frame; solid brick walls. Finish and colours—red brick without, plastered brick within; light blue ceiling; dark slate floor. Competition winner. 500 seats. Roman Catholic.] The late Rudolf Schwarz (1897–1961) was probably the most profound church architect of our time. His probings into the problems of religious building were not limited to mere enclosure, but reflected deep philosophical and, often, metaphysical derivation. His influential book *Vom Bau der Kirche* (first published in 1938 and translated into *The Church Incarnate* in 1958) abounds in impressive basic thinking, illustrated by elegant abstract diagrams of churchly relations and spatial progressions. Above all things, Schwarz was a man of architectural strength, and his churches proclaim this with unflinching character. The fortress aspect of many of his postwar designs is no accident, but part of the 'mighty refuge' characterization Schwarz felt essential to religious building. St Michael, for instance, remains disdainfully aloof above its section of Frankfurt. Its trefoil-plus-ellipse plan, in spite of its apparent novelty, stems directly from late Baroque German church explorations. Schwarz here gives it special distinction in developing an inner space, an 'open ring' he calls it, full of quiet peace and beauty in contrast to the nondescript neighbourhood. All contact with the cares and worries of the outside world is blocked off by walls which rise unbroken to a high ribbon of light along each side (but note, not across the end). Because of the spatial flow and pulsation of its four conoid sections, the confinement that would be felt in a similarly proportioned rectangular space is totally absent. We have, instead, a serene interior. The long ellipse of the nave symbolizes 'the ravine of life' on which light falls from above. This light comes from a clerestory of glass blocks which produce a glare-free, almost uniform, illumination. The apse at left serves as the day-to-day chapel with confessionals; that at right accommodates the choir, while the apse directly behind the altar is reserved for the clergy. The single altar stands free at the crossing of the four arms,

SAN MIGUEL en el cruce de Rotlintstrasse y Gellertstrasse, Francfort-del-Meno—Rudolf Schwarz, arquitecto.

[*Construcción—armazón de hormigón armado; muros sólidos de ladrillo. Terminación y colores—ladrillo rojo por fuera, ladrillo enlucido por dentro; cielo azul claro; piso de pizarra oscura. Ganador en un concurso. 500 asientos. Católica.*] *Rudolf Schwarz (1897–1961) fué probablemente el más profundo arquitecto de nuestro tiempo. Sus exploraciones en los problemas de arquitectura religiosa no se limitaron a simples edificios, sino que reflejan hondas derivaciones filosóficas y a veces metafísicas. Su libro de gran influencia* Vom Bau der Kirche *(primera edición en 1938, traducido al inglés como* The Church Incarnate *en 1958) abunda en pensamiento fundamental, ilustrado por elegantes diagramas abstractos de relaciones en las iglesias y progresiones espaciales. Sobretodo, Schwarz era un hombre de vigor arquitectónico, y sus iglesias lo proclaman sin titubeos. El aspecto de fortaleza de muchos de sus diseños de la postguerra no es accidental, sino parte del carácter de 'poderoso refugio' que Schwarz consideraba esencial al edificio religioso. San Miguel, por ejemplo, permanece desdeñosamente apartado sobre su barrio de Francfort. Su planta de trébol con elipse, a pesar de su aparente novedad, procede directamente de ensayos del Barroco alemán. Aquí Schwarz le dá distinción especial desarrollando un espacio interior,—un 'anillo abierto' lo llama él,—!leno de paz y belleza en contraste con el vulgar barrio. Todo contacto con los cuidados y preocupaciones del mundo externo ha sido impedido por muros que suben sin interrupción hacia una banda de luz a cada lado (pero nótese, no al final). Por la fluidez espacial y latente de sus cuatro secciones conoidales, el encerramiento que se sentiría en un espacio rectangular de proporciones similares se ha evitado totalmente. Tenemos, en cambio, un interior sereno. La larga elipse de la nave simboliza 'la barranca de la vida' iluminada desde arriba. Esta luz viene de un clerestorio de bloques de vidrio que produce una iluminación casi uniforme, sin resplandor ni molestias. El ábside a la izquierda sirve de capilla cuotidiana, con confesionarios; el de la derecha acomoda el coro, mientras el ábside directamente detrás del altar está reservado a clero. El sencillo altar está aislado en el cruce de los cuatro brazos, de modo que el celebrante puede hacer frente a la nave o a*

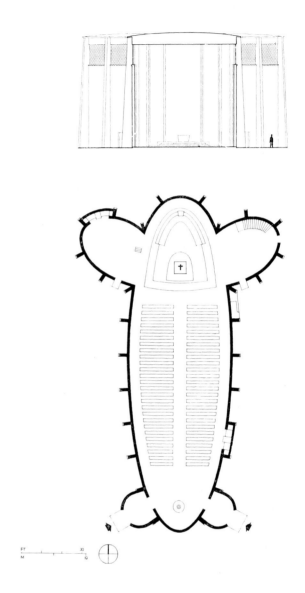

so that the priest can face the main nave or side chapels. Against the wall behind the altar hangs a bright and well-scaled mosaic plaque of St Michael by Karl Knappe, with a rectangular one of Christ, by the same artist, attached to the entrance wall. An early eighteenth century wood Madonna counterpoints with her Baroque lines the simple geometry of the chapel at left. The baptismal font is axially aligned at entrance end of the church, with nave confessionals on east side. A crypt, reached by stairs in the choir, lies directly under the sanctuary. Foundation problems prompted a framework of twenty-eight concrete piers, spaced 16.4 ft on centre, bridged below grade by concrete stiffeners. The solid brick curtain walls rest on these. Maria Schwarz was associate architect.

las capillas laterales. *Sobre el muro detrás del altar cuelga una plancha de mosaico a buena escala, de San Miguel, por Karl Knappe. También hay una rectangular de Cristo, por el mismo artista, sobre el muro de la entrada. Una madona en madera, del siglo dieciocho, contrapone sus líneas barrocas a la sencilla geometría de la capilla a la izquierda. La pila bautismal está situada en eje al extremo de la iglesia donde está la entrada, con confesionarios para la nave a cada lado. Hay una cripta inmediatamente bajo el santuario, accesible por una escalera en el coro. Dificultades en el subsuelo sugirieron una armazón de 28 pilares de hormigón, espaciados a 16.4 pies (5 m) y arriostrados bajo tierra por arquitrabes de hormigón. Sobre éstos descansan los sólidos muros de cierre de ladrillo. Maria Schwarz fué arquitecto asociado.*

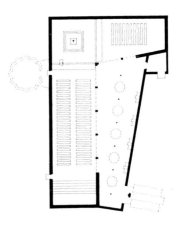

ST ANNA *Annaplatz, Düren (24 miles WSW of Cologne)—Rudolf Schwarz architect.*

[Construction—stone bearing walls; reinforced concrete inner nave columns and roof. Finish and colours—natural, reddish stone walls; natural concrete columns and ceiling; dark slate floor. Competition winner. 800 seats. Roman Catholic.] The sixth church in 1200 years on this site, and rising from the ashes of a town reputedly 97 per cent levelled by World War II, the present St Anna stands as one of the most magnificent statements yet achieved by today's religious architecture. Its nave overwhelms with its majesty. From an early age, Düren was a town well known to and much loved by Schwarz as he travelled from Cologne to Aachen to supervise his famous Fronleichnam's church of 1928–30. On seeing after the war the ghastly mountain of rubble that once was a city of 37,000 souls, Schwarz determined to rebuild this church, if he had a chance, with stone gathered from the debris. Winning the competition for its design, he put up one of the largest stone structures of recent time, a mighty, unbroken L-shape rising between an open-air market on one side and a small square on the other. The sheer exterior walls of St Anna exhibit no felicity, extend no invitation to enter. Even more than St Michael in Frankfurt, this asserts a rugged, demanding church eschewing completely the coddled luxury and religious softness seen so often in today's suburbia. Beyond a series of small (and not distinguished) relief plaques scattered across the outside of the long wall, the only break in the impressive stone sheath of St Anna lies in a symbolic Tree of Life let into the short arm of the L. Expressed primarily by artful stonework and highlighted by a group of circular openings (the fruit) filled with alabaster, the tree is equally prominent on the interior where it rises as a notable accent to the chancel.

Schwarz, in a remarkable spatial sequence, takes us into St Anna under a low pilgrimage wing then hurls us with stunning force against the sheer high wall of the nave. This progression from the low and dim to the lofty and bright almost shatters by its intensity. It is made doubly effective by the unpunctured quality of the facing wall and by the fact that on entering one sees no source of illumination, only its

SANTA ANA Annaplatz, Düren (39 km al oeste-suroeste de Colonia)—Rudolf Schwarz, arquitecto.

[*Construcción—muros portantes de piedra; techo y soportes aislados al interior de hormigón armado. Terminación y colores—muros de piedra rojiza; columnas y techo interior de hormigón en bruto; piso de pizarra oscura. Ganador en un concurso. 800 asientos. Católica.*] La sexta iglesia sobre este lugar en 1200 años, y levantándose de las cenizas de una ciudad según se dice destruida en un 97 por ciento por la segunda guerra mundial, la Santa Ana actual es una de las más espléndidas manifestaciones hasta ahora logradas por la arquitectura religiosa de hoy. Su nave sobrecoge por su majestad. Desde temprana edad, Düren era una ciudad bien conocida y bien amada de Schwarz, cuando él viajaba de Colonia a Aquisgrán para supervisar la construcción (1928-1930) de su famosa iglesia de Fronleichnam. Al ver después de la guerra la espantosa montaña de ripios que una vez fuera ciudad de 37,000 almas, Schwarz decidió reconstruir la iglesia, si se le brindase la oportunidad, con piedra procedente de las ruinas. Habiendo ganado el concurso, levantó una de las más grandes estructuras de piedra de los tiempos recientes, una poderosa L maciza que se alza entre un mercado al aire libre a un lado y una pequeña plaza al otro. Los muros lisos de Santa Ana al exterior no dan muestras de felicidad, no extienden invitación a entrar. Aún más que San Miguel en Francfort, ésta se impone como una iglesia tosca, exigente, evitando por completo el lujo mimoso y la delicada religiosidad tan abundantes en los suburbios de hoy. Aparte de una serie de placas en relieve pequeñas (y no distinguidas) esparcidas sobre el exterior del largo muro, el único cambio en el impresionante estuche de Santa Ana está en el simbólico 'Arbol de la Vida' inserto en el brazo más corto de la L. Hecho visible primordialmente por un artístico trabajo de colocación de piedra, y acentuado por una serie de aberturas circulares (las frutas) cerradas con alabastro, el árbol es igualmente efectivo al interior, donde se alza como un notable acento del santuario.

Schwarz, en una notable secuencia de espacios, nos introduce en Santa Ana por un ala de poca altura, lugar de peregrinación, y luego nos lanza con fuerza atronadora contra la alta pared lisa de la nave. Esta progresión de lo bajo y sombrío a lo alto y brillante casi perturba por su intensidad. Resulta doblemente

flood. It should be noted that commercial glass blocks provide the glazing in the large wall of windows that line the inside of the L-shape. A powerful raw concrete ceiling, of uniform height in both arms of the L, tops the nave. One detail relieves the very solid insistence of walls and ceiling: coruscating vertical strings of lights sparkling down both arms of the nave and, in simpler form, framing two sides of the altar. This inspired metallic descant gives just the needed touch—masterful. The two arms of the church arose from the competition programme which sought separate spaces for both large and small congregations yet which could be used together. The low pilgrims' hall visually connects each arm so that a feeling of mutual belonging results, yet each area has its own identity. This top-lit hall also serves as an intimate chapel, having an extremely simple 'Anna Altar', designed by Prof Schwarz, with a shrine from the Middle Ages directly behind. The baptismal font stands at the entrance end of the hall, confessionals along one side. The choir and organ are placed on a low platform at the rear of the main nave. A secondary wall-hung organ serves the short nave. All details of the church, in particular the high altar and the pulpit, are beautifully carried through. The present severity of the exterior walls will be alleviated by a bell tower by the entrance (the base for which already exists), and by a baptistry against the long flank. Maria Schwarz and Karl Wimmenauer were associate architects for St Anna—one of the very finest churches of our time.

efectiva por el carácter macizo de las fachadas, y por el hecho de que al entrar no se ve de donde viene la luz, sólo el torrente. Debe anotarse que todo el vidrio que cierra los paramentos grandes al interior de la L, es de tipo comercial en forma de bloques. Un vigoroso techo de hormigón en bruto, de altura uniforme en ambos brazos de la L, remata la nave. Un detalle alivia la fuerte insistencia de muros y techo: relampagueantes líneas verticales de luces que centellean a lo largo de los dos brazos de la nave y que, en forma más sencilla, enmarcan dos lados de altar. Esta inspirada modulación metálica da justo el toque apropiado —magistral—. Los dos brazos de la iglesia surgieron del requisito del programa para el concurso que pedía espacios aparte para asistencia amplia o escasa, y que pudiesen sin embargo usarse en conjunto. El lugar bajo de peregrinaje conecta visualmente los dos brazos, de modo que una sensación de comunidad resulta aún cuando cada área conserva su propia identidad. Este lugar bajo con luz cenital también sirve de capilla íntima, teniendo un sencillo altar 'de Santa Ana' diseñado por el profesor Schwarz con un relicario de la Edad Media inmediatamente detrás. La pila bautismal se encuentra en este lugar, al extremo de la entrada, y los confesionarios a un lado. El coro y el órgano están sobre una plataforma baja atrás en la nave principal. Un órgano secundario colgado de la pared, sirve a la nave más corta. Todos los detalles de la iglesia, en particular el altar mayor y el púlpito, han sido ejecutados con serena consistencia. La severidad actual de los muros exteriores será aliviada por un campanario cerca de la entrada (la base para el cual existe ya), y por un batisterio saliendo del lado más largo. Maria Schwarz y Karl Wimmenauer fueron arquitectos asociados en el proyecto de Santa Ana— una de las más excelentes iglesias de nuestro tiempo.

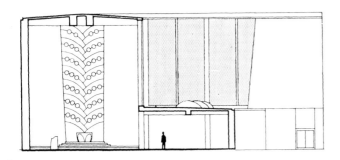

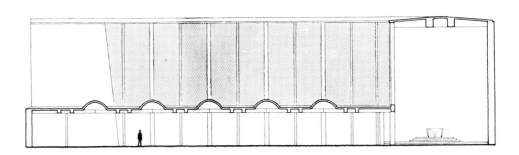

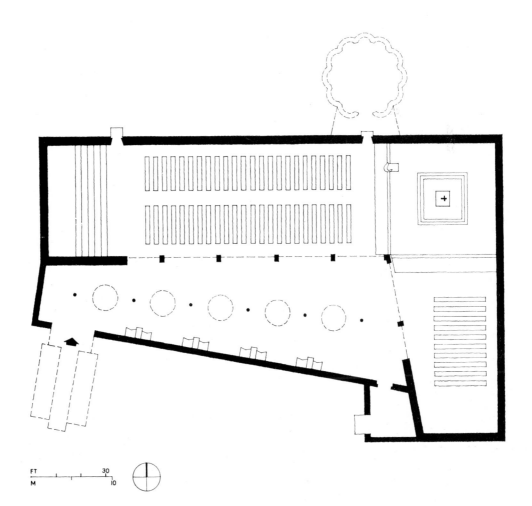

FT |————| 30
M |——| 10

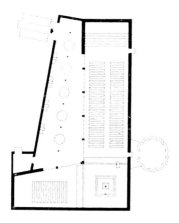

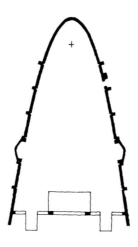

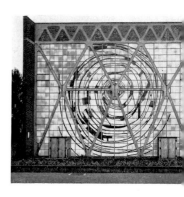

HOLY CROSS *Scharnhölzstrasse, Bottrop (7 miles NNW of Essen)—Rudolf Schwarz architect, with Joseph Bernard.*
[Construction—reinforced concrete frame; brick walls. Finish and colours—red brick outside and in; natural wood ceiling; red brick floor. 400 seats. Roman Catholic.] The distinctly unusual plan of this church stems directly from Prof Schwarz's *Vom Bau der Kirche* of 1938. The English edition describes it thus: 'The Fifth Plan shows the people moving into the new land which has been made ready for them. They are coming out of the distance in a long train. Their journey is almost completed and now they are drawing near to the goal. Opened wide, heaven is waiting. The Lord, sitting at the front, stretches out his arms toward the train of people. . . . This structure is simply open roundness. It is not the roundness of the apse, which opens up an eternal vista, then to return once more out of eternity. Rather it is that roundness which is end and shelter, the simple presence of joy, the awaiting light—that into which the people finally surrender themselves as if into an open hand.' Schwarz then continues with: 'We believe it better to choose a parabola for the ground-plan since the parabola is absolutely open,' and, 'The walls should be very high and made of a hard, heavy material,' and finally, 'There should be no windows in the surrounding wall for they would detract from the inwardness of the building: through the windows the sun would shine in, whereas the true meaning of this plan is the ultimate presence of light.' (Quoted from *The Church Incarnate*, page 154ff., published by Henry Regnery Company, Chicago.) These quotations not only describe an idea which in large measure took concrete form, they reveal much of the oft transcendental derivation of Schwarz' church designs. The shape of Bottrop's brick parabola—the open end of which is sheathed only in glass—does extend a welcome, and the rising, uninterrupted niche of its inner curve provides a sacred background and shelter in the chancel. The welcome is made more positive—and stimulating—by the lively 'Infinity' by Georg Meistermann which swirls over the great glass front. The 'sacred geometry' of this opaque glass, with its yellow, orange and red streaks rising to a mid-point climax, relates superbly to the structure and scale of the architecture.

SANTA CRUZ Scharnhölzstrasse, Bottrop (11 km al nornoroeste de Essen)—Rudolf Schwarz con Joseph Bernard, arquitectos.
[*Construcción—armazón de hormigón armado; muros de ladrillo. Terminación y colores: ladrillo rojo afuera y adentro; cielo en madera al natural; piso de ladrillo rojo. 400 asientos. Católica.*] *La planta tan poco usual de esta iglesia procede directamente del libro* Vom Bau der Kirche *del profesor Schwarz. La edición inglesa la describe así: 'La Quinta Planta muestra el pueblo dirigiéndose a la nueva tierra que ha sido preparada para ellos. Vienen de muy lejos en un largo tren. Su viaje ya es casi completo y se acercan a su destino. Bien abierto, el cielo los espera. El Señor, sentado al frente, extiende sus brazos hacia el tren . . . La estructura es sencillamente redondez abierta. No es la redondez de un ábside, que abre una vista eternal, y vuelve luego otra vez de la eternidad. Más bien es esa redondez que es término y abrigo, complacencia no más, la luz que nos espera—aquello a que la gente se entrega como a una mano abierta—.' Luego continúa Schwarz: 'Prefiero escoger una parábola para el plano de planta porque la parábola es absolutamente abierta', y 'Los muros deben ser muy altos y hechos de un material duro y pesado', y finalmente, 'No debe haber ventanas en el muro redondo pues disminuirían la interioridad del edificio: por las ventanas entraría el sol, mientras el verdadero significado de esta planta es la presencia fundamental de la luz'. (citado de* The Church Incarnate, *pág. 154 y siguientes, publicado por Henry Regnery Company, Chicago). Estas citas no sólo describen una idea que en su mayor parte fué realizada en términos concretos, también revelan mucho de la derivación a menudo transcendental de los proyectos de Schwarz para iglesias. La forma de la parábola en ladrillo de Bottrop—cuyo extremo abierto sólo se cubre con vidrio—realmente extiende una bienvenida, y el nicho ininterrumpido y alto de su curva interior ofrece un fondo sagrado y abrigo en el estrado. La bienvenida se hace más positiva—y estimulante—por la animada 'Infinidad' de Georg Meistermann que se arremolina sobre la gran fachada de vidrio. La 'sagrada geometría' de este vidro opaco, con sus franjas amarillas, naranja, y rojas subiendo hacia un cenit a media altura, se relaciona estupendamente a la estructura y escala del edificio, De hecho un concurso por invitación fué celebrado para su*

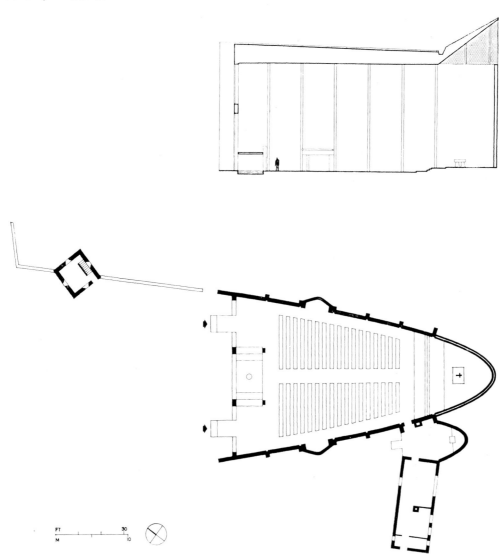

Actually an invitation competition for its design was held *after* the church was almost finished, so that the artists could study the problem on the spot. The exhilarating colours of the glass—colours which are picked up by the flowers in front—are visible both from without and, with even greater intensity and electricity, from within. Unfortunately, the front doors are mere appendages to the exterior. Another weakness can be seen in the wedge-shaped fenestration of glass blocks above the altar, which causes a distinct glare. Moreover, the painfully realistic 'Eye of God', focussed on every sinner present, does not improve the situation. Choir and organ are placed in a small balcony at the entrance, with baptismal font beneath. Confessionals are on either side, with a wing at right containing a small chapel and the sacristy.

diseño después que la iglesia estuvo casi terminada, a fin de que los artistas pudiesen estudiar el caso a pie de obra. Los colores alegres del vidrio—colores que las flores al frente repiten—son visibles desde fuera, y con mayor intensidad, y electricidad desde dentro. Por desgracia, las puertas de entrada son meros accesorios al exterior. Otra debilidad puede verse en el muro transparente en forma de cuña, de bloques de critsal, sobre el altar, que ocasiona un molesto replandor. Además, el penosamente realista 'Ojo de Dios' enfocado sobre cada pecador allí presente, no mejora la situación. El coro y el órgano están sobre un pequeño balcón a la entrada, con el batisterio debajo. Hay confesionarios de cada lado, y un ala del lado derecho contiene una pequeña capilla y la sacristía.

MARIA KÖNIGIN *Zweibrücker Strasse, Saarbrücken— Rudolf Schwarz architect.*
[Construction—local stone bearing walls; reinforced concrete framing and roof. Finish and colours—natural red stone outside and in; exposed concrete; natural wood ceiling; dark slate floor. Competition winner. 450 seats in nave, 70 in choir. Roman Catholic.] Onto and into a sloping site above Saarbrücken, Schwarz has established a mighty stone church with a plan of four horizontal conjoined parabolas. Sliced vertically from each of its wings at the meeting point are glazed half-parabolas, producing a dazzling architectural spotlight at the crossing. The outward appearance of this geometry suggests a crown—the crown of Mary the Queen—doubly appropriate for a church so Marian in concept, a concept seeking the joy of light. The church is entered via a lower level and two upward curving stairs. A small altar and confessionals are also placed here in an area not altogether felicitous either in its overly gloomy nature or its undistinguished entrance. However, the spatial development, as one mounts the stairs from confinement and darkness to release and effulgence, is spellbinding. With every step the 'high place' comes more into view, beginning with the strongly stated ceiling, until the light-drenched nave stands fully revealed. The effect doubly surprises because the massive exterior gives few hints of the flood of light found within. Although this illumination emanates from windows which in many cases face the parishioners, little or no glare results because the overall level remains high, and the glass is translucent, not transparent. The background for the altar from most seats is provided by a sheer, undistracting stone wall, not a window. Thus both the light and the architecture focus on the square, free-standing altar and its low bema. The axial parabola behind the altar serves as a spacious chancel, while choir and organ are placed at the opposite end on a low platform framed by the stairs. The hyperbola to left joins, by means of a low, outside link, an architecturally puzzling wing containing sacristy, community rooms and church school. The neo-medieval quality of this circular, machicolated wing seems more than peculiar. The immensely powerful main church, however, makes Maria Königin one of Europe's strongest statements.

MARIA REINA Zweibrücker Strasse, Saarbrücken— Rudolf Schwarz, arquitecto.
[*Construcción—muros portantes de piedra de la localidad; armazón y techo de hormigón armado. Terminación y colores— piedra rojiza al descubierto por fuera y por dentro; hormigón en bruto, cielo de madera al natural; piso de pizarra oscura. Ganador en un concurso. 450 asientos en la nave, 70 en el coro. Católica.] Sobre un terreno en pendiente cerca de Saarbrücken, y bien asentada en él, Schwarz ha producido una poderosa iglesia de piedra con planta formada por cuatro parábolas reunidas. Recortadas verticalmente de cada una de sus alas en los puntos de unión, hay medias parábolas vidriadas, produciendo un fulgor deslumbrante en el crucero. El aspecto exterior de esta geometría sugiere una corona—la corona de María Reina— doblemente apropiada a una iglesia tan Mariana en su concepto, un concepto que busca la alegría de la luz. Se entra a la iglesia por un nivel inferior y dos escaleras curvas que suben. Un pequeño altar y confesionarios también se encuentran aquí, en un área no del todo feliz en su aspecto demasiado sombrío, ni en su falta de carácter. Sin embargo, el desarrollo espacial según uno sube las escaleras, de confinamiento y oscuridad a liberación y esplendor, es fascinante. A cada paso el 'lugar alto' se hace más visible, empezando por el techo fuertemente manifestado, hasta que la nave inundada de luz se descubre por completo. El efecto sorprende doblemente porque el masivo exterior da poco indicio del torrente de luz hallado al interior. Aunque esta luz viene de ventanas en muchos casos frente a los asistentes, no resultan molestas porque el nivel de iluminación es uniformemente alto por doquier, y el vidrio es translúcido, no transparente. El fondo al altar, para casi todos los asientos, lo hace un muro liso de piedra, sereno, no una ventana. Así, tanto la luz como la arquitectura concentran la atención sobre el altar cuadrado e independendiente, y su baja 'predella'. La parábola en eje detrás del altar sirve de espacioso presbiterio, el coro y el órgano están al extremo opuesto sobre una plataforma baja entre las escaleras. La hipérbole a la izquierda une, por medio de una conección baja exterior, a un ala arquitectónicamente desconcertante que contiene la sacristía, salas de reunión y la escuela parroquial. El carácter neomedioeval de esta ala circular almenada parece algo más que peculiar. Sin embargo, la inmensamente poderosa iglesia hace de Maria Reina una de las expresiones más fuertes de Europa.*

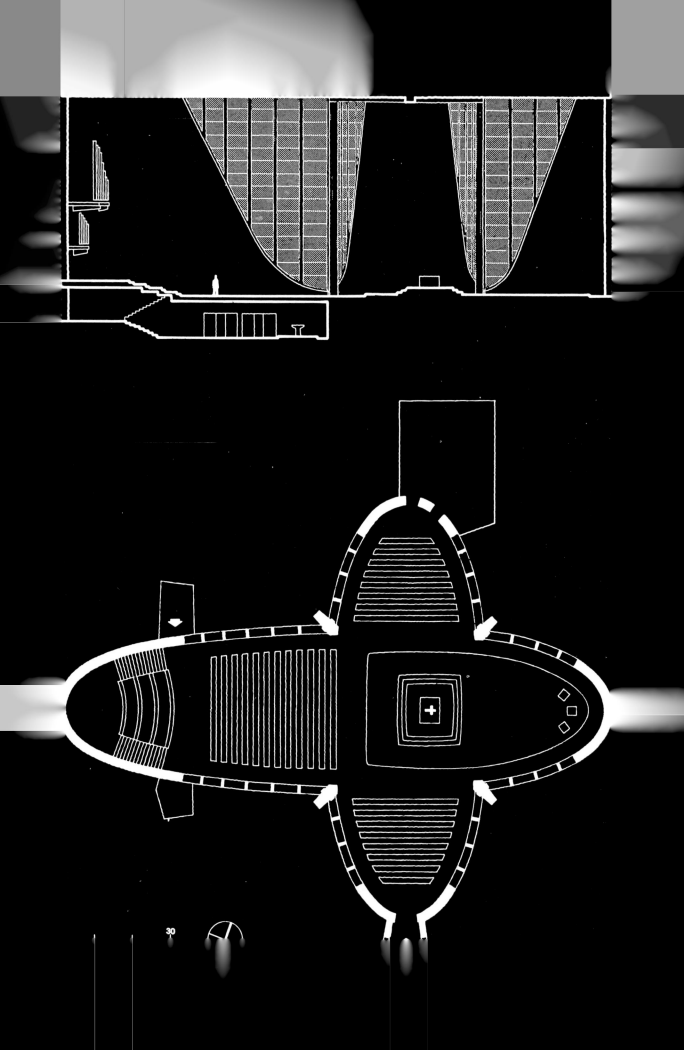

30

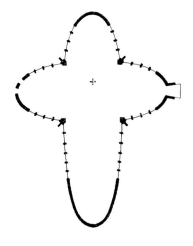

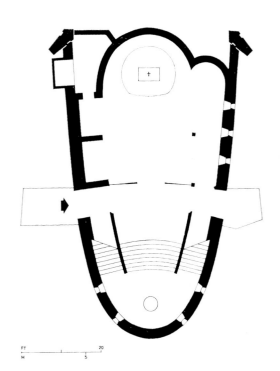

MARIA IN DEN BENDEN *Dechenweg 40, Düsseldorf-Wersten—Emil Steffann architect, Nikolaus Rosiny associate.*
[Construction—brick bearing walls; steel roof truss. Finish and colours—red brick outside and in; natural wood ceiling; pebble concrete floor in both church and court. 300 seats. Roman Catholic.] With the 'poverty and simplicity' for which he is noted, Steffann has here combined under one spreading roof church, kindergarten, quarters and office for priest, and quarters for the sexton. So that the church itself would maintain its pre-eminence in this complex, the architects have placed its intriguingly windowless outside walls—accentuated by the projection of the semicircular apse—parallel to the road, and have grouped the other functions on the far side about a U-shaped central open court. This court provides an inward focus, and for the church furnishes not only its only source of daylight, but a fair weather overflow space as well. Its pavement continues that of the nave, and the two spaces can be thrown together simply by raising the lower sections of their glass divider. The entrance to the church develops an effective spatial build-up, for as one goes in one must make a U-turn first against a blank wall, then a glass wall (onto the court), and finally down a longish passage before encountering a partial view of nave and sanctuary, then the entirely revealed volume. It makes a stimulating trip. The interior proclaims simplicity itself; a simple sloping roof rests—with no hint of moulding—on equally unadorned brick walls. The ceiling cants down from the court to apse, admitting a flood of unilateral light from the high side, while providing an intimate setting for the projected 'altar island' opposite. Facing banks of pews are grouped on either side of the central chancel, and suffer only slightly from a side glare. Above hang irreducibly simple lights. Choir and organ occupy a somewhat prominent place in a small balcony above entrance to the sacristy, with offices and quarters for the priest beyond. The kindergarten occupies the central block, facing onto both court and outside, while the dwelling for the sexton and his family takes up the south corner. A reverent, if slightly contrived, simplicity characterizes Maria in den Benden, one that could be improved by a more imaginative treatment of the central court—now a rather barren vacuum —a better positioned and designed baptismal font, and a finer altar.

MARIA IN DEN BENDEN Dechenweg 40, Düsseldorf-Wersten—Emil Steffann, arquitecto; Nikolaus Rosiny, asociado.
[Construcción—muros portantes de ladrillo; vigas de acero en el techo. Terminación y colores—ladrillo rojo afuera y adentro; madera el natural en el techo interior; piso de hormigón con piedras redondas expuestas, tanto en la iglesia como en el patio. 300 asientos. Católica.] Con la 'pobreza y sencillez' por las que se hace notar, Steffann ha combinado aquí bajo un extenso techo, iglesia, kindergarten, habitaciones y oficina para el sacerdote, y habitaciones para el sacristán. A fin de que la iglesia mantuviese su preeminencia en este conjunto, los arquitectos la han situado al lado del camino y han acentuado sus muros intrigadoramente ciegos con la proyección de su ábside semicircular, mientras las otras funciones han sido agrupadas más lejos rodeando en forma de U el patio central. Este patio establece un foco interno, y para la iglesia constituye no sólo la única entrada de luz natural, sino también una extensión de su espacio cuando el tiempo lo permite. Su piso continúa el de la nave, y los dos espacios pueden comunicarse con sólo levantar la sección más baja de la división de vidrio. El ingreso a la iglesia se desarrolla en una progresión espacial efectiva, pues al entrar hay que dar una vuelta en U, enfrentando primero un muro ciego, luego una división de vidrio (con vista del patio), y finalmente a lo largo de un pasillo hasta encontrar una vista parcial de la nave y el santuario, y entonces el volumen total se descubre. Resulta un paseo interesante. El interior proclama la sencillez misma; un simple techo inclinado descansa, sin asomo de molduras, sobre muros de ladrillo igualmente lisos. El cielo de madera desciende del patio al ábside, admitiendo un torrente de luz unilateral por el lado más alto y proporcionando una atmósfera íntima para la 'isla' del altar en frente. A los dos lados del santuario central se han situado grupos de bancos que sufren sólo levemente por el resplandor lateral. Las lámparas colgantes no pudieran ser más sencillas. El coro y el órgano ocupan un lugar algo prominente en un pequeño balcón sobre le puerta de la sacristía, y más allá están las habitaciones del sacerdote. El kindergarten ocupa el bloque central, con ventanas al patio y al exterior. La vivienda del sacristán y su familia se coge la esquina sur. Una sencillez reverente, si bien algo rebuscada, caracteriza a Maria in den Benden, sencillez que pudiera ser mejorada por un tratamiento más imaginativo del patio central—actualmente un estéril vacío—una pila mejor diseñada y mejor colocada, y un altar más digno.

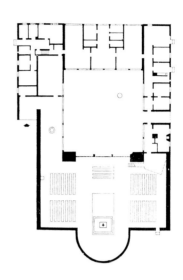

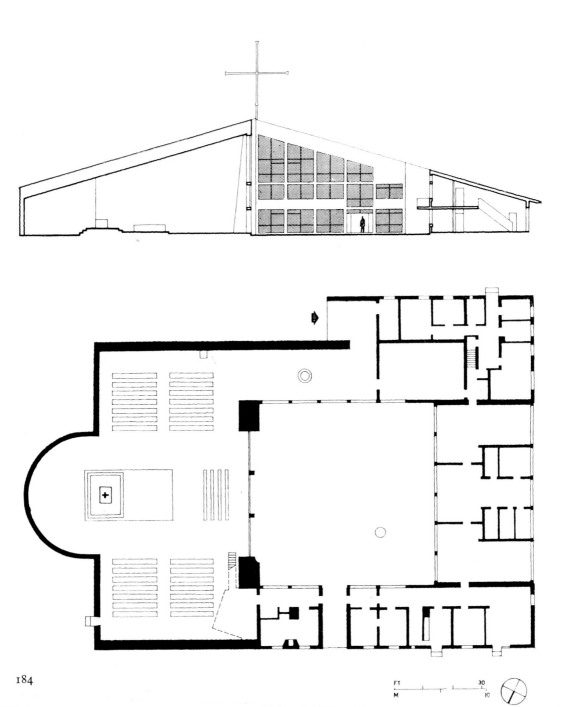

FT · · · 30
M · · 10

TRINITY CHURCH *G* 4 *Block, Mannheim—Helmut Striffler architect.*

[Construction—reinforced concrete frame and roof; prefabricated glazed concrete panel walls. Finish and colours—natural concrete frame; white painted ceiling; brilliantly coloured *Betonglas* panels; light natural wood pews; grey tile floor. Seats for 500 in nave, 150 in balcony. Protestant.] Replacing a Baroque church erected exactly 250 years earlier but destroyed by the war, the new Trinity serves the largest Protestant parish in Mannheim. For it Striffler has created a vigorously independent concrete frame—precisely revealed inside and out—and wrapped it on four sides with a new technique of small, glazed concrete panels to produce a sometimes fascinating church. The panels, which are glazed with varying amounts of different coloured glass—some actually are solid—measure approximately 34 in. by 22 in. They are set in the frame of the walls with admirable clarity. The exterior resembles an oversized well-scaled jewel box, jarred at entrance by a graceless bell tower, a tower whose smooth sides blanket its structural bones instead of exposing them as the church does so successfully. An agreeable residence for the minister, a youth centre and three small apartments occupy the two buildings which complete this church centre. The everyday entrance to the church, in an undistinguished façade, uses a side door, not the central one. This brings one into immediate contact with the startlingly beautiful side walls, particularly that to the south, where an ever-changing and ever-charging series of crystal rainbows floods the wall and splashes over the floor in exhilarating fashion. The architect and Emil Kiess, who designed the concrete-glass panels, and Gabriel Loire, who manufactured them, are all to be highly complimented. In addition, these panels constitute a splendid fusion of structure and embellishment. However, well enough was not left alone. Instead of limiting this lovely technique to the two side walls, the glass forms a constant belt about the interior, puncturing the handsome geometry of the nave, and, through competition, rendering the altar almost invisible. If the chancel wall had been of unglazed white panels or plaster against which the two sides glowed, the result would have been far more successful. The interior structural statement, it should be pointed out, explicitly mirrors the frame and fill of the outside; indeed, the church could be turned inside out without harm. The four walls do not quite touch the ceiling (cf. Ronchamp), producing thus a slender line of light which increases the flow of spaces, especially valuable with the wraparound quality of the enclosure. Moreover, the side walls bow out at mid-point to effect not only a less rigid form, but also to allow for overflow congregation (up to 200 chairs) within the one volume of the nave. The panels abstractly express as their themes—though it is difficult to make them out—the Trinity symbol in the chancel wall, the seven stages in the life of Christ to right, the seven days of creation to left, with Judgement Day over the front door. The rear balcony contains choir and organ. The artificial light comes, surprisingly, from exposed vertical fluorescent lamp standards affixed to pew ends.

IGLESIA DE LA TRINIDAD Block G4, Mannheim—Helmut Striffler, arquitecto.

[*Construcción—Techo y soportes de hormigón armado; muros en tramos prefabricados de hormigón y vidrio. Terminación y colores—hormigón en bruto; techo interior pintado de blanco; vidrio de colores vivos en los paños de* Betonglas; *bancos en madera al natural, de color claro; piso en losas grises. 500 asientos en la nave, 150 en el balcón. Protestante.*] *Reemplazando una iglesia barroca construida exactamente 250 años antes, la nueva iglesia de la Trinidad sirve a la parroquia protestante más grande de Mannheim. En ella Striffler ha originado una armadura de hormigón vigorosamente independiente y decididamente expuesta por fuera y por dentro, y ha envuelto la iglesia por los cuatro costados con una nueva técnica de pequeños tableros vidriados de hormigón, con lo que ha producido una iglesia a veces fascinante. Los tableros, que tienen vidrio sde distintos colores en cantidad variable—algunos son completamente sólidos— miden apróximamente 34 por 22 pulgadas (86×56 cms.). Están incluídos en la estructura de los muros con admirable claridad. El exterior simila un joyero enorme, pero en buena escala, desentonado a la entrada por una torre sin gracia, torre cuyos costados lisos esconden su esqueleto estructural en vez de exhibirlo como hace la iglesia con tanto éxito. Una agradable residencia para el ministro, un centro juvenil y tres pequeños apartamentos ocupan los dos edificios que completan este grupo. La entrada diaria de la iglesia, en una fachada sin distinción, es por una puerta lateral, no por la del frente. Esto lo pone a uno en contacto inmediato con las paredes laterales, de sorprendente belleza, especialmente la del sur donde una serie de cristalinos arcoiris variando y siempre variando, inundan la pared y juguetean por el piso. El arquitecto, y Emil Kiess quien diseñó los paños de hormigón vidriado, y Gabriel Loire quien los ejecutó, merecen ser todos muy celebrados. Además, estos tableros son una espléndida fusión de estructura y ornamentación. Es lástima que se haya exagerado la nota. En vez de haber limitado esta linda técnica a los dos muros laterales, el vidrio forma un cinturón continuo por el interior, agujereando la bella geometría de la nave, y en competencia haciendo casi invisible el altar. Si el muro del estrado hubiese sido de paños blancos o enlucidos, contra los cuales refulgiesen los laterales, el resultado habría sido mucho más efectivo. La manifestación estructural interior, debe advertirse, duplica exactamente la armadura y tableros del exterior; tan es así que la iglesia pudiera virarse de dentro afuera como un guante, sin perjuicio. Las cuatro paredes no llegan a tocar el techo (véase Ronchamp), produciendo una delgada línea de luz que aumenta la fluidez de espacios, particularmente valiosa debido al carácter de envoltura completa de los muros de cierre. Además los muros laterales se arquean en su centro hacia fuera, no sólo buscando una forma menos rígida, sino también para acomodar exceso de asistencia (hasta 200 sillas) en el volumen de la nave única. Los tableros llevan como temas abstractos—aunque es difícil advertirlo—el símbolo de la Trinidad en al muro del estrado, las siete etapas en la vida de Cristo a la derecha, los siete días de la Creación a la izquierda, y el Juicio Final sobre la entrada. El balcón atrás contiene el coro y el órgano. La luz artificial viene, incongruentemente, de lámparas fluorescentes sobre pies derechos fijos a los extremos de los bancos.*

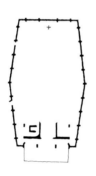

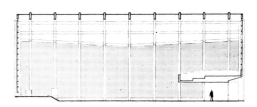

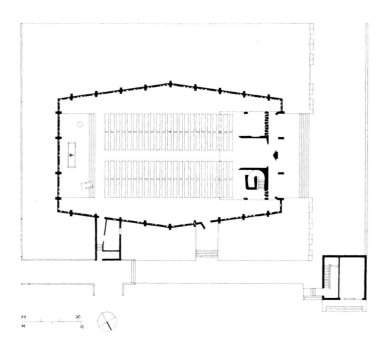

FT ⊢ 30
M ⊢ 10

MADONNA OF THE POOR *Via Osteno, Via delle Forze Armate, Milan—Luigi Figini and Gino Pollini architects.* [Construction—reinforced concrete frame, outer walls and roof; brick panels in front; concrete block inner walls. Finish and colours—natural concrete and materials throughout; marble floor. 1,000 capacity. Roman Catholic.] The exterior of the Madonna dei Poveri suggests more a warehouse than a church, but in large measure this stems from its patently unfinished condition. In the centuries-old—and sensible—Italian fashion, the fabric of the church was first erected and put to immediate use, with the embellishment following as funds materialize. The outside, then, need not overly concern one. The interior, on the other hand, provides a powerful, near-brutal, statement of strength in church architecture. This power, it should be noted, emanates from the lighting, both natural and artificial, even more than from the structure. A penumbra of daylight filters from the side aisles and through the upper walls via a series of openings between block ends, producing a low level of illumination for the nave, while the chancel stands blazing in a flood of light, seemingly direct from heaven. This casts a brilliant focus on the sanctuary, which accent finds spatial augmentation in the extra height of this section of the church. Moreover, almost no direct source of light appears visible to the congregation, only its effect, and a dramatic effect it is. The artificial light, properly enough, issues from the same points. The presbytery, both from its lighting and its structure, constitutes a detached 'goal' for the rest of the church, a space apart. This is emphasized by the startling but compelling statement of the perforated concrete beam across the front of the chancel, by the brightly jewelled cross suspended above it, and by the hexagonal enclosure of the sanctuary proper. This hexagonal diaphragm wall will be covered eventually with a bright fresco. The unpretentious but effective altar, of two blocks of golden cippolino marble, being free-standing, allows the priest to face the congregation. A certain peripheral distraction and restlessness can be seen in the spaces framing the chancel, largely a product of unshielded and somewhat puzzling light sources. From the chancel itself this gives the (correct) impression that there are spaces beyond the holy space—a disturbing thought; from the nave, one's eye is caught at the corner by the bright exits and stairs to these spaces. Thus the sanctuary is not the end, the architectural fulfilment of the church: it is a spatial anticlimax. This constitutes, however, the only serious weakness of the inner design. On the same level and beyond the sanctuary rests the sacristy, while below it, and reached by one of the flights of stairs alongside the chancel, lies the crypt-chapel. This is a powerful, low chamber with slightly arched ceiling tautly bound by tie-rods. The light here, as above, comes from indirect sources. The long flights of stairs rising from the sides of the nave lead to the open choir which is above and behind the chancel. Confessionals are along one side; the final baptismal font has not been executed.

NRA SRA DE LOS POBRES Via Osteno, Via delle Forze Armate, Milán—Luigi Figini y Gino Pollini, arquitectos. [*Construcción—armazón, muros externos y techo, de hormigón armado; paredes de ladrillo al frente; muros internos de bloques de hormigón. Terminación y colores—hormigón en bruto y otros materiales al natural; piso de mármol. Capacidad—1,000. Católica.*] *El exterior de la Madonna dei Poveri más sugiere un almacén que una iglesia, pero en gran parte eso se debe, según es obvio, a que no está terminada. Según la costumbre italiana secular, y sensata, la estructura de la iglesia se puso inmediatamente en uso apenas estuvo completa, dejando los adornos para ser añadidos luego a medida que se acumulen fondos suficientes. Despreocupémonos, por lo tanto, del exterior, En cambio al interior nos confronta una manifestación fuerte y vigorosa, casi brutal, de arquitectura religiosa. Esta fuerza, debe anotarse, emana de la luz, tanto natural como artificial, aún más que de la estructura. Una penumbra de luz natural se filtra de los pasillos laterales y a través de las paredes superiores, por una serie de aberturas entre bloques separados, produciendo un nivel de iluminación bajo en la nave, mientras el estrado resplandece en un torrente de luz venida del cielo. Esto enfoca brillantemente el santuario, acento que es reforzado en la composición espacial por la mayor altura de esta parte de la iglesia. Además, casi ninguna de las entradas de esta luz natural queda visible a los asistentes. Sólo se ve el efecto, y es dramático. La luz artificial, con buen acierto, viene de los mismos puntos. El presbiterio, por su luz así como por su estructura, constituye una 'meta' para el resto de la iglesia, un espacio aparte acentuado por la sorprendente aunque compulsiva declaración de la viga de hormigón atravesada al frente del estrado, por la cruz de relucientes joyas suspendida sobre él, y por el cercado hexagonal del santuario mismo. Este muro de cerca hexagonal será eventualmente decorado con un mural al fresco. El modesto y efectivo altar de dos bloques de dorado mármol cippolino, estando aislado, permite al sacerdote celebrar de frente a la congregación. Cierta distracción e inquietud circunvalante puede observarse en los espacios que rodean el estrado, debidas en gran parte a dudosas fuentes de luz que no han sido resguardadas. Desde el estrado mismo esto da la impresión—correcta pero distraedora—de que hay otros espacios más allá del espacio santo; desde la nave, la vista es atraída a las esquinas por las relucientes salidas y escaleras a esos espacios. Por eso el santuario no resulta la culminación espacial de la iglesia; es un anticlímax arquitectónico. Esta es la única debilidad seria del diseño interior. Más allá del santuario y al mismo nivel está la sacristía, y bajo ella con acceso por una de las escaleras a los lados, hay una capilla en la cripta. Este es un local bajo, robusto, con un techo ligeramente arqueado y amarrado con cabillas de acero. La luz aquí, como en la nave, es indirecta. Los largos tramos de escalera que parten de los lados de la nave, suben a un coro abierto, detrás y más alto que el santuario. Hay confesionarios a un lado; la pila bautismal definitiva no ha sido hecha.*

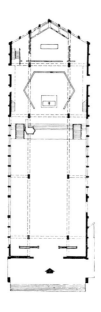

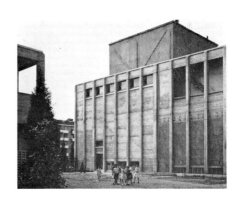

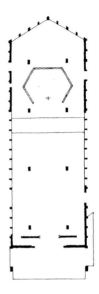

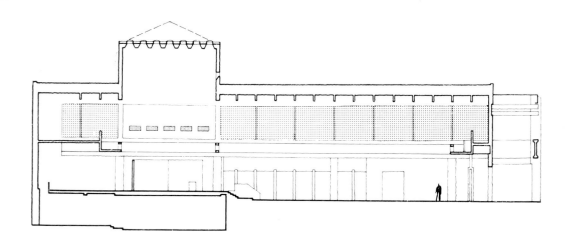

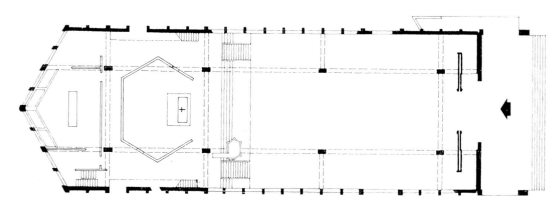

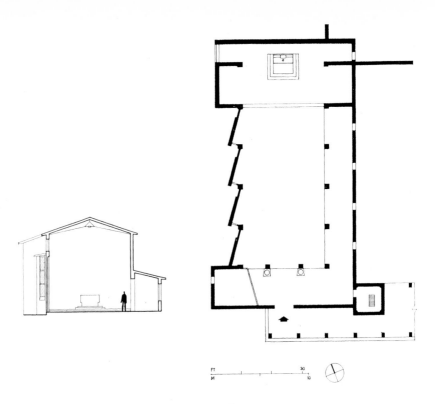

SANTA GIUSTINA *Santa Giustina, Mésola (41 miles ENE of Ferrara)—Pierluigi Giordani architect.*
[Construction—reinforced concrete frame and roof; brick panel walls. Finish and colours—partly stuccoed and painted white, partly natural red brick; terrazzo flooring. 120 seats. Roman Catholic.] Along the flat, erstwhile malarial, lowlands that stretch from Venice to Ravenna, a number of new settlements is arising under the Po Delta Reform Authority now that mosquito control has made such areas more habitable. The land between the picturesque ports of Chióggia and Comácchio—with the superb eighth- to eleventh-century Abbey of Pomposa in between—constituted a lonely backwater that now is coming to life. Giordani has been charged with the planning and building of several of these new communities, creating entire villages for 2,000 to 2,500 people. All shelter needs have been planned together—and simply planned, for erection largely by local labour—church, kindergarten, elementary school, small community hall, infirmary, co-operative store, etc. At Santa Giustina, south of Mésola, these units group loosely about a trapezoidal *piazza*, nicely dominated by the church and its separate campanile. Although the main façade and left side of the church are fussy in detail, the overall impression of the church, tied easily by a covered walk to the low buildings at right, remains good. The interior presents a well-lit nave and simple, dignified sanctuary, with excellent structural expresson in the frame. The light, which only comes from west-facing transoms and southerly splayed windows, provides good general illumination, while a deep, hidden window throws a special accent over the handsome sanctuary wall. The 'service aisle' to right contains Stations of the Cross and confessionals, and provides lateral circulation. The sacristy adjoins the chancel beyond. Unfortunately upkeep has not been of the best.

SANTA GIUSTINA Santa Giustina, Mésola (66 km al estenoroeste de Ferrara)—Pierluigi Giordani, arquitecto.
[*Construcción—techo y soportes de hormigón armado; tramos de muro de ladrillo. Terminación y colores—en parte revocada y pintada de blanco, en parte ladrillo rojo al natural; piso de terrazzo. 120 asientos. Católica.] Por las tierras bajas que se extienden de Venecia a Rávena, hasta ahora focos de malaria, muchas nuevas poblaciones se están levantando bajo la Autoridad para la Reforma del Delta del Po, ahora que el control de los mosquitos ha hecho esa región más habitable. La comarca entre los pintorescos puertos de Chióggia y Comácchio—incluyendo la soberbia abadía de Pomposa, de los siglos octavo a once—constituía un pantano abandonado que está cobrando vida. Giordani ha sido encargado de planear y construir varias de estas nuevas comunidades, produciendo pueblos enteros para unos 2.000 o 2.500 habitantes. Todos los albergues necesarios han sido proyectados en conjunto—y proyectados con sencillez, para ser erigidos principalmente por mano de obra local—iglesia, escuela primaria, kindergarten, pequeño local de reunión, enfermería, tienda cooperativa, etc. En Santa Giustina, al sur de Mésola, estas unidades se agrupan libremente rodeando una placita trapezoidal, gentilmente presidida por la iglesia y su campanario separado. Aunque la fachada principal y el lado izquierdo de la iglesia son inquietos y minuciosos, la impresión general es buena, unida como está la iglesia a los edificios más bajos de la derecha por un simple camino techado. El interior ofrece una nave bien iluminada y un santuario digno y sencillo, con excelente expresión de su estructura. La luz, que viene sólo de pequeñas ventanas altas hacia el oeste y por ventanas achaflanadas hacia el sur, provee buena iluminación general, mientras una ventana escondida pone un acento especial sobre el hermoso muro del santuario. El pasillo lateral a la derecha contiene las estaciones del Via Crucis y los confesionarios, y circulación lateral. La sacristía está unida al santuario. Por desgracia el mantenimiento no ha sido de lo mejor.*

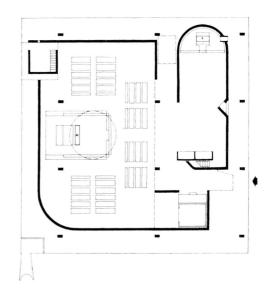

CHURCH OF THE BLESSED IMMACULATE VIRGIN

Via della Certosa, Bologna—Glauco Gresleri architect.

[Construction—reinforced concrete frame and roof; independent load-bearing masonry walls. Finish and colours—natural concrete frame; walls stuccoed and whitewashed outside and in; red tile floor. 200 seats, or 600 standees in main chapel, 40 seats in weekday chapel. Roman Catholic.] Distantly impressed by Ronchamp, but with a rectangular statement and a freshness of its own, the church and parish centre of the *Beata Vergine Immacolata* merits considerable respect. The exterior exhibits a boldly positive structure under which church and chapel are grouped. With the flat overhang of the roof stretching in a protective gesture, and a highly varying superstructure and attic profile, lively relations and angles materialize as one strolls around the building. The contrast of raw concrete and slightly dimpled white stucco accentuates these positive features. The rain scoop and hooded entrance to the lower floor are contrived (see photograph), but the general effect stimulates. The main entrance to the church occurs at the corner porch nearest the street, with secondary door to the weekday chapel beyond. An entrance from the north—nearest the parish centre (by the same architect)—opens by the curved end of the small chapel, with fourth access (at west corner) for priest to sacristy and services. The principal entrance is bounded on the left by the baptistry, and on the right by the end of the chapel. One goes in under a low, dimly lit hall, so that the more lofty, bright nave beyond pulls one magnetically forward. Under a clerestory band, windowless white walls, unbroken except at northwest corner, wrap around three sides of the nave, with the fourth side exposing a considerable rigging of interior structure, plus entrances to the chapel along the east side and baptistry near the front door. The walls, thus, provide a simple foil for the elaborately structured, dramatically exposed, ceiling which dominates the interior. This rests comfortably on its inner supports, admitting light around all four edges—even along the 'inside' wall—while a potent oculus pours an extra quantity over the forward-projected sanctuary. Such peripheral illumination produces a good general light along with an inevitable glare, for one inescap-

IGLESIA DE LA SMA VIRGEN INMACULADA

Via della Certosa, Bolonia—Glauco Gresleri, arquitecto.

[*Construcción—armazón y techo de hormigón armado; muros independientes de mampostería. Terminación y colores—hormigón en bruto; muros revocados y pintados de blanco por fuera y por dentro; piso de losa roja. 200 asientos o 600 de pié en la capilla principal, 40 asientos en la capilla cuotidiana. Católica.*] Con alguna influencia de Ronchamp, pero en términos rectangulares y con fresca iniciativa, la iglesia y centro parroquial de Beata Vergine Immacolata *merece considerable atención. El exterior exhibe una estructura atrevida bajo la cual se agrupan una iglesia y una capilla. Angulos y combinaciones animadas van apareciendo según uno pasea alrededor del edificio, con el plano voladizo del techo extendiéndose en un gesto protector, y con una superestructura y perfil alto sumamente variados. El contraste entre el hormigón en bruto y el blanco y ligeramente áspero revoque acentúa estos aspectos positivos. El botaaguas y la entrada protejida al piso bajo son amañados (ver foto), pero el efecto general es estimulante. La entrada principal ocurre en el pórtico de la esquina más próxima a la callle, con una entrada secundaria a la capilla de diario más allá. Una entrada desde el norte—más cerca del centro parroquial (por el mismo arquitecto)—se abre junto al extremo curvo de la pequeña capilla, y un cuarto acceso (en la esquina oeste) es para el sacerdote a la sacristía y servicios. La entrada principal está flanqueada a la izquierda por el batisterio, y a la derecha por el extremo de la capilla. Se entra por un pasillo de puntal bajo, con poca luz, de modo que la nave a continuación, más alta y reluciente, atrae como un imán. Bajo una cinta de clerestorio, muros blancos sin ventanas, ininterrumpidos excepto en la esquina noroeste, envuelven la nave por tres lados, mientras el cuarto lado deja al descubierto un considerable aparejo de la estructura interior, a más de entradas a la capilla por el lado este y el batisterio cerca de la entrada principal. Los muros, de este modo, por contraste realzan el techo, que domina el interior con su elaborada estructura dramáticamente expuesta. Este descansa cómodamente sobre sus soportes internos, permitiendo entrar luz por los cuatro costados—aún por sobre la pared 'interior'—a la vez que un potente óculo deja caer mayor cantidad sobre el santuario separado de la pared. Tal iluminación periférica produce una*

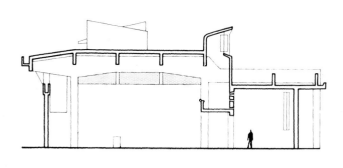

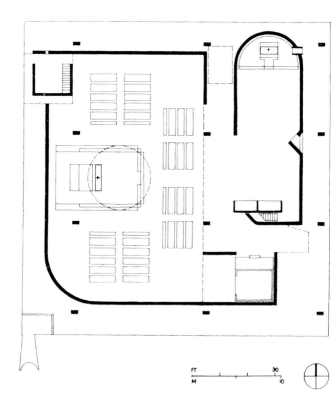

ably confronts a high window. However, because the glass is shielded by the wide exterior overhang, and the general light level remains high, this glare, except at the strange northwest corner, is not painful. The excess glass at this corner, which leads to the sacristy, will eventually be toned down by coloured panes. The structure of the ceiling with its well-tailored beams and supports forms a very agreeable cap for the nave, an effect heightened by the play of its unpainted concrete against its white painted walls. The simplicity of the small chapel contrasts with the main church, for here a flat ceiling, unbroken sides and a rounded apse establish a more private character, well in keeping with its function. The walls of this chapel are separated from the ceiling by a thin line of light, easing any feeling of confinement. Only one window, shielded against glare, provides illumination. Confessionals are placed at the rear, in front of the stair leading to the 'expansion' gallery. All furnishings in the church are temporary. The neo-primitive cross of wood suspended over the main altar was done by Giuliano Gresleri. An outdoor pulpit, useful for large summer services, can be seen over the front door. Umberto Daini and Nevio Parmeggiani were associate architects.

buena luz general junto con inevitable resplandor pues sin remedio se enfrenta una ventana alta. Sin embargo, dado que el vidrio está protejido por el ancho voladizo exterior, y que el nivel general es alto, este resplandor no resulta molesto, excepto en el extraño ángulo noroeste. El exceso de vidrio en esta esquina, que conduce a la sacristía, será amortiguado con vidrios de color. La estructura del techo con sus vigas y soportes de elegante perfil hace un remate muy agradable a la nave, cuyo efecto es aumentado por el juego de su hormigón sin pntar con los muros pintados de blanco. La sencillez de la capilla pequeña contrasta con la iglesia principal, pues aquí un techo plano, muros ciegos y un ábside redondo le dan un carácter más privado, bien a tono con su función. Los muros de esta capilla están separados del techo por una delgada línea de luz, aliviando cualquier sensación de encerramiento. Sólo una ventana, protejida contra el resplandor, provee iluminación. Los confesionarios están atrás, frente a una escalera que lleva al balcón de expansión. Todos los muebles en la iglesia son provisionales. La cruz neoprimitiva de madera suspendida sobre el altar mayor fué hecha por Giuliano Gresleri. Sobre la puerta principal puede verse un púlpito al aire libre, útil en verano para grandes conglomeraciones. Umberto Daini y Nevio Parmeggiani fueron arquitectos asociados.

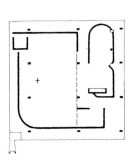

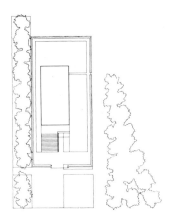

BARANZATE CHURCH *off Via G. B. Grassi at Via Otranto, Milan-Vialba—Mangiarotti and Morassutti architects.* [Construction—four reinforced concrete columns supporting roof beams of prefabricated, poststressed concrete sections on which concrete panels rest; walls of sandwich panels with one-inch-thick translucent, insulating plastic between two panes of glass; basement walls of concrete. Finish and colours—natural concrete ceiling; slight yellowish cast to plastic walls; red brick floor. 500 seats. Roman Catholic.] Proudly displaying one of the most pristine and elegant structures yet devised—for any type of building—the Baranzate Church rises serenely in its industrial suburb northwest of Milan. An inviting clarity of statement, even purity, emanates from the building, outside and in. To begin with, its structure, as can be seen, represents a carefully pared, eloquently ascetic cover. This umbrella—tautly engineered by Aldo Favini—never hides its sinewy strength, but in Gothic fashion delights in the expression of its forces. Its four slightly tapered columns, stiffly braced and anchored below floor level against lateral wind pressures, support two heavy transverse beams. On these rest six X-section longitudinal beams, each built up of thirty individual, prefabricated elements poststressed together. On top are laid the flat roof/ceiling panels, also of concrete. The sinewy elegance of the structure stands fully revealed in the finished church. Clear glass frames the top of the end walls where the X-beams penetrate the skin, while thin lines of glass mark the separation between ceiling and wall, and floor and wall. To give identity and a peaceful setting to the church the architects placed it within a private cloister-garth shielded by a fieldstone wall of curved rake. This garden parvis not only establishes a preparation space for entering the church, but also contains the Stations of the Cross (reliefs by Gino Cosentino) along its sides. An admirably scaled wooden cross separates the two approaches to the church proper: to left a stair-ramp used primarily for ceremonies; to right, and a few feet lower, the entrance along a small garden to the day-to-day door and crypt level. Because of high water table, the entire church had to be elevated above grade. The baptistry stands to right on entering the low door, with crypt chapel to left, and confessionals for men and the sacristy beyond. By an inside stair one mounts to the rear of the nave, and this short trip upward rewards by its changing and exciting views of the ceiling. Antique statues of the Evangelists surround the top of this stairwell, under the rear balcony containing choir and

IGLESIA DE BARANZATE cerca de Via G. B. Grassi y Via Otranto, Milán-Vialba—Mangiarotti y Morassutti, arquitectos.

[*Construcción—cuatro columnas de hormigón armado sostienen vigas prefabricadas de secciones posttensadas de hormigón, sobre las cuales descansan paneles de techo de hormigón; muros formados por paños de plástico aislante, translúcido, de 2,5 cms de grueso, emparedados entre dos paños de vidrio; muros de hormigón en el sótano. Terminación y colores—techo interior de hormigón en bruto; plástico amarillento en las paredes; piso de ladrillo rojo. 500 asientos. Católica.*] Mostrando con orgullo una de las más pristinas y elegantes estructuras hasta hoy inventadas —para cualquier tipo de edificio—la iglesia de Baranzate se iergue serena en un suburbio industrial al noroeste de Milán. Una manifestación clara y atractiva en su pureza emana del edificio, dentro y fuera. Por lo pronto su estructura, según puede verse, representa una cubierta cuidadosamente reducida, elocuentemente ascética. Este paraguas—calculado por Aldo Favini con estricta precisión—lejos de esconder su potente nervadura, se complace en mostrarla a la manera gótica. Sus cuatro columnas con ligera éntasis, rígidamente ancladas bajo el piso y arriostradas contra la presión de viento, sostienen dos sólidas vigas transversales. Sobre éstas descansan seis vigas longitudinales de sección X, cada una formada de 30 elementos prefabricados individualmente, y su unión posttensada. Encima están colocados los paneles chatos del techo, también de hormigón. La fibrosa elegancia de la estructura queda completamente al descubierto en la iglesia terminada. La parte alta de los muros extremos, donde las vigas X penetran la envoltura, está cerrada con vidrio transparente, y estrechas líneas de vidrio marcan la separación entre techo y muros y entre piso y muros. Para distinguir la iglesia y darle un ambiente tranquilo, los arquitectos la situaron en un claustro o recinto protejido por un muro de piedra rústica y perfil curvo. Este atrio jardín no sólo proporciona un espacio de preparación antes de entrar a la iglesia, sino contiene también las estaciones del Via Crucis (relieves por Gino Cosentino) a lo largo de sus costados. Una cruz admirablemente bien proporcionada separa los dos accesos a la iglesia propiamente dicha; a la izquierda una rampa-escalera de ceremonia; a la derecha, unos pies más abajo, la entrada por un pequeño jardín a la puerta de todos los días al nivel de la cripta. Debido al alto nivel hidrostático, la iglesia entera hubo de ser elevada sobre la superficie del terreno. El batisterio está a a la derecha al entrar por la puerta baja, con una capilla a la izquierda y confesionarios para los hombres y la sacristía después. Por una escalera interior se sube al pie de la

organ, with confessionals for women on opposite side. From the nave floor one finds an unusual, almost radiant, light suffusing the church. As this comes equally from all sides, no accents or contrasts in illumination will be noted. This neutrality of background is underscored by the church's box shape of one simple room for all to see and understand. A medieval crucifix, suspended above the over-elaborate, free-standing altar, marks the sanctuary—with a disturbing welter of plants and bric-à-brac alongside. When the church was dedicated, the interior was of breath-taking purity and serenity, but man and time are making their unfortunate marks. Note the contrast of the two nave views (one at night) taken only four years apart. It must be admitted, too, that the insulating plastic filler in the wall panel is getting somewhat discoloured and streaked. In spite of this unfortunate technological shortcoming, the conception of this church is magnificent. Its refreshing philosophy of radiant light versus the medieval gloom espoused by so many churches is sufficient alone to make it significant.

nave, y esta corta ascensión es recompensada con variadas y estimulantes vistas del techo interior. Imágenes antiguas de los Evangelistas rodean el hueco de esta escalera situada, con los confesionarios para mujeres enfrente, bajo el balcón del coro y el órgano. Al interior de la nave una luz inusitada, casi radiante, infunde toda la iglesia. Como llega igualmente por todos lados, no se ven acentos ni contrastes de iluminación. Este fondo neutro es reforzado por la forma de caja del local único, claramente visible para todos. Un crucifijo medioeval, colgado sobre el altar aislado y complicado, marca el santuario—junto con multitud de plantas y adornos de efecto perturbador. Cuando la iglesia fué inaugurada, el interior impresionaba con su pureza y serenidad, pero el hombre y el tiempo van dejando huellas desafortunadas. Nótese el contraste entre las dos vistas de la nave (una de noche) tomadas con sólo cuatro años de diferéncia. Hay que admitir también que el relleno aislante de los paños de muro se está manchando y descolorando. A pesar de este infortunado defecto técnico, el concepto de esta iglesia es magnífico. Su refrescante filosofía de luz radiante en oposición a la penumbra medioeval adoptada por tanta otras iglesias, por sí sola es suficiente para hacerla significativa.

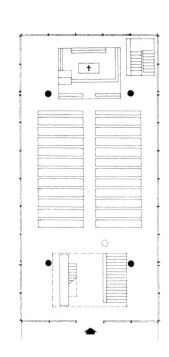

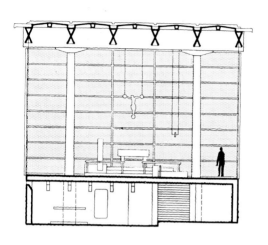

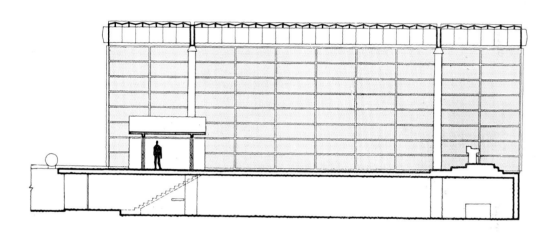

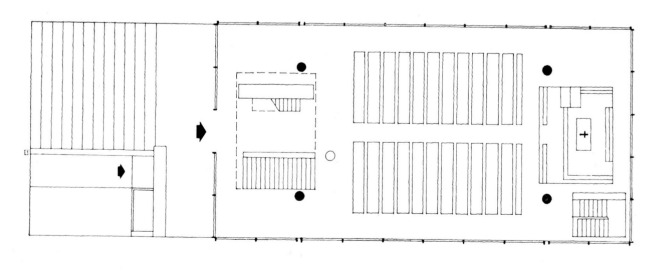

O

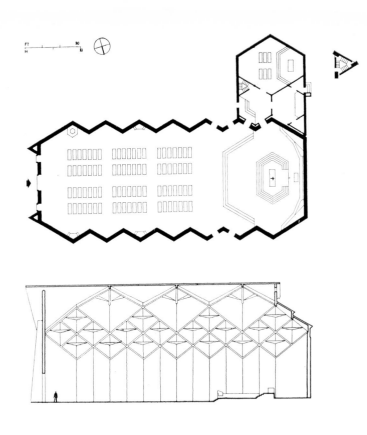

SS REDENTORE *Via Carlo del Prete, Turin-Mirafiori—Nicola Mosso architect, Leonardo Mosso associate.*
[Construction—walls of reinforced concrete framing double-faced with brick; concrete roof vaulting. Finish and colours—natural concrete ceiling; red brick walls outside and in; marble floor. 950 seats. Roman Catholic.] Almost giddily inspired by the dome of Guarini's famous Sindone Chapel (1668–94) a few miles away, the Mossos, father and son, have sought to make the roof and ceiling of this new church an element of vibrant vitality. The side walls are mere solid supports for a series of perforated roof slits that admit spotlights of prancing light over the nave. As a result the rays of the sun slash into the nave through the various angles and heights of the windows, saturating it with individual bursts. The side walls are zigzagged for greater peripheral resistance against the thrust of the roof—plus increased visual interest. Above, like a gigantic spider web of concrete, the vaulting—imaginatively engineered by Livio Norzi—springs from one side to the other. The basic module of this net stems from an equilateral triangle 11.5 ft on a base. Lining each side of the nave are the confessionals, with a small chapel and sacristy branching from the left chancel. The ground floor, which somewhat awkwardly lifts the church above grade, accommodates meeting hall, theatre and classrooms. The priest's house lies adjacent to left. The basic generator of this church—its extraordinary roof and suffusion of light—surpasses the angular and mannered exterior.

SS REDENTORE Via Carlo del Prete, Turín-Mirafiori—Nicola Mosso, arquitecto, Leonardo Mosso, asociado.
[*Construcción—muros en esqueleto de hormigón armado con doble revestimiento de ladrillo; techo en bóveda de hormigón. Terminación y colores—techo interior en hormigón en bruto; ladrillo rojo en los muros, fuera y dentro; piso de mármol. 950 asientos. Católica.] Inspirados, rayando en el vértigo, por la cúpula de la famosa capilla Sindone de Guarini (1668–94) a pocas millas de distancia, los Mossos, padre e hijo, han buscado hacer del techo de esta nueva iglesia un elemento de vibrante vitalidad. Sus muros laterales son meros sólidos apoyos para una serie de franjas de techo perforadas, que dejan pasar focos de juguetona luz brincando sobre la nave. Los rayos de sol acuchillean el interior siguiendo los varios ángulos y alturas de las ventanas, y lo saturan de destellos individuales. Los muros están zigzagueados para conseguir mayor resistencia lateral al empuje del techo—y también mayor interés visual. Arriba, como una gigantesca telaraña de hormigón, la bóveda—calculada con imaginación por Livio Norzi—salta de un lado al otro. El módulo básico de esta red procede de un triángulo equilátero de 11.5 pies (3.5 m) de lado. A cada lado de la nave hay confesionarios, y de la izquierda del estrado se extiende una pequeña capilla y la sacristía. La planta baja, que eleva la iglesia en forma algo incómoda, contiene una sala de reuniones, un teatro, y varias aulas. La casa parroquial se halla adjunta, a la izquierda. La originalidad básica de esta iglesia, su extraordinario techo y la difusión de luz, sobrevaloran su exterior anguloso y amanerado.*

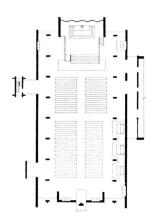

SAN LUCA *Via Erasmo Gattamelata at Via Luchino dal Verme, Rome—V., F. and L. Passarelli architects.*
[Construction—reinforced concrete columns and folded plane roof; brick curtain walls. Finish and colours—natural concrete; red brick outside and in; dark tile floor. 400 seats. Roman Catholic.] The structural concept and the structural expression of San Luca are excellent—clearly stated throughout. Even from the exterior one can immediately grasp the manner in which the church was put together. Indeed the inner concrete 'arms', or columns, that support the roof and buttress the side walls, are a prominent and intriguing element of the front and rear façades. The brick panel enclosing walls are clearly established as curtains. The resulting unity between outside and in is as commendable as it is rare. Furthermore, the complete and continual expression of the vertical structure (the columns) and the horizontal (the folded roof planes) lends a virile quality to the whole, especially the nave, which achieves an exciting and flexible space. This basic excellence falters, however, in one place—the all-important chancel wall. First, the light from the concrete grilles on each side causes a slight glare, in spite of the fact that many of its panes of glass are in deep colours, while, even more importantly, the entire chancel and sanctuary are characterized by mediocrity in almost every respect—geometric patterning of wall, ponderous crucifix, pretentious altar (surmounting ten white marble steps), and egregious platform and pulpit. Possibly much of this was not under the control of the architects; nonetheless it is a doubly sad fact when the rest of the church remains a splendid achievement. The general lighting of the nave filters from the semi-triangular grilles of clear glass high under the roof along both sides, augmented by a generous amount which comes from the front. Very cleverly integrated artificial fixtures supplement the daylight when necessary; placed 10 ft above the floor, these form two long horizontal troughs between the concrete columns, and can project either indirect or direct light or both. Secondary altars and confessionals are placed along the side, while the choir and organ occupy a small balcony to right. Parish house with community hall, plus quarters for the priest, occupy the wing outside. Riccardo Morandi was consulting engineer; Angelo Biancini designed the 4 m square ceramic relief which will go over the front door.

SAN LUCAS Via Erasmo Gattamelata, a Via Luchino dal Verme, Roma—V., F. y L. Passarelli, arquitectos.
[*Construcción—soportes y techo plegado de hormigón armado: muros de cierre de ladrillo. Terminación y colores—hormigón en bruto; ladrillo rojo por fuera y por dentro; piso de losa oscura. 400 asientos. Católica.] El concepto y la expresión estructural en San Luca son excelentes, y claramente expuestos. Ya desde el exterior puede verse inmediatamente la manera en que la iglesia fué construida. Tan es así que las columnas internas, o brazos que sostienen el techo y arriostran los muros laterales, son elemento prominente y curioso de las fachadas del frente y del fondo. Los muros de cierre están claramente manifestados como cortinas. La unidad resultante entre exterior e interior es tan loable como poco frecuente. Además, la expresión completa y sostenida de la estructura vertical (los soportes) y la horizontal (los planos del techo plegado) presta una calidad viril al conjunto, especialmente a la nave que logra un espacio flexible y estimulante. Esta excelencia fundamental flaquea, sin embargo, en un lugar—el muro de importancia suma del estrado. En primer lugar, la luz de las parrillas de hormigón a cada lado causan un ligero resplandor, a pesar de que muchos de sus vidrios son de color profundo. Y, lo que es más importante, el estrado y el santuario entero se caracterizan por su mediocridad en casi todo aspecto—modelado geométrico del muro, crucifijo pesado, altar pretencioso (sobre diez escalones de mármol), y plataforma y púlpito flagrantes. Posiblemente mucho de esto no haya sido hecho bajo la dirección de los arquitectos; de todos modos es de lamentar doblemente cuando el resto de la iglesia sigue siendo una ejecución espléndida. La iluminación general de la nave viene de los enrejillados semi triangulares de vidrios claros junto al techo a lo alto de los dos lados, aumentada por un buen raudal que viene del frente. Una instalación de luz artificial ingeniosamente integrada suplementa la luz diurna cuando sea necesario; situadas diez pies (tres metros) sobre el piso, forma dos canales horizontales entre las columnas de hormigón, y puede proyectar luz directa o indirecta o ambas de conjunto. Altares secundarios y confesionarios están situados de un lado, mientras el coro y el órgano ocupan un pequeño balcón a la derecha. La casa parroquial con sala de reuniones, más habitaciones para el sacerdote, ocupan el ala externa. Riccardo Morandi fué ingeniero consultor; Angelo Bianchini esculpió el relieve en cerámica de cuatro metros cuadrados que será colocado sobre la puerta de entrada.*

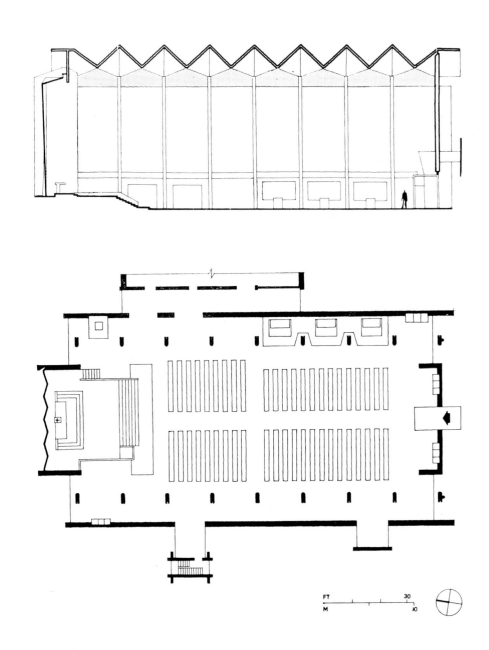

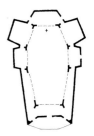

SANTA MARIA MAGGIORE *Francavilla al Mare (5 miles SE of Pescara)—Ludovico Quaroni architect.*
[Construction—reinforced concrete frame and roof; brick and local stone walls. Finish and colours—natural concrete and masonry for exterior walls; interior of natural concrete lower section, white plaster above; tile floor. Competition winner. Capacity—approximately 500. Roman Catholic.] Even from a distance this church graciously dominates the town from its ridge overlooking the Adriatic. The relation of church to tower to piazza to town is excellent, the profile of campanile and swelling nave sensitively echoing the architecture along the hillside, while creating an intimate setting for the church itself. One mounts either a zigzagging path or curving road to reach the piazzetta which lies 135 ft above the water, and which provides a lovely view of land and sea. The square is, of course, dominated by the church, and punctuated by the campanile (too filigreed at top), with low rectory on the Adriatic side and large hexagonal fountain on the other. The apse end of the church—the part which one sees first—almost bristles with low and very stoney projections. Its aggressively nubbly fieldstone sweeps one around to the front where random ashlar frames the entrance: a gamut of masonry. Above this ashlar and fieldstone base rise the elegant concrete framing and brick main walls of the church, both neatly stated. The four primary windows, one on each side, are placed at the very top of each framing arch, hooded against the high sun. A ceramic plaque by Angelo and Pietro Cascella lends a colourful accent above the front door. The progression into the church develops notably. One enters under the low, darkish ambulatory, massively framed and angled in natural concrete, then bursts into the high, spacious, smooth, white nave. This room seems more a canopy than an expression of its outer architectural frame, for its walls unroll from a ceiling mid-point to flow uninterruptedly from the top to the ambulatory girdling the nave. Though obviously scenographic in wiping out the distinction between top and sides, the result is dramatic, particularly when contrasted to entry. The light from the four loftily-placed windows accentuates the diaphanous quality of this space. The high altar stands on a colourfully elaborate tile podium designed by Pietro Cascella, in front of a window which has been recently—and fortunately—covered by curtains. Secondary altars flank the main sanctuary on each side, creating sensitive spaces for private worship in contrast to the corporate quality of the nave itself. Confessionals occupy the smaller niches near the front with access to the parish house at right. The organ loft is placed directly over the main entrance. A small chapel, reachable from the back of the church, occupies a lower level directly under the high altar.

SANTA MARIA MAGGIORE Francavilla al Mare (8 km al sureste de Pescara)—Ludovico Quaroni, arquitecto.
[*Construcción—esqueleto y techo de hormigón armado; muros de ladrillo y de piedra local. Terminación y colores—hormigón en bruto y mampostería desnuda en los muros externos; interior de hormigón en bruto abajo y enlucido blanco arriba; piso de losas. Ganador en concurso. Capacidad—aproximadamente 500. Católica.] Aún a distancia esta iglesia domina gentilmente la población desde su colina con vista sobre el Adriático. La relación de la iglesia a la torre, la plaza y el pueblo, es excelente, el perfil del campanario y la hinchazón de la nave haciendo eco sensitivamente a la arquitectura sobre las laderas, y a la vez creando un marco íntimo para la iglesia misma. Se sube por una senda zigzagueante o por un camino curvo hasta alcanzar la placita 135 pies (41 m) sobre el nivel del agua desde la cual se disfruta una bella vista de la tierra y el mar. La plaza está dominada por la iglesia, por supuesto, y acentuada por el campanario (demasiado filigraneado al tope), con una casa parroquial baja del lado del Adriático y una gran fuente hexagonal al otro. El ábside al extremo de la iglesia—la parte que se ve primero—está casi erizada de bajas protuberancias pétreas. La agresiva aspereza de su piedra rústica lo acompaña a uno hasta el frente, donde cantos labrados en despiezo irregular enmarcan la entrada; una gama de mampostería. Sobre esta base de piedra rústica y labrada, se elevan el elegante esqueleto de hormigón y los muros principales de la iglesia, de ladrillo, ambos limpiamente expuestos. Las cuatro ventanas primarias, una a cada lado, están colocadas en lo más alto de cada arco de la armadura, protejidas contra el sol del mediodía. Una placa de cerámica por Angelo y Pietro Cascella presta un acento de color sobre la puerta del frente. La entrada en la iglesia se desarrolla en progresión notable. Se entra por un ambulatorio bajo, más bien oscuro, enmarcado en sólidos ángulos de hormigón en bruto, y como en explosión se pasa a la nave alta, amplia, lisa y blanca. Este local mejor asemeja un dosel que no una expresión de su marco arquitectónico exterior, pues sus muros se desenvuelven desde un punto céntrico del techo fluyendo sin interrupción desde arriba hasta el ambulatorio que rodea la nave. Aunque con un dejo de escenografía teatral al borrar la distinción entre el techo de hormigón y los muros de ladrillo, el resultado es dramático, especialmente por contraste a la entrada. La luz de las cuatro ventanas empinadas acentúa la diáfana calidad de este espacio. El altar mayor está situado sobre una plataforma de losa de complicado colorido diseñada por Pietro Cascella, delante de una ventana que—afortunadamente—ha sido cubierta recientemente con cortinas. Altares secundarios flanquean el santuario a cada lado, proporcionando espacios sensitivamente adecuados a la piedad privada por contraste al carácter comunal de la nave misma. Los confesionarios ocupan dos nichos menores con acceso a la casa parroquial a la derecha. El desván del órgano está colocado directamente sobre la entrada principal. Una pequeña capilla, accesible desde el interior de la iglesia, ocupa un nivel inferior inmediatamente bajo el altar mayor.*

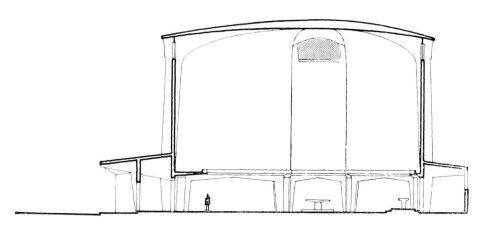

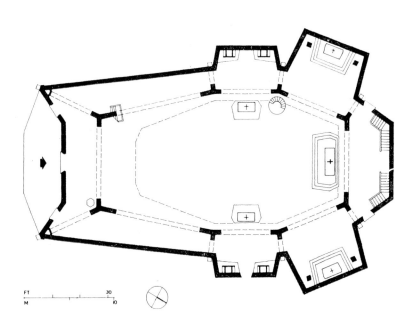

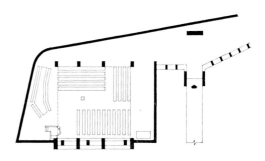

REFORMED CHURCH *Leeuwerikenlaan, Aerdenhout* (13 *miles W of Amsterdam)—Karel L. Sijmons architect.*
[Construction—reinforced concrete frame and roof; brick panel walls. Finish and colours—natural concrete; brick stuccoed and/or painted white; natural concrete floor. 207 seats. 400 capacity. Protestant.] Although the front door of this church, just outside Haarlem, remains unprepossessing, and the whole lacks cohesiveness, the exterior of the nave and its inner spatial experience are commendable. The central hall leads to nave at left, with Sunday school, community rooms and offices to right. The hall is not bound by a rigid rectangular shape, but angles to maximum depth by the entrance, narrowing, logically, at its ends. The nave itself expands in semi-hidden, semi-revealed fashion from the left corridor; its fabric is not reached via a sharp door into a sharp space, but opens as the climax of a continuum of spaces. The low hall surrounds the nave on three sides, providing circulation and overflow space on two sides and an unusual chancel on the third. With the fourth, or window, wall of considerable depth, a three-dimensional play is set up between high nave volume and the low open sides and window reveals. The chancel, a form of inset sanctuary, carries out the height of the side aisles as 'an extra space for visual relief', as the architect puts it. Here, with no change in floor level, are placed the pulpit and the communion table, the table serving also as altar. In many Dutch Reformed churches the congregation moves to and actually sits at the table for the bread and wine. A slightly too-heavy cross is affixed to the wall above the pulpit, near an uncomfortable turning of the corner. In front of the table, in the very middle of the room, stands the baptismal font, a simple block of marble. The nave abounds in light, much of it arriving over the shoulders of the congregation from a high transom to south. The major source of daylight, however, comes from the west wall which contains panes of both clear and coloured glass, set in deep reveals so that glare will be minimized. The undulations of the ceiling, which evolved from structural expression—as well as from acoustic considerations—are carried through beyond the windows. There is obviously a bit of Le Corbusier in the shape and the fenestration of this room, but it has also a strength and personality of its own.

IGLESIA REFORMADA Leeuwerikenlaan, Aerdenhout (21 km al oeste de Amsterdam)—Karel L. Sijmons, arquitecto.
[*Construcción—armazón y techo de hormigón armado; paredes de ladrillo. Terminación y colores—hormigón en bruto; ladrillo revocado y pintado de blanco o simplemente pintado; piso de hormigón en bruto. 207 asientos, capacidad 400. Protestante.*] *Aunque la puerta de esta iglesia, muy cerca de Haarlem, no sea atractiva, y el conjunto carece de cohesión, el exterior de la nave y su experiencia espacial interior son encomiables. Un pasillo central lleva a la nave a la izquierda, teniendo escuela dominical, salas de reunión y oficinas a la derecha. El pasillo no está confinado por una forma rígida rectangular, sino en ángulos que buscan mayor anchura a la entrada y se estrechan lógicamente a los extremos. La nave misma se expande en forma semiescondida, semidescubierta, desde el corredor a la izquierda; no se llega a su predio pasando una puerta determinada en un muro determinado, sino culminando la expansión de un continuum de espacios. El pasillo bajo rodea la nave por tres lados, permitiendo circulación y acomodo de asistentes en exceso por dos lados, y un estrado poco común en el tercero. Con el cuarto muro, el de las ventanas y de considerable espesor, se establece un juego de tres dimensiones entre el volumen alto de la nave y los bajos costados abiertos y los intersticios de las ventanas. El estrado, una especie de santuario inserto, extiende la altura de los pasillos laterales como 'un espacio adicional de alivio visual', al decir del arquitecto. Aquí, sobre el mismo nivel del piso, están colocados el púlpito y la mesa de comunión, sirviendo la mesa también de altar. En muchas iglesias Reformadas holandesas, los asistentes se acercan a la mesa y se sientan a su alrededor para tomar el pan y el vino. Una cruz algo más pesada de la cuenta está fija al muro sobre el púlpito, cerca de una esquina incómoda. Frente a la mesa, en el mismo medio del local, está la pila bautismal, un simple bloque de mármol. Abunda la luz en la nave, entrando mucha por sobre el hombro de los asistentes desde una ventana elevada al sur. La mayor parte de la luz natural, sin embargo, viene del muro oeste que contiene cuadros de vidrio claro y coloreado, situado en huecos profundos que disminuyen su visión directa. Las ondulaciones del techo, desarrolladas como expresión estructural tanto como por consideraciones acústicas, se extienden más allá de las ventanas. Evidentemente hay algo de Le Corbusier en la forma y la fenestración de este local, pero también tiene fuerza y personalidad propias.*

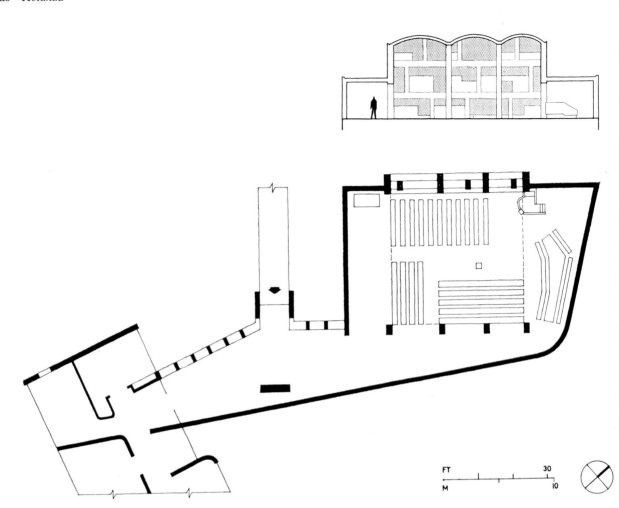

FT ———————— 30
M ———————— 10

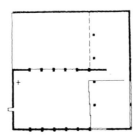

REFORMED CHURCH *Nagele, Noordoostpolder* (19 *miles NW of Zwolle)—van den Broek and Bakema architects.*
[Construction—concrete block walls; prestressed concrete roof beams; lightweight concrete roof panels with acoustic backup; wood construction over altar and non-church section; belfry of reinforced concrete. Finish and colours—natural block, beams, and panels throughout; random stone floor. 330 seats in nave, 150 in adjoining assembly room. Protestant.]
The gigantic task of reclaiming land from the IJsselmeer, or Zuider Zee as it was formerly called, has already produced two of the four polders contemplated. Being seized from the very sea itself, such land has immense value, demanding a concentrated focus of planning and architecture. With a limitless horizontal flatness about one, the profile and three-dimensionality of building assume particular import. Here in the new town—really a village—of Nagele, across the inland sea northeast of Amsterdam, the architects have tried to translate the theme of the protecting arm of the woods about the town to the protective wall about the church. As they put it: 'The design-thought of the church is an intensification of this village-structure by means of a wall, which begins in public space as a seat near the open bell-tower and ends as an enclosure for the religions-centre. From seat to centre the wall becomes a space-maker.' This wall, after commencing as a low bench to the left of the open yard in front of the building, steps up and down and up again to wrap about the low entry wing. Thence it rises to envelop the nave proper, and culminates in the high block which, on the interior, marks the chancel. This three-dimensional exercise climaxes in the free-standing bell tower at entry. Entering the church one experiences a new set of spatial developments. From the broad, open 'yard' in front, framed by the low wall and the nave, one comes into a low, tight hall with kitchenette at left, and small meeting room and coat space facing. One then has to make two right-angle turns before arriving at the liberation of the high and broad nave. Each step—outside and in—has been carefully thought out and expressed. The goal of this peregrination, the church room proper, ends, unfortunately, in a letdown. Determinedly spartan, almost sterile, it sets a bleak stage for religion. Furthermore, the bank of low windows along the north side puts a spotlight on any late arriver crossing the entry court, while the tall window by the organ emits a glare. The chancel, however, stands nicely revealed in a general flood of light from the superstructure. Pulpit, communion table and font proclaim the utmost simplicity. The auditorium behind the nave can be used independently or added to the church room by opening folding doors.

IGLESIA REFORMADA Nagele, Noordoostpolder (31 km al noroeste de Zwolle)—van den Broek y Bakema, arquitectos.
[*Construcción—muros de bloques de hormigón; vigas pretensadas de hormigón en el techo; techo en paneles de hormigón ligero con respaldo acústico; construcción de madera sobre el altar y en la sección aparte de la iglesia; companario de hormigón armado. Terminación y colores—bloques, vigas, y paneles siempre al natural; piso de piedra irregular. 330 asientos en la nave, 150 en la sala de reunión adjunta. Protestante.] La gigantesca tarea de recuperar tierra del IJsselmeer, o Zuider Zee como se le llamaba anteriormente, ha producido ya dos de los cuatro 'polders' proyectados. Habiendo sido arrebatada al mar, el enorme valor de esta tierra exige concentración en el enfoque de planeamiento y arquitectura. Con una llanura horizontal ilimitada en derredor, el perfil y la forma tridimensional de los edificios adquiere particular importancia. Aquí en esta nueva población—en realidad una aldea—de Nagele, al otro lado del mar interior al noreste de Amsterdam, los arquitectos han intentado reflejar el tema de brazos protectores de los bosques alrededor del pueblo, en el muro protector alrededor de la iglesia. Según ellos dicen: 'La idea-proyecto de la iglesia es una intensificación de la estructura de esta aldea por medio de un muro, que comienza como un asiento cerca del camapanario abierto y termina como un claustro para el centro religioso'. Este muro, después de empezar como un asiento bajo a la izquierda del patio abierto frente al edificio, sube y baja y vuelve a subir para envolver el ala baja de la entrada. De ahí se eleva para envolver la nave misma, y culmina en el bloque alto que, al interior, marca el estrado. Este ejercicio tridimensional tiene su climax en el campanario independiente a la entrada. Una vez dentro se experimenta una nueva serie de juegos espaciales. Del patio ancho y abierto al frente, enmarcado por el muro bajo y por la nave, se pasa a un corredor bajo y estrecho con una cocinita a la izquierda y una salita y guardarropa delante. Entonces hay que girar dos veces a la derecha antes de llegar a la liberación de la alta y ancha nave. Cada paso—por fuera tanto como por dentro—ha sido cuidadosamente pensado y expresado. La meta de esta peregrinación, el local de la iglesia propiamente dicha, es lástima que defraude al terminar. De propósito austera, casi estéril, dispone un ambiente muy frío para la religión. Además, la línea de ventanas bajas a todo el largo del lado norte llama la atención sobre cualquier feligrés tardío que cruce el patio de entrada, mientras la ventana vertical junto al órgano molesta la vista. El estrado, sin embargo, se destaca agradablemente en abundante luz preveniente de la superstructura. El púlpito, la mesa de comunión y la pila bautismal proclaman extrema sencillez. El auditorium al fondo de la nave puede usarse independientemente, o ser añadido a la iglesia abriendo puertas plegables.*

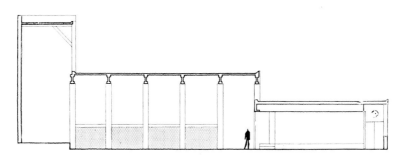

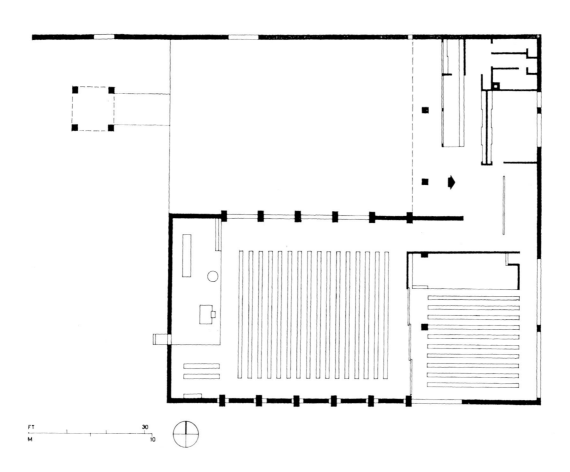

FT 　　　　　　　30
M 　　　　　　　10

ST NICOLAS *van Postel Straat, Venlo, Limburg—G. J. van der Grinten architect.*
[Construction—double brick bearing walls; wood roof truss. Finish and colours—bluish cindered brick on exterior, light brick within; natural wood exposed ceiling and truss; inner dividing wall of redwood; concrete tile floor. 800 seats. Roman Catholic.] Venlo, a bustling city of the Maas, within sight of the German border, has grown greatly since the war. This church stands in one of the town's new lower-middle income developments, and serves a parish of some 5,000 souls. Of little pretension without—and certainly a bit lonely-looking on its dreary site—the church within produces an excellent example of arena seating, an unusual but effective means of daylighting, and a refreshingly expressed structure. Its pews are banked with notable intimacy about three sides of the 'liturgical centre'. No one sits far from the altar, yet the two groups of seats which face each other are sufficiently spaced that one is not distracted by faces opposite. However, the low partition wall which runs the length of the interior, and which separates the nave and chancel from the secondary spaces (entrances, side chapels, sacristy and services—with choir and organ above), is disturbing to a certain degree. One wonders what goes on behind the altar. As mentioned before, such semi-concealed spaces beyond a sanctuary are almost always unsatisfactory; the altar area must be the climax in space of a holy room, not a semi-climax. The chancel itself is first-rate, with elegant, pared fittings and furniture designed by the architect. Note the almost invisibly projected pulpit and lectern. A subduedly colourful (mainly blue and purple) tapestry by Marijke Neyens-Wiegman handsomely backs up the two altars, the second with tabernacle. An unusual, abstracted star with sanctuary lamp hovers above. Designed by the architect, it was executed by Nico Witteman. The daylight which bathes the chancel and forward part of the nave floods from a roof monitor that rises above the middle half of the church. This produces splendid illumination for all sitting underneath or behind the clerestory, but a slight glare in the forward pews near the partition wall. The two side walls of the church provide supplemental light via an unnecessarily irregular set of seven square windows. The long back (i.e. entrance) wall is pierced by an even more irregular—but here more interesting—set of square windows, sized very small indeed and scattered throughout each brick bay. Furthermore, these openings do not always align directly with those on the outer brick face, but often are staggered to produce a changing low level sparkle. Ingenious. Altogether the daylighting is fine except in front of the monitor and in its too-great variety of means. Artificial lights are affixed to the bottoms of the vertical truss members. The structure of the church commands respect for its simplicity and directness. Brick bearing walls enlarge into diamond-shaped buttresses at every point where they receive a roof truss; the trusses themselves stand largely revealed. The buttress forms are particularly effective on the outside where they break up the horizontality of the long façade, and play with light and shade. Note, too, the projected pattern of the brickwork of this wall. A baptistry adjoins the north side of the church with rectory behind. An excellent, skeletal bell-tower rises in the rear.

SAN NICOLAS van Postel Straat, Venlo, Limburg—G. J. van der Grinten, arquitecto.
[*Construcción—muros portantes dobles de ladrillo; armadura del techo de madera. Terminación y colores—ladrillo cenizo azuloso al exterior, ladrillo de color claro adentro; techo interior y armaduras expuestas de madera al natural; tabique divisorio interior de madera rojiza; piso de losas de hormigón. 800 asientos. Católica.] Venlo, una ciudad emprendedora en el Maas, a la vista de la frontera alemana, ha crecido grandemente desde la guerra. Esta iglesia se encuentra en uno de los nuevos barrios para el nivel económico medio inferior, y sirve a una parroquia de 5.000 almas. De pocas pretensiones al exterior—y ciertamente un poco solitaria en su triste solar—al interior la iglesia presenta un excelente ejemplo de disposición en redondo, un sistema inusitado pero efectivo de iluminación natural, y una estructura de manifiesto en forma espontánea. Sus bancos están dispuestos con notable intimidad por tres lados del centro litúrgico. Nadie queda lejos del altar, y sin embargo los dos grupos de asientos que se enfrentan mutuamente están lo bastante separados que no ser uno al otro motivo de distracción. En cambio, el bajo tabique divisorio que se extiende a todo el largo del interior, y que separa la nave y el estrado de los espacios secundarios (entrada, capillas laterales, sacristía y servicios—con órgano y coro arriba), resulta algo perturbador. Uno se pregunta qué pasa detrás del altar. Según queda dicho, tales espacios medio escondidos casi nunca son satisfactorios; el área del altar debe ser el clímax espacial en un local sagrado, no un semiclímax. El estrado mismo es de primera calidad, con muebles y útiles severos y elegantes diseñados por el arquitecto. Nótese cómo el púlpito y el facistol se proyectan casi imperceptiblemente. Un tapiz de colorido apagado (azul y violeta principalmente) por Marijke Neyans-Wiegman, hace un bello fondo a los dos altares, el segundo con tabernáculo. Una lámpara de santuario poco usual en forma de estrella abstracta cuelga encima. Diseñada por el arquitecto, fué ejécutada por Nico Witterman. La luz natural que baña el estrado y la parte anterior de la nave, brota de un lucernario que se eleva sobre la mitad central de la iglesia. Esto da espléndida iluminación sobre todos los asientos debajo o detrás del clerestorio, pero con algo de resplandor en los primeros bancos cerca del tabique divisorio. Los dos muros laterales de la iglesia proveen luz adicional por un juego de siete ventanas cuadradas irregular e interesantemente dispuestas. El largo muro de atrás (es decir, el de la entrada) está agujereado por otra serie de ventanas cuadradas aún más irregular—pero aquí interesante. Estas son en verdad muy pequeñas, y están esparramadas por cada sección de los muros de ladrillo. Además, estas aberturas no siempre están alineadas directamente con las de la cara exterior del muro, sino que a menudo han sido decentradas para obtener un variante y tenue centelleo. Ingenioso. La iluminación natural es en conjunto excelente, menos al frente del lucernario y en su excesiva variedad de medios. Luces artificiales están fijas al extremo inferior de los elementos verticales en las armaduras del techo. La estructura de la iglesia inspira respeto por su sencillez y precisión. Los muros de ladrillo se ensanchan formando pilares en punta dondequiera que sostienen una armadura; las armaduras mismas están claramente expuestas a la vista. Los pilares son particularmente efectivos al exterior, donde rompen la horizontalidad de la larga fachada, y juegan con luz y sombra. Nótese también el dibujo en relieve que hace la obra de ladrillo en este muro. Un batisterio se une a la iglesia por el lado norte, y la rectoría está detrás. Un excelente campanario en esqueleto se eleva al fondo.*

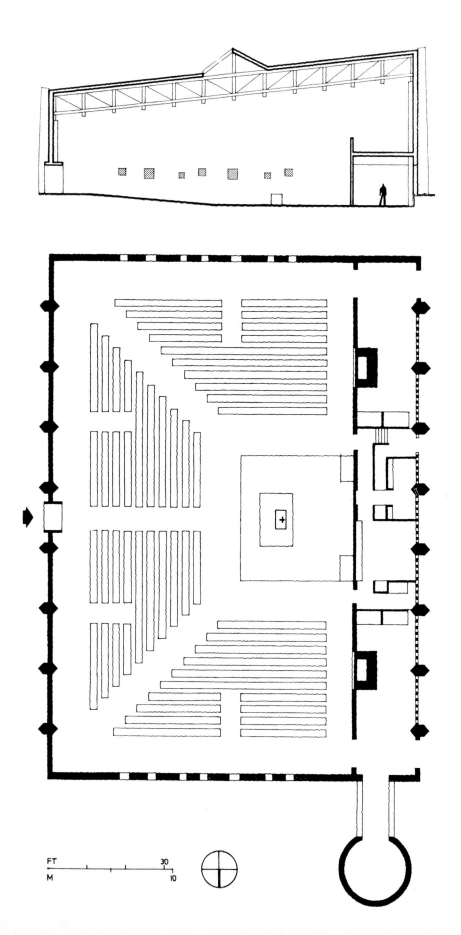

FT |_____|30
M |_____|10

229

VILLAGE CHURCH
Gravberget (25 miles E of Elverum, 120 miles NNE of Oslo)—Magnus Poulsson architect

IGLESIA DE LA ALDEA
Gravberget (40 km al este de Elverum, 193 km al nornoroeste de Oslo)—Magnus Poulsson, arquitecto.

[Construction—timber frame; wood shingle roof and sides. Finish and colours—natural shingles outside; natural and painted wood within. 106 seats in nave, 48 in balcony. Protestant.] Built for an isolated lumber community miles from any city, this small wooden church will immediately recall the fantastic stave-churches that dotted Norway from the eleventh to thirteenth centuries. The multiple, towering roof-breaks and the almost pagan eave decorations of the *stavkirken* have here been restrained to a more simplified and more elegant silhouette, but that wonderful quality of saying something important in the landscape carries on admirably. The Gravberget church proclaims with ingenuous faith that it is a house of God—and that one is welcome. The crisp geometry of its two stretched-up, superimposed pyramids—one the attenuated steeple, the other the nave—acts like an architectural bell buoy in a sea of trees. Its fish-scale shingles and slant-pole fences (both ancient Nordic wood techniques) carry the building's belonging-to-the-forest analogy down to the smallest detail. This church, the last work of the late Magnus Poulsson, achieves great charm and delight in the manner in which it nestles in and grows from its tree-girt environment. The interior, however, disappoints. The pellucid refinement and clarity of line seen as one approaches, melts into chopped-up, highly painted surfaces as one enters the front door. Such neo-primitive atavism sits uneasily within the handsome shell. The spirit of Norwegian folk painting in churches could have been delightfully suggested, but here no one knew when to stop. Note that the entrance lies along the diagonal, not the sides. Stairs to the upper balcony occupy two corners, with sacristy, services and baptismal font in the angle behind the altar. Look again at the church in the landscape: here it is superb.

[*Construcción—armazón de madera; techo y costados cubiertos con tablillas de madera. Terminación y colores—tablillas al natural por fuera; madera al natural o pintada por dentro. 106 asientos en la nave, 48 en el balcón. Protestante.*] *Construída para una comunidad maderera aislada a distancia de cualquier ciudad, esta pequeña iglesia de madera inmediatamente recuerda las fantásticas iglesias de troncos verticales con que fué Noruega salpicada durante los siglos once a trece. Las múltiples interrupciones de los elevados techos, y las decoraciones casi paganas de los aleros, han sido aquí reducidas a una silueta más sencilla y elegante, pero esa admirable cualidad de decir algo importante en el paisaje se continúa en buena forma. La iglesia de Gravberget proclama con fe ingénua que es la casa de Dios, y extiende una bienvenida. La limpia geometría de sus dos estiradas pirámides superpuestas—el campanario atenuado en una y la nave en la otra—llena la función de una boya de campana en un mar de árboles. Sus tablillas en forma de escamas y sus cercas de palos inclinados (dos antiguas técnicas escandinavas en madera) persiguen la analogía de pertenecer-el-edificio-al-bosque hasta en sus últimos detalles. Esta iglesia, última obra del difunto Magnus Poulsson, encanta y deleita mayormente por la manera en que se anida en su ambiente arbóreo y surge de él. El interior, sin ambargo, defrauda. El diáfano refinamiento y la claridad de líneas visibles al aproximarse, desaparece al transponer la puerta en un picadillo de superficies pintarrajeadas. Tal atavismo neoprimitivo no se aviene bien con su elegante concha. El espíritu de la pintura popular en las iglesias noruegas pudo haber sido sugerido en forma deliciosa, pero aquí nadie supo sujetar la mano. Nótese que la entrada es diagonal por una esquina, no por los costados. En otras dos esquinas hay escaleras que suben al balcón, y en la cuarta detrás del altar, sacristía, servicios y la pila bautismal. Observemos otra vez la iglesia en el paisaje; aquí es espléndida.*

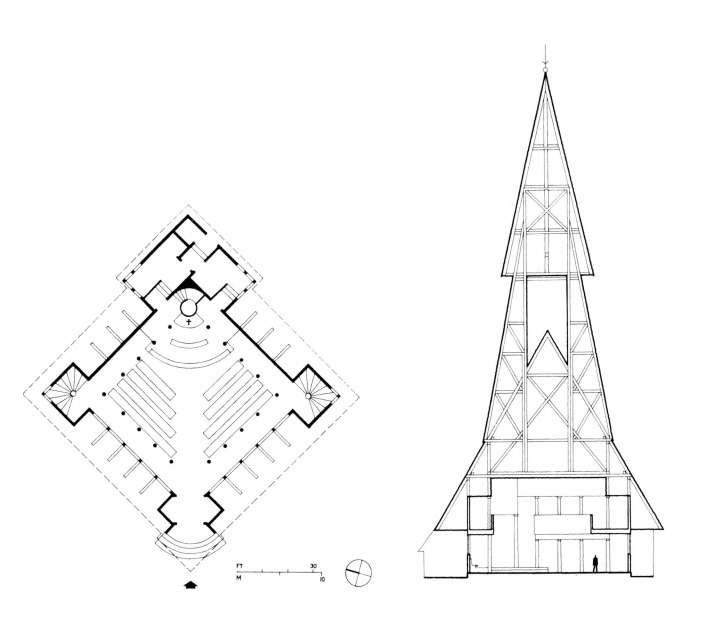

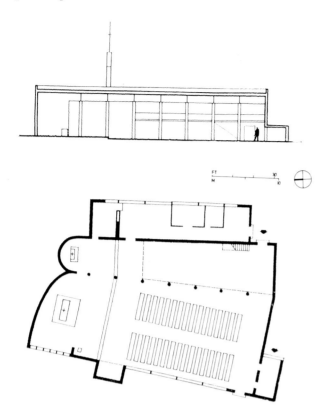

CHAPEL OF THE THEOLOGICAL SEMINARY

Ciudad Universitaria (NE of School of Science), Madrid— José Luis Fernández del Amo architect.

[Construction—reinforced concrete frame with cavity brick walls; exposed steel roof trusses. Finish—red brick outside and in; raw concrete interior columns and beams; black painted steel trusses; black terrazzo floor; brown cork acoustic ceiling. 300–350 seats in nave with 50 in balcony. Roman Catholic.] A simple, restful interior with a directly revealed structure distinguishes this church which is finer in space than either the hard photographs or the soft plan—or the unexciting exteriors—suggest. Being the chapel for the University's adjoining seminary, two altars were required: the major to accommodate the entire student body, the smaller for the priest-staff. And as the church would play a significant role in educating priests-to-be, a strong, direct, meaningful architecture was sought. The structure of the nave is, as mentioned, refreshingly revealed, although a wall statement of support for the left ends of the roof trusses would have made it even more positive. The low band of windows to left is made of an imaginative combination of white and light-purple translucent wrinkled glass. A series of vertical louvres would control their slight glare. The main delight of the church can be seen in its fine chancels, particularly the larger. Its discreetly symbolic, understated altar stands well forward of the totally simple brick background, and it is not even weighted with candlesticks or cross. A first-rate *Betonglas* window to left admits a sweep of coloured light over the sanctuary. The small semicircular chapel to the right is also restrained, and stands in its tight brick niche lit by an oculus. A crisply detailed balcony covers the right-hand side, with sacristy and services in a low wing adjacent. Acoustics are excellent.

CAPILLA DEL SEMINARIO TEOLÓGICO Ciudad

Universitaria (al noroeste de la Escuela de Ciencias), Madrid —José Luis Fernández del Amo, arquitecto.

[*Construcción—esqueleto de hormigón armado con muros huecos de ladrillo; armaduras de acero expuestas en el techo. Terminación y colores—ladrillo rojo afuera y adentro; columnas y vigas al interior de hormigón en bruto; armaduras de acero pintadas de negro; piso de terrazzo negro; cielo acústico de corcho. 300 a 350 asientos en la nave y 50 en el balcón. Católica.*] *Un interior sencillo, reposado, con estructura directamente expuesta distingue esta iglesia, que es en realidad mejor de lo que las duras fotografías o la flácida planta—o el flemático exterior—pudieran sugerir. Siendo la capilla del seminario adjunto a la Universidad, se requerían dos altares: el mayor para los oficios del cuerpo estudiantil entero, el menor para la facultad clerical. Y como la iglesia había de jugar un papel importante en la educación de futuros sacerdotes, se buscó una arquitectura fuerte, directa, significativa. La estructura de la nave ha sido, según se dijo, refrescantemente descubierta, aunque una manifestación de apoyo en los muros al extremo izquierdo de las armaduras del techo la hubiese hecho aún más positiva. La banda de ventanas de poca altura a la izquierda se compone de una combinación imaginativa de vidrio blanco y violeta claro, translúcido y arrugado. Una serie de persianas verticales podrían ajustar su leve resplandor. Las principales delicias de la iglesia pueden verse en sus refinados presbiterios, especialmente el mayor. Su moderado altar, discretamente simbólico, está bien separado del fondo de ladrillo absolutamente sencillo, y no lleva siquiera la carga de los candelabros y la cruz. Una ventana de Betonglas de primera calidad a la izquierda deja penetrar un raudal de luz coloreada sobre el santuario. La pequeña capilla semicircular a la derecha también es moderada, y dentro de su apretado nicho de ladrillo está iluminada por un óculo. Un balcón detallado con precisión cubre el pasillo lateral derecho, con sacristía y servicios en un ala baja adjunta. La acústica es excelente.*

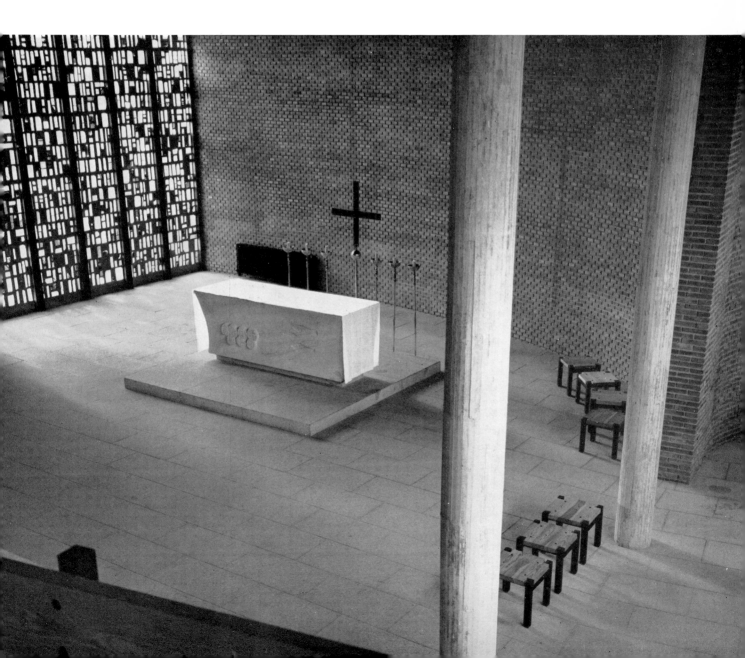

OUR LADY OF THE ANGELS *Calle Norte-Sur, Vitoria—Javier Carvajal Ferrer and José M. García de Paredes architects.*

[Construction—reinforced concrete and brick base walls; open steel trusses above, supporting upper walls and roof of wood. Finish and colours—natural concrete; ochre brick outside and in; black-painted truss; dark slate roof-wall; knotty pine upper walls and ceiling; brick floor; walnut and steel pews. 414 seats. Roman Catholic.] Restricted by a sharply triangular lot, the architects of Nuestra Señora de los Angeles have produced a fascinating, and, in structural concept, brilliant solution to difficult conditions. The arrowhead plan is roofed with a complicated-looking but basically simple series of four triangular planes. The outer two, which form the inclined sides of the church, rise from a low point at entrance to a peak at chancel end. The inner, or roof triangles, geometrically complement the outer two by beginning at a point at chancel, and, maintaining a horizontal ridge, develop their depth toward the entrance. Roof planes are separated from the two sides by a continuously glazed strip, a 'linear skylight' which furnishes the overall general daylight for the church. This strip also produces a fine spatial separation between walls and ceiling so that the slightly inward-leaning sides do not seem confining. The floating quality of the side walls and the ceiling finds reinforcement in the second glazed strip which separates the high wooden sides from the lower base of brick. The lighting and the detached but precise planes combine with the wiry structure on masonry plinth to create an intriguing and ingenious interior. However, from the religious point of view—and this is a church—the brilliance of its *Gestalt* achievement falters when seeking to create a holy place for the sanctuary. The acutely triangular sides squeeze the altar, while the open bay at far right (which leads to the sacristy) spatially punches a hole in what should be a sacred confine. The airily-suspended heaven-bound sculpture by J. García Donaire in large measure overcomes this bind on the sanctuary by cleverly transmitting upward the force of sharp sides converging to a tight angle, but a certain close discomfort still exists. In addition to the sacristy at far end to right, a secondary chapel, confessionals and baptistry fill the low wing which projects from this side. José M. de Labra executed the stained glass in this lateral wing. A parish house with quarters for the priest occupies the adjoining block.

NUESTRA SEÑORA DE LOS ÁNGELES Calle Norte-Sur, Vitoria—Javier Carvajal Ferrer y José M. Garcia de Paredes, arquitectos.

[*Construcción—muros bajos de hormigón armado y de ladrillo: armaduras de acero a la vista encima, sosteniendo las paredes altas y el techo de madera. Terminación y colores—hormigón en bruto; ladrillo ocre por fuera y por dentro; armaduras pintadas de negro; pared-techo cubierta de pizarra oscura; techo interior y paredes superiores de pino nudoso; piso de ladrillo; bancos de acero y nogal. 414 asientos. Católica.] Limitados por un solar en triángulo agudo, los arquitectos de Nuestra Señora de los Angeles han producido una solución fascinante, y brillante en su concepto estructural, a condiciones difíciles. La planta en punta de flecha ha sido techada con un sistema en apariencia complicado pero básicamente sencillo, de cuatro planos triangulares Los dos triángulos externos, que forman las paredes inclinada. de la iglesia, se elevan desde un punto bajo a la entrada hasta una cumbre al extremo del estrado. Los triángulos del centro, o del techo, complementan los dos de afuera comenzando en un punto sobre el estrado, y, manteniendo un caballete horizontal, se desarrollan en profundidad hacia la entrada. Los planos del techo están separados de los dos laterales por una banda continua de vidrio, un 'lucernario linear' que proporciona la iluminación general de la iglesia. Esta banda de luz también produce una buena separación espacial entre paredes y techo, de modo que los laterales ligeramente inclinados hacia dentro no resultan opresores. La calidad flotante de las paredes y el techo encuentra apoyo en la segunda banda de vidrio que separa las paredes altas de madera y los muros inferiores de ladrillo. La iluminación, y los planos bien definidos y separados, se combinan con la ligera estructura sobre base de mampostería para formar un interior ingenioso e interesante. Sin embargo, desde un punto de vista religioso—y aquí se trata de una iglesia—el esplendor de su logro Gestalt se empaña al buscar la forma de lugar santo para el presbiterio. Los laterales en ángulo agudo compriman el altar, mientras la sección abierta detrás a la derecha (que lleva a la sacristía) abre un agujero en un espacio que debiera ser un recinto sagrado. La escultura por J. García Donaire, suspendida en el aire y dirigida al cielo, en gran parte sobrepasa esta limitaci n del santuario al transmitir ingeniosamente hacia arriba la fuerza de los duros lados convergiendo hacia un ángulo estrecho, pero persiste cierta desazón presa. Además de la sacristia al final a la derecha, una capilla secundaria, confesionarios y batisterio llenan el ala baja que se sale de este lado. José M. de Labra realizó la vidriera de colores en esta ala. Una casa parroquial con habitaciones para el sacerdote ocupa el bloque adjunto.*

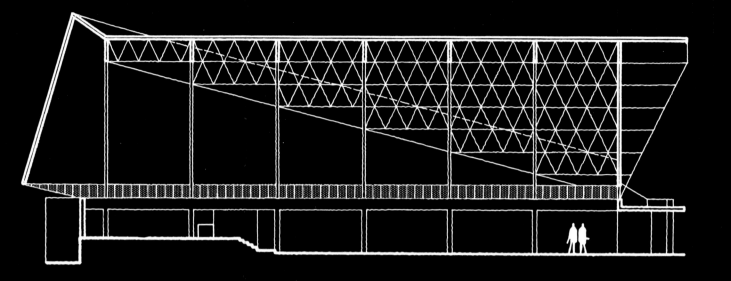

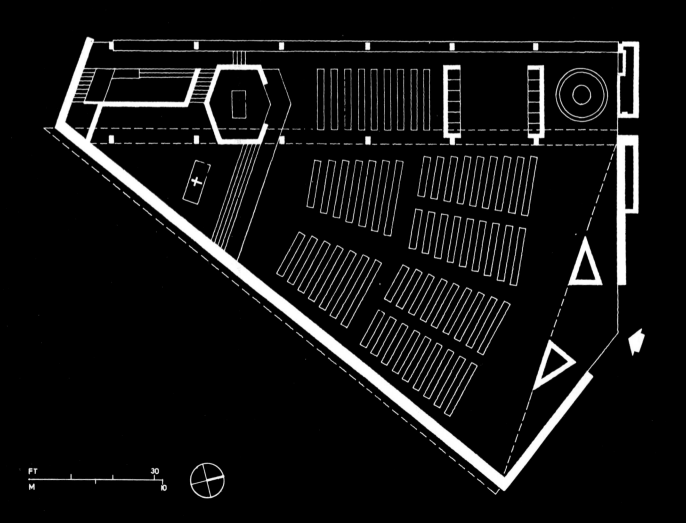

FT   30

M   10

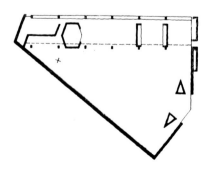

238

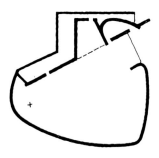

CHURCH OF THE CORONATION OF OUR LADY
Calle de Eulogio Serdan, Vitoria—Miguel Fisac architect.
[Construction—local stone exterior bearing walls; reinforced concrete inner partitions and roof framing; concrete belfry. Finish and colours—natural stone exterior; white plastered and natural stone, and concrete within; light wood ceiling; terazzo floor. 700 seats. Roman Catholic.] This well-knit, highly successful church—handsome without, knowingly contrived within—stands in vibrant, antithetic contrast to its neighbour seen overleaf. The city of Vitoria can indeed be proud of each: one of sharp, angular planes in space, the other of soft curves wrapped solidly about sanctuary and nave. Both are splendid. The Iglesia Parroquial de la Coronación de Nuestra Señora, to provide its full name, achieves a brilliant focus on the sanctuary by means of a dramatic sweep of light—from an unseen tall window—that washes with impressive effect over the smooth curved plaster of chancel wall. Dramatically etched against the white plainness of this wall, hangs (on slender wires) an excellent crucifix by Pablo Serrano. More wires than structural necessity demands were employed to indicate allegorically lines or rays ascending to heaven: to this end the wires virtually disappear into the ceiling. A simple block altar with, fortunately, a minimum of trappings stands underneath. The unbroken, featureless white wall wrapped around sanctuary and congregation, and binding the two intimately together, stands strongly counterpointing the rigid, unplastered stone wall to right. A series of small, vertical windows, filled with tawny-coloured glass by Francisco Ferreras, geometrically peppers this textured wall, and provides general nave illumination. A low adjunct for sacristy and services, side chapel and baptistry, attaches to right. A small door forward leads to sacristy; the chapel opens directly off the nave, while the baptistry can be entered either directly from the outside or from the nave itself. Three confessionals line the curved rear wall, under a small balcony for choir and organ. Brilliant simplicity down to the smallest detail, superb natural lighting, plus a keen tension of curve versus straight, smooth versus rough, characterize the interior. The unflinching solidity of the outside provides an intriguing mantle about three sides of the church, with the fourth (or straight side) of necessity less satisfactory because of its unavoidable breaks and planes. The bell-tower, rising airily on four slender concrete columns, is excellent except at the top, where extraneous wire-forms confuse the issue.

IGLESIA DE LA CORONACIÓN DE NUESTRA SEÑORA Calle de Eulogio Serdan, Vitoria—Miguel Fisac, arquitecto.
[*Construcción—muros externos portantes de piedra local; divisiones interiores y armadura del techo en hormigón armado; campanario de hormigón. Terminación y colores—piedra al natural por fuera; hormigón y piedra al natural, y también revocada y enlucida, por dentro; techo interior de madera en color claro; piso de terrazzo. 700 asientos. Católica.*] *Esta bien coordinada iglesia de resultado eminentemente favorable—hermosa al exterior, sabiamente dispuesta al interior—es vibrante antítesis de su vecina de la página anterior. La ciudad de Vitoria puede enorgullecerse en verdad de ambas; una con superficias planas y ángulos agudos en el aire, la otra con suaves curvas envolviendo apretadamente la nave y el santuario. Las dos son espléndidas. La Iglesia Parroquial de la Coronación de Nuestra Señora, para darle su nombre completo, consigue un brillante enfoque del santuario con una ola dramática de luz—de una alta ventana no visible—que barre con impresionante efecto la blanca pared curva del santuario. Destacándose como grabado en aguafuerte sobre la serena blancura de este muro, cuelga (de finos alambres) un excelente crucifijo de Pablo Serrano. Mayor número de alambres fueron empleados que la necesidad estructural no requería, para indicar líneas alegóricas o rayos ascendiendo al cielo; para ésto los alambres virtualmente desaparecen en el techo. Un sencillo altar en bloque se encuentra debajo, afortunadamente con un mínimo de adornos. El muro blanco, ininterrumpido y sin distintivos, que envuelve y une íntimamente santuario y asistentes, hace un fuerte contrapunto al muro rígido de piedra sin cubrir a la derecha. Una serie de ventanitas verticales, con vidrios pardo amarillento por Francisco Ferreras, salpica geométricamente este áspero muro y provee la iluminación general de la nave. Una ala baja, adjunta, para la sacristía y servicios, capilla lateral y batisterio, está unida a la derecha. Una puerta pequeña adelante lleva a la sacristía; la capilla abre directamente desde la nave, mientras al batisterio puede ingresarse desde afuera o desde la misma nave. Tres confesionarios revisten el muro curvo atrás, bajo un pequeño balcón para el coro y el órgano. Brillante sencillez hasta en sus menores detalles, espléndida iluminación natural, más una tensa oposición de curva y recta, liso y áspero, caracterizan el interior. La solidez sin pestañeo del exterior excita la curiosidad por tres lados de la iglesia, mientras el cuarto (el lado recto) necesariamente es menos satisfactorio debido a sus inevitables rompimientos y planos. El campanario, elevándose airoso sobre cuatro esbeltas columnas de hormigón, es excelente menos al tope, donde unas formas extrañas de alambre confunden el asunto.*

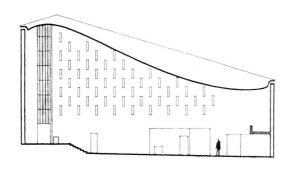

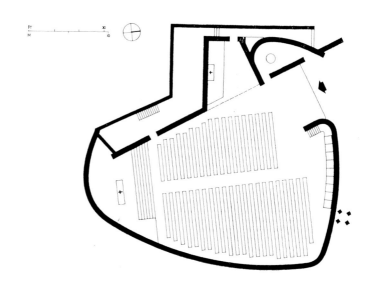

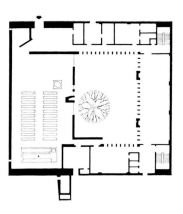

ST THOMAS *Vällingbyplan at Kirunagatan, Stockholm-Vällingby—Peter Celsing architect.*
[Construction—double brick bearing walls; prestressed concrete roof beams; lightweight concrete roof panels. Finish and colours—natural red brick outside and in; natural concrete beams; white ceiling panels; floor of large tiles. 400 seats. Protestant.] An extremely difficult problem of identity and approach beset the architect here, for not only does this church face onto the central square of Vällingby, with all its commercialism, noise and lights, but the site itself was tight in area and uneven in terrain. Vällingby constitutes the finest of Stockholm's new town developments, and this church forms a focus between the shopping core, its rapid transit station, and the high-rise apartment buildings behind. As the architect says: 'It was essential that a church should compliment and not compete with this material world.' To this end, a low, horizontal, drastically plain façade was wrapped around the building with an inner garden court on which face the nave and rooms for other religious functions. This small garden with its two handsome trees provides a welcome oasis even in an environment as well planned as Vällingby. The church authorities were wise in establishing this religious group at the crossroads of the centre rather than in a secluded corner, in spite of the obvious difficulties involved. On its present site it inescapably forms a more cogent part of daily life. The architect has acquitted himself well of this task, producing a squared religious bastion of restrained, inner force, dominated by a masterful bell-tower which keeps watch over the church in almost medieval fashion. The façade onto the piazza provides little indication of a church other than a metal cross embedded in the pavement. The entrance door is so plain and the wall around it so blank that, curiously, one is tempted in. The other exterior walls promise little more, being punctured by several unprepossessing doors and lined above, where needed, with strips of windows. The interior of the nave—entered by a door on the diagonal, not one centrally placed—presents a hard but dignified space. Its play of diaper-patterned red brick walls against natural concrete beams and the smooth white ceiling slabs, sets a crisp tone which finds accent in the four clusters of metallic and glass hanging lamps. The elegance of the original fixtures, which had a vague candle imagery, has been weakened recently by the addition of heavily-hung auxiliary lamps surrounding each older unit. The natural light streams in unilaterally from two large windows on the garden court, a solution producing an overly harsh and overly glaring, concentrated light. A temporary curtain partly mitigates this. A small window on opposite side gives a slight accent to the chancel. A mammoth (2 m square) baptismal font, carved from a granite boulder and enlivened by constantly-running

SANTO TOMAS Vällingbyplan y Kirunagatan, Estocolmo-Vällingby—Pedro Celsing, arquitecto.
[*Construcción—muros dobles de ladrillo; vigas pretensadas de hormigón en el techo; paneles de techo de hormigón ligero. Terminación y colores—ladrillo rojo por fuera y por dentro; hormigón en bruto en las vigas; paneles del techo blancos; piso en losas grandes. 400 asientos. Protestante.*] *Un problema sumamente difícil de acceso y de caracterización acosó al arquitecto en este lugar, pués no sólo da su iglesia la cara a la plaza central de Vällingby, con todo su comercialismo, luces y ruido, sino que el solar mismo era reducido en àrea y desnivelado. Vällingby es el mejor de los nuevos desarrollos urbanos de Estocolmo, y esta iglesia constituye en foco entre el centro comercial, la estación del sistema de tránsito rápido, y los edificios altos de apartamentos detrás. Según dice el arquitecto: 'Era necesario que la iglesia complementase y no compitiese con este mundo material'. A este fin, una fachada baja, horizontal, y drásticamente lisa fué desplegada alrededor del edificio, con un patio-jardín interior al cual abren la nave y locales para otras funciones religiosas. Este pequeño jardín con sus dos bellos árboles proporciona un bienvenido oasis aunque sea en un ambiente tan coordenado como es Vällingby. Las autoridades de la iglesia actuaron sabiamente al situar este grupo religioso en el mismo centro y no en un rincón apartado, a pesar de las obvias dificultades que implicaba. En su sitio actual forma parte inevitable, y más influyente, de la vida diaria. El arquitecto ha desempeñado bien esta tarea, fabricando un baluarte religioso cuadrado de fuerza interior contenida, dominado por un campanario magistral que hace guardia sobre la iglesia en forma casi medioeval. La fachada a la plaza apenas da otro indicio de iglesia que una cruz de metal empotrada en el pavimento. La puerta de entrada es tan lisa y el muro a su alrededor tan ciego que, es curioso, atrae. Los otros muros exteriores prometen poco más, estando agujereados por varias puertas poco atractivas y por algunas bandas de ventanas arriba donde fueron necesarias. El interior de la nave—penetrado por una puerta esquinada, no centrada—ofrece un espacio duro, pero digno. Su juego de ladrillo rojo en dibujo romboidal en los muros contra el hormigón en bruto de las vigas y el blanco liso de las placas del techo, establece un tono claro y animado acentuado por los cuatro racimos de lámparas colgantes de vidrio y metal. La elegancia de las lámparas originales, con su imprecisa fantasía candil, ha sido disminuida recientemente por la adición de otras auxiliares colgadas pesadamente alrededor de cada unidad anterior. La luz natural viene unilateralmente de dos grandes ventanas al patio-jardín, produciendo una luz concentrada demasiado fuerte y molesta. Una cortina provisional en parte mitiga esto. Al lado opuesto, una ventanita da un ligero acento al estrado. Una pila bautismal gigante (2 m cuadrados), tallada de una peña de granito y animada por una corriente de agua contínua—para simbolizar la vida natural que nos rodea,*

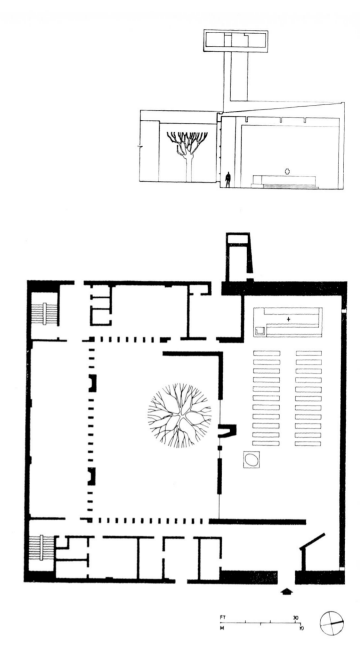

water—to symbolize the natural as opposed to the artificial life about one—dominates the space before the main windows. The altar, rather fussily vested, is—like the font—purposefully large in this case to better represent a table for the entire congregation. A curious painted wood crucifix has been recently added. A temporary organ stands to the left, with chairs for the choir alongside. Entry to the sacristy lies beyond. At the rear a charming tiny chapel is lodged between angled entry and the corner. The narthex purposefully provides entry both for the nave and the rooms to left for daily functions, so that one is forced to feel the church even when proceeding to the parish registry, a secular adjunct of many Swedish churches, and not necessarily of religious significance. Flexibly divided lounges for young people and adults face onto the court at ground level, with confirmation room on the far side. On the second floor are grouped a youth centre, parish hall, club room, kitchen and services.

por oposición a la artificial—domina el espacio delante de las dos ventanas principales. El altar, revestido y aún algo emperifollado, es como la pila de propósito muy grande, en este caso para representar mejor una mesa para todos los asistentes. Un curioso crucifijo de madera pintada ha sido añadido recientemente. Un órgano provisional está a la izquierda, con sillas para el coro al lado. La entrada a la sacristía se encuentra más allá. Atrás, una simpática capillita se acurruca entre la esquina y la entrada en ángulo. El narthex de propósito sirve de vestíbulo también a los salones de funciones cuotidianas a la izquierda, de modo que al a iglesia se hace sentir aún de quienes vienen al registro parroquial, dependencia secular de muchas iglesias suecas de sentido no necesariamente religioso. Salas de descanso para jóvenes y adultos, flexiblemente separadas, dan cara al patio en planta baja, y una sala de confirmación se halla al último lado. En planta alta hay un centro juvenil, sala parroquial, locales sociales, cocina y servicios.

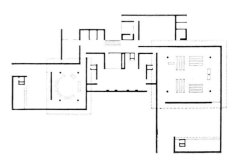

CREMATORIUM CHAPELS *New City Cemetery, via Rikshuvudväg 10, Gävle—Alf Engström, Gunnar Landberg, Bengt Larsson and Alvar Törneman architects.*
[Construction—reinforced concrete walls poured in lapped-board forms; steel column supports for steel-framed roof; pine ceiling; brick and slate floor. Finish and colours—natural materials throughout. Competition winner. 96 seats in largest chapel, 24 in middle, and 6 in smallest. Protestant.] The chapels of this crematorium are among the loveliest to be seen. Nestling in a hushed, unspoiled forest, surrounded by uniform, low walls, topped by slender roof slabs which hover weightlessly, a building evocative of sympathy with its environment has been created. Its architecture grows from, and indeed is almost invisible in, nature, while nature unobstrusively interpenetrates and is everywhere visible from the architecture. The group comprises two major chapels—the Chapel of Everlasting Life (larger and to right), and the Chapel of Resurrection (to left)—each with adjoining sacristy and anteroom (for musicians), plus a small chapel—the Chapel of Promise—and services. The basement contains mortuary and all technical functions. Electric furnaces provide for cremation, with a smoke cooler obviating the need for a stack. The two major chapels—the core of architectural interest—stand at right angles to each other and have entrances on opposite sides to give greater privacy when ceremonies occur simultaneously. They are almost identical except for size. Each is entered by a private open court that forms a sensitive introduction, psychologically and physically, to the chapel proper. These xysti in effect constitute unroofed extensions of the chapels themselves, two of their walls being straight-line extensions of the sides of the chapels, while they share one wall in common. The fourth wall around the courtyard encloses a small shelter. These equal-height vertical planes flow under and out of roof cover, turn right angles, stop to allow a sweep of space at entrances, and otherwise behave in estimable fashion. Constructed of reinforced concrete in specially profiled—and very woody—formwork, the walls were left as stripped from shuttering, with no finish added, no finish needed. In the walled garden which each court describes, the relatives and friends of the deceased gather before the actual service commences. In inclement weather, they collect in the small room that closes the outer side of the yard and which is separated from it only by a wall of glass. The beautifully paved floor of this anteroom flows out to the garden to define circulation. Just before the funeral service begins, the assembled group is lead by the minister to the chapel proper. In this room the familiar, textured concrete walls again surround one, but here topped by a quietly supported ceiling of light wood, angled upward at eaves. This rests lightly on four centrally spaced columns, them-

CAPILLAS DEL CREMATORIO Cementerio de la Ciudad Nueva, via Rikshuvudväg 10, Gävle—Alf Engström, Gunnar Landberg, Bengt Larsson y Alvar Törneman, arquitectos.
[*Construcción—paredes de hormigón vertido en moldes de tablas parcialmente superpuestas; columnas de acero sosteniendo un techo de armazón de acero; techo interior de pino; piso de pizarra y ladrillo. Terminación y colores—todos los materiales en su aspecto natural. Ganador en un concurso. 96 asientos en la capilla más grande, 24 en la mediana y 6 en la menor. Protestante.*] *Las capillas de este crematorio son de las más bellas que se puedan ver. Anidando en un bosque silente, intacto, rodeadas por muros bajos, uniformes, rematadas por finas placas de techo que parecen flotar ingrávidas, un edificio evocador de simpatía con el ambiente ha sido creado. Su arquitectura surge de la misma naturaleza entre la cual se esconde, naturaleza que a su vez interpenetra la arquitectura y de ella está siempre a la vista. El grupo comprende dos capillas principales—la Capilla de la Vida Eterna (mayor y a la derecha), y la Capilla de la Resurrección (a la izquierda)—cada una con sacristía y antesala (para los músicos) adjuntas, más una capillita—la Capilla de la Promesa —y servicios. El sótano contiene la sala mortuoria y todas las funciones técnicas. Hornos eléctricos efectúan la cremación, con un enfriador de humo para evitar la necesidad de una chimenea. Las dos capillas mayores—el centro de interés arquitectónico—se oponen en ángulo recto y tienen acceso por lados opuestos para mayor aislamiento cuando ocurren ceremonias simultáneas. Son casi idénticas, excepto en el tamaño. Se entra a cada una por un antepatio privado que sirve de sentida introducción, psicológica y físicamente, a la capilla misma. Estos terrados en efecto constituyen extensiones al descubierto de las capillas propiamente dichas, dos de sus muros siendo prolongaciones en línea recta de los costados de las capillas con las cuales comparten un muro común. El cuarto muro del antepatio incluye un pequeño cobertizo. Estos paramentos verticales, todos de la misma altura, fluyen bajo techo y salen al descubierto, doblan en ángulo recto, se detienen a dejar correr el espacio a la entrada, y en todo se conducen de manera irreprochable. Construidos de hormigón armado en moldes especiales de caracter muy maderero, los muros se dejaron tal cual salieron de los moldes sin terminación añadida, terminación innecesaria. En el jardín descrito por cada antepatio amurallado, se reunen los familiares y amigos del difunto antes de comenzar la ceremonia. En tiempo inclemente, se reunen en el pequeño cobertizo que cierra el otro lado del patio, del cual está separado solo por una pared de vidrio. El hermoso pavimento de esta antesala se extiende al patio jardín y define la circulación. Cuando ha de empezar el funeral, el grupo reunido es conducido por el ministro a la capilla. En este local, los muros ya familiares de hormigón descepillado de nuevo lo rodean a uno, pero aquí están cubiertos por un techo*

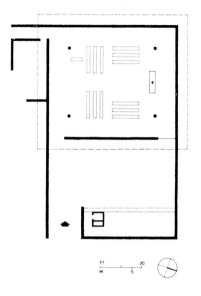

selves worthy of attention. A constant clerestory surrounds each chapel, and it is important to point out that no glare results from this continuous band of glass; first, because of the wide roof overhang, but, even more important, because the chapels themselves are buried in the delicate light of the surrounding forest, with almost no sky glare. As a result a soft, even glow suffuses the room. Under different conditions such fenestration could be a disaster. The glass about the top of the room enables one to be in constant touch with nature, a feeling well reinforced by the natural wood ceiling and the wood-textured concrete. The simple pine pews are respectfully drawn up about the catafalque which rests in front of the altar. The body is wheeled into and out of the chapel, but not histrionically lowered into the basement. After the service it is left in place until the mourners depart, and is then taken to the basement for cremation. The almost spartan simplicity of the well-proportioned, well-lit chapels finds detail elegance in the patterning of the floors of slate and small stone, and the imaginative, jewel-like lamps, made of prismatic crystal blocks and attached to the pew-ends. These sparkle even when their bulbs are not turned on. Sensitively conceived, beautifully sympathetic to its sad function, knowingly detailed and constructed, this crematorium stands as a contemporary landmark in Swedish architecture, one of which its young designers can well be proud.

de madera clara, inclinado hacia arriba en los aleros. Este descansa ligeramente sobre cuatro columnas interiores, dignas de atención por sí mismas. Un clerestorio constante rodea cada capilla, y es importante advertir que no molesta resplandor alguno de esta banda contínua de vidrio, primero debido al ancho voladizo del techo, pero aún más importante porque las capillas mismas están sumergidas en la delicada luz del bosque circundante donde apenas se ve el cielo. Como resultado, una luz suave, difusa, llena el local. En condiciones distintas, tal fenestración pudiera ser un desastre. El vidrio por lo alto del salón permite contacto con la naturaleza en todo momento, sensación reforzada por el techo de madera al natural y la superficie maderera del hormigón. Los sencillos bancos de pino se alinean respetuosamente cerca del catafalco que descansa frente al altar. El cadáver es traído sobre ruedas hasta la capilla, pero no se le baja teatralmente al sótano. Después de la ceremonia se le deja en su sitio hasta que se hayan retirado los dolientes, y luego se le saca otra vez sobre ruedas para llevarlo al crematorio. La sencillez espartana de las bien proporcionadas y bien iluminadas capillas se detalla elegantemente en el dibujo del piso en pizarra y cantos, y en las originales lámparas joyescas, hechas de bloques prismáticos de cristal y fijas a los estremos de los bancos. Centellean aún cuando no están encendidas las luces. Concebido con sensibilidad, bellamente en simpatía con su triste función, sabiamente construido y detallado, este crematorio se destaca notablemente en la arquitectura contemporánea de Suecia, para orgullo de sus jóvenes proyectistas.

Sweden   *Suecia*

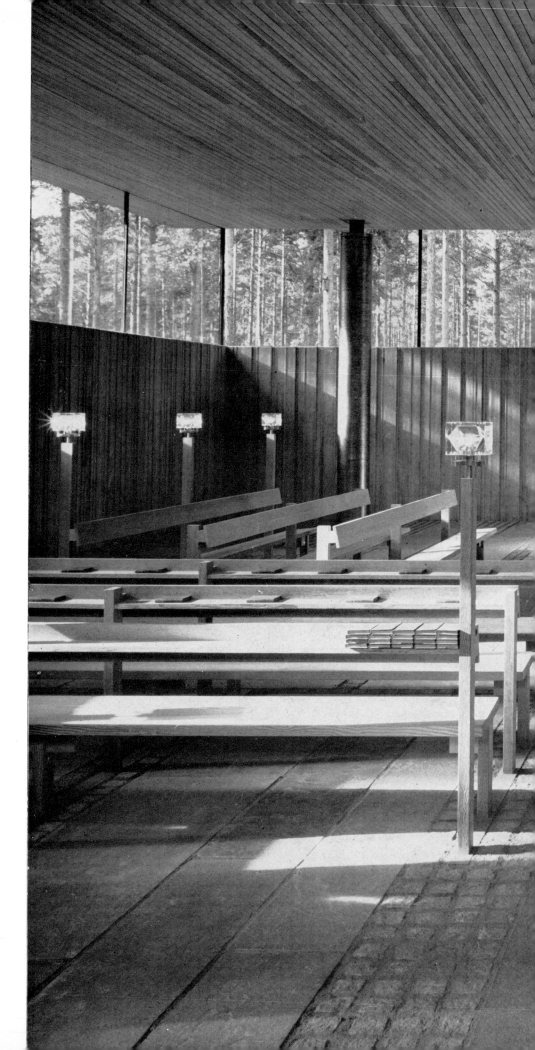

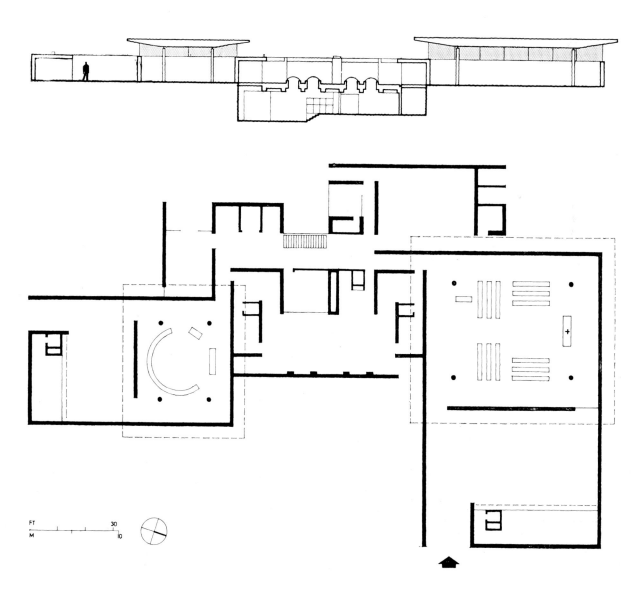

FT |⎯⎯⎯⎯⎯| 30
M |⎯⎯⎯⎯⎯| 10

MARKUS CHURCH *Malmöväg, Stockholm-Björkhagen—Sigurd Lewerentz architect.*

[Construction—brick bearing walls; brick vaulted roof and ceiling on steel beams. Finish and colours—exposed brick with wide mortar joints outside and in; stone floor. 200 seats in main nave with 50 in choir, and 250 in adjoining community room. Protestant.] Heteroclite in approach, Byzantine in detail, and quite glorious in effect, the *Markuskyrka* brings one of the freshest answers yet evolved to the problem of church architecture today. In it stirs a strange and arcane fascination. Its architect—born in 1885—was for years associated with the late Gunnar Asplund (also born in 1885 and who died in 1940), and his religious work traces back to their association on the inspiring Woods Crematorium which lies less than a mile and a half from this church. Lewerentz has not designed many buildings but he has always done so with a sure touch and great imagination. In this present work he obviously was not in the least afraid to create an intensely personal religious setting, one of extraordinary spaces and unexpected confrontations that carry from the outside within. The Skarpnäcks Parish Church, to use its other name, divides into three inward-centred sections: one, a low free-standing rectangle, which one encounters first, containing parish office and registry—a secular affair; two, a thick group of rooms across a small pool from the registry, which shelters the church's various communal activities and culminates in the parish hall to right; and, third, and at right angles, the nave proper. The approach to this complex lies through a bosky dell of some dishabille, and to make certain that the pedestrian will not walk right past the end of the first building (the parish registry and office), Lewerentz cleverly attached a round tower to the corner that subconsciously pivots one to left into the 'secular' yard of the church. This birch-sprinkled, pool-embellished court—highlighted by an imaginative and amusing fountain by Robert Nilsson—is framed by the low registry building on the left side and the higher community rooms (which even include a children's theatre) to right, the latter protected and accented by an arcaded, free-standing canopy. The businesslike parish hall, at the corner of the group, can be added to the main nave by opening folding doors. One approaches the church proper at an oblique angle that delivers one before an almost featureless collection of angled and curved projecting walls flanking the front door. The door itself is unprepossessing, an understated opening for the initiated that leads to glories within. The glories soon appear. From a rear diagonal corner one steps into a spacious low-lit cavern of

IGLESIA DE MARKUS Malmöväg, Estocolmo-Björkhagen—Sigurd Lewerentz, arquitecto.

[*Construcción—muros portantes de ladrillo; techo en bovedillas de ladrillo sobre vigas de acero. Terminación y colores—ladrillo con anchas juntas de mortero al descubierto por fuera y por dentro; piso de piedra. 200 asientos en la nave principal, 50 en el coro, y 250 en la sala de reuniones adjunta. Protestante.*] Con actitud poco usual, detalles bizantinos, y efecto glorioso, la Markuskyrka aporta una de las soluciones más frescas aún encontradas al problema de la arquitectura de iglesias de hoy. En ella se despierta una extraña y misteriosa fascinación. Su arquitecto—nacido en 1885—fué largo tiempo asociado al difunto Gunnar Asplund (también nacido en 1885 y fallecido en 1940), y su obra religiosa se remonta a la colaboración de ambos en el Crematorio de los Bosques, de serena exaltación, a unos dos kilómetros de esta iglesia. Lewerentz no ha proyectado muchos edificios, pero lo ha hecho siempre con toque seguro y gran imaginación. En esta obra evidentemente no tuvo el menor reparo en producir un marco religioso intensamente personal, de extraordinarios espacios e inesperados encuentros tanto por fuera como adentro. La Iglesia Parroquial de Skarpnäcks, para darle su otro nombre, se divide en tres secciones introspectivas: una, un rectángulo bajo, independiente, lo primero que se encuentra, conteniendo la oficina y registro parroquial—asunto secular—; dos, un espeso grupo de salones frente al registro al otro lado de un pequeño estanque, donde se albergan las varias actividades comunales de la iglesia culminando en la sala parroquial a la derecha; y tercera, en ángulo recto, la nave propiamente dicha. El acceso a este conjunto es a través de una hondonada de follaje aún silvestre, y para evitar que el caminante siga de largo pasando el extremo del primer edificio (el registro y oficina parroquial), Lewerentz con astucia añadió a la esquina una torre redonda que subconscientemente le hace girar a la izquierda y entrar en el antepatio 'secular' de la Iglesia. Este patio, salpicado de abedules, adornado por el estanque y acentuado por la imaginativa y divertida fuente de Robert Nilsson, está enmarcado por el edificio bajo de oficinas al lado izquierdo y por los salones comunales más altos (que incluyen hasta un teatro de niños) a la derecha, el último protegido y señalado por un pabellón arqueado, independiente. La eficiente sala parroquial, en la esquina del grupo, puede añadirse a la nave abriendo puertas plegadizas. Se llega a la iglesia misma en un ángulo oblicuo que lo enfrenta a uno con una colección de muros curvos y diagonales, sin acentos, a ambos lados de la puerta. La puerta misma es poco atractiva, es una abertura indiferenciada para los iniciados que conduce a las maravillas de adentro. Las maravillas aparecen pronto. De una esquina diagonal atrás se pasa a una espaciosa caverna

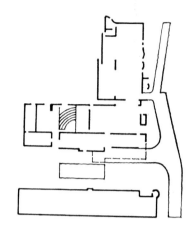

brick—brick walls on all sides, brick ceiling vaults rolling above one. But this is no ordinary brick laid with nervous joints, but a pointillism of bricks, each set—and sometimes offset—in a thick white mortar frame, the white background proclaiming as much visually as the reddish and pink hand-made brick itself. The effect is stunning, and the spaces intriguing. Directly opposite the entry, a low annex breaks out from the high nave to accommodate choir, organ, small altar and overflow. Beyond to right lies the baptistry, an intimate space, magnificently lit by a suspended lamp of golden metal. A frameless panel of glass over a small door in the corner provides daylight and contact with the outside. The main nave reveals spatial subtleties at every step: the right-hand wall slides into two slight bows, then into several sharply recessed window wells, while the pulpit grows as an inward extension from the wall itself. Against this play the open spaces opposite for choir and baptistry, while above, the angled convolutions of the ceiling unfold the length of the room. Behind a too-elaborate altar hangs a beautiful plaque in gilded copper of the Good Shepherd, by Robert Nilsson, with rich tapestries by Nilsson, woven by Barbro Nilsson, on either side. The artificial lights—on which much of the effect of the church depends—are brilliant (as over the font), and somewhat less admirable in detail in the nave. The open birch pews have unusual sheepskin-covered kneeling pads.

The Markus Church constitutes a refreshing, indeed eye-opening rebuttal to the unfortunate (but, alas, generally necessary) architectural conception that every square inch of a building must be minutely detailed and frozen before construction can begin. Although this church was obviously born on the drafting board, it came to mature life and guidance at the architect's own hands on the site, where every wall was moulded, every detail caressed under direct and creative supervision into this extraordinary whole. Would that this possibility obtained more often!

en penumbra, de ladrillo—muros de ladrillo todo alrededor, bóvedas de ladrillo encima. Pero no de ladrillo corriente apareado con delgadas juntas, sino un puntilleo de ladrillo habiendo sido cada uno colocado—y a veces desalineado—en un ancho marco de mortero blanco, y siendo el fondo blanco visualmente tan importante como el mismo ladrillo rojizo hecho a mano. El efecto es pasmoso, y los espacios piden ser investigados. Justo enfrente a la entrada, un anexo bajo sale de la nave para acomodar el coro, órgano, un pequeño altar, y asistencia en exceso. Después, a la derecha, está el batisterio, un espacio íntimo iluminado por un magnífica lámpara colgada de metal dorado. Un paño de vidrio sin marco, sobre una puertecita en la esquina, da luz y contacto con el exterior. La nave principal descubre sutilezas a cada paso; el muro a la derecha resbala en dos ligeras curvas, luego hace bruscamente varios profundos recesos de ventanas, mientras el púlpito surge como una extensión del mismo muro hacia dentro. Contra esto juegan los espacios abiertos enfrente para el coro y el batisterio, y entre tanto arriba, las convoluciones del techo interior se desarrolla lo largo del salón. Detrás de un altar demasiado complicado cuelga una bella placa en cobre dorado del Buen Pastor, por Robert Nilsson, con ricos tapices por Nilsson tejidos por Barbro Nilsson, a cada lado. Las luces artificiales—de las cuales depende en gran parte el éxito de la iglesia—son brillantes soluciones (como sobre la pila bautismal), y un poco menos admirables en sus detalles en la nave. Los bancos abiertos de abedul tienen reclinatorios inusitadamente forrados de piel de carnero.

La Iglesia de Markus constituye una refutación vigorizante, realmente reveladora, de la idea desafortunada (aunque por desgracia generalmente necesaria) de que cada centímetro cuadrado de un edificio ha de ser minuciosamente detallado y congelado antes que pueda comenzarse la construcción. Aunque esta iglesia evidentemente nació sobre la mesa de dibujo, su madurez y dirección las alcanzó a manos del arquitecto a pie de obra, donde cada pared fué moldeada, cada detalle acariciado en una supervisión directa y formativa hasta producir este conjunto extraordinario. ¡Ojalá esta oportunidad se presentase más a menudo!

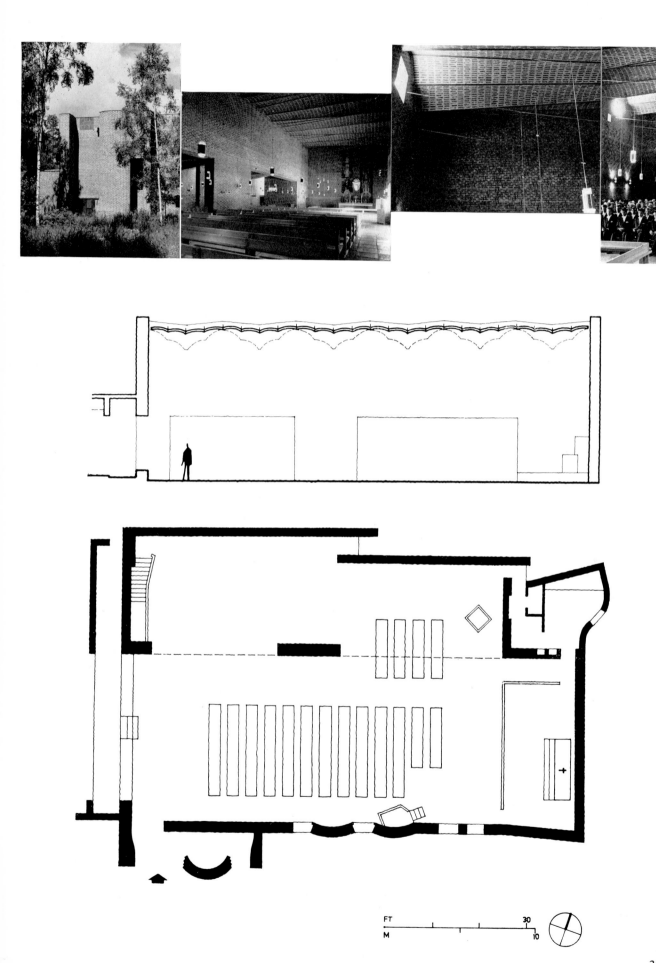

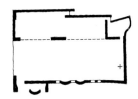

FARSTA CHURCH *Lingvägen at Fagersjövägen, Stockholm-Hökarängen—Bengt Lindroos and Hans Borgström architects.*
[Construction—reinforced concrete frame; brick walls; wood ceiling. Finish and colours—natural concrete, brick and wood throughout. 300 seats in main nave, 270 in adjoining church hall. Protestant.] Powerfully capping a small hill, and largely surrounded by a wall of low buildings that protects and lends preciousness to the church proper, this religious complex commands attention at its important street intersection. The architects wanted it to dominate the area visually—and without benefit of steeple or cross. This was achieved by putting the towering church on the highest ground and by establishing a low eave height for the belt of other units, the eave remaining constant from the one-storey building in front to the multi-levelled wing that steps down the sharp grade to right. These ancillary wings contain a variety of functions, among them caretaker's dwelling, church offices, parish registry (which, as mentioned in connection with several other Swedish churches, is a church-administered secular function), and a group of club and meeting rooms which culminate in an auditorium seating 280. One approaches the church itself via steps leading to the portico that opens onto the rolling court. The church—slightly angled, the better to face the visitor—towers at sharp left, presenting in the process almost totally unbroken brick walls. Immediately off the entry passage to right are placed cloak rooms with wedding chapel at far corner. The corridor to the church then regards an agreeable, enclosed courtyard, and proceeds to the nave. A high, unusual room greets one here, a room marked by solid side walls of brick. Each wall rises on a massive, elevated concrete beam running the length of the nave, while the chancel wall at end seemingly vanishes upward into a bright loft whose windows sweep this end of the church with light. Two smaller features become immediately apparent: the extraordinary, near life-sized wood statues of the Holy Family with the Wise Men on a ledge above the altar, and the spatial amorphousness about the chancel. The statues, carved by Ivar Lindecrantz, are drolly interesting; the lack of three-dimensional finality disconcerting. To the right the nave space leaks out into the church hall, set at slightly lower level (because of grade conditions) but completely open to the chancel. To left, above the pulpit, the open gallery for choir and organ proves somewhat distracting. Both openings impinge on and weaken the sanctuary. The lower right side of the nave is lined with first-rate *Betonglas* panels by Uno Lindberg, who also did a far less satisfactory circular window near the top of the rear wall. A natural wood screen on the left wraps around a small open court, with a tiny chapel in the back corner. Sensitively detailed in itself, the screen adds a finicky scale and another—and fragile—material to a powerfully stated room. The pews are of fir treated with a light plastic film. All other wood, including the ceiling, was left unpainted. In spite of the weakness of several key interior details, the nave concept and the church's powerful exterior statement are well worthy of attention.

IGLESIA DE FARSTA al crucede Lingvägen y Fagersjövägen, Estocolmo-Hökarängen—Bengt Lindroos y Hans Borgström arquitectos.
[*Construcción—armazón de hormigón armado; muros de ladrillo; techo interior de madera. Terminación y colores—hormigón, ladrillo y madera al natural en todas partes. 300 asientos en la nave principal, 270 en la sala adjunta. Protestante.*] *Dando poderoso remate a una pequeña loma, y mayormente rodeada por una muralla de edificios bajos que proteje y hace más preciosa la iglesia, este grupo religioso se destaca imperiosamente en un cruce de calles importantes. Los arquitectos quisieron hacerlo dominar visualmente el área—sin recurrir a un campanario o una cruz. Esto se consiguió poniendo la prominente iglesia sobre el punto más elevado del terreno y estableciendo a baja altura el alero del techo del cinturón de otras unidades, alero que permanece constante desde el edificio de un piso al frente hasta el ala de muchos pisos que baja escalonadamente la empinada cuesta a la derecha. Estas alas auxiliares contienen variedad de funciones, entre ellas habitaciones para el conserje, oficinas de la iglesia, registro parroquial (que, según queda dicho con respecto a varias otras iglesias suecas, es una función seglar administrada por la iglesia), y un grupo de salas de club y de reunión que culminan en una sala con capacidad para 280. Se llega a la iglesia por escalones que conducen al pórtico que se abre al ondulante atrio. La iglesia—ligeramente desviada para recibir de frente al visitante—se remonta bruscamente a la derecha, presentando en el proceso muros de ladrillo casi totalmente ininterrumpidos. Inmediatos al pasillo de entrada a la derecha están situados los guardarropas y la capilla para las bodas en la esquina más lejana. El corredor a la iglesia entonces contempla un agradable patio interior y sigue hasta la nave. Un salón alto, inusitado, lo espera aquí a uno, salón acusado por muros laterales ciegos, de ladrillo. Cada muro se levanta sobre una alta y gruesa viga de hormigón que corre a todo el largo de la nave, mientras el muro del estrado al final parece esfumarse ascendiendo en un reluciente desván cuya ventana inunda de luz este extremo de la iglesia. Dos rasgos secundarios se destacan inmediatamente; las extraordinarias esculturas de la Sagrada Familia con los Reyes Magos, casi de tamaño natural, en una repisa sobre el altar, y la falta de forma del espacio alrededor del estrado. Las estatuas, talladas por Ivar Lindecrantz, son festivas e interesantes; la falta de decisión tridimensional desconcierta. A la derecha, el espacio de la nave se escapa hacia la sala parroquial, dispuesta en un nivel más bajo debido a la configuración del terreno, pero completamente abierta hacia el estrado. A la izquierda, sobre el púlpito, la galería abierta para el coro y el órgano produce bastante confusión. Las dos aberturas estorban y debilitan el santuario. La parte baja del lado derecho de la nave tiene unos paneles de Betonglas de primera calidad por Uno Lindberg, quien hizo también una ventana circular mucho menos satisfactoria en lo más alto de la pared trasera. Una mampara de madera al natural a la izquierda rodea un pequeño patio, con una diminuta capilla en la esquina de atrás. Aunque detallada con sensibilidad, la mampara añade una escala nimia y un material frágil a un local manifestado con gran vigor. Toda otra madera, incluyendo el techo colgante, se dejó sin pintar. A pesar de la debilidad de algunos detalles clave al interior, el concepto de la nave y el poderoso manifiesto exterior de la iglesia bien merecen atención.*

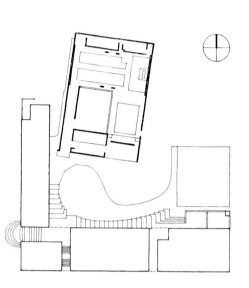

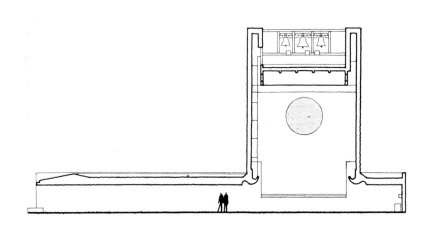

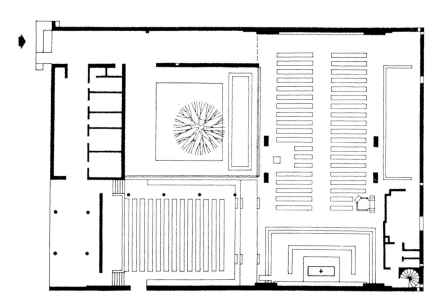

VÄSTERORT CHURCH *Vällingbyvägen at Ånger-mannagatan, Stockholm-Vällingby—Carl Nyrén architect.*
[Construction—reinforced concrete throughout. Finish and colours—concrete stuccoed and painted light brown outside; copper roof; natural concrete walls and ceiling within; terrazzo floor; light grey pews. 180 seats. Protestant.]
To create identity for a small church on a tight lot appended to an eleven-storey apartment building, posed a problem which the architect successfully solved by angling the sanctuary wall and part of the roof ridge, and by projecting the church from the tall building (which he also designed). Thus, no matter what approach one takes the church stands out from its towering neighbours by virtue of its broken profile and free-standing form. Denominationally Congregational and belonging to the Swedish Mission Covenant Church, the church welcomes all members of the Vällingby community. It stands diagonally across the shopping core from St Thomas (q.v.). The unprepossessing outer walls and roof envelop a brilliantly original and exciting interior. Its sharply canted ceiling and angled walls, the theatrical downpouring of daylight over the sanctuary, the natural concrete finish—all elements have been fused into a wonderful inner space, full of peace and quiet and religious atmosphere. Almost no right angles can be seen in this sculptured assemblage of flat planes (cf. Ronchamp's curved walls), and to arrive at his solution Nyrén had to work with large-scale models. He worked well. The main interior problem concerned the size, angle and placement of the key source of natural light. This was resolved by a single high oculus, which, though a mere skylight on the outside, admits a dramatic focus and shaft of light within. General nave illumination comes from an elevated louvred window on the right side (as one enters), with a similarly louvred, lower but longer, window opposite, giving onto the small garden entrance to the church. The result is excellent. An extremely fine 'Eye of the Needle' cross by Fritz Sjöström dominates the chancel. The chief symbolism behind this stresses that the way to the cross (i.e. salvation) is difficult—through the familiar eye of the needle—but beyond beckons the bright plane of what might be termed eternal life, bathed in light from above. Delicately projected from the wall, the cross provides a superb accent to the sanctuary. To the right stands the small organ, designed in consultation with the architect, and very much at home in its environment. A rather too-sturdy circular altar occupies the surprisingly large chancel with pulpit to left. The artificial lights were imaginatively fabricated from inexpensive standard fixtures doubled. The architect wanted to have natural oak pews, but for reasons of economy had to use a cheaper wood painted. The limited seating capacity of the nave can be expanded by opening folding doors to the church's community rooms which occupy the ground floor of the apartment building, along with office for the minister and youths' club room.

IGLESIA DE VÄSTERORT Vällingbyvägen y Ånger-mannagatan, Estocolmo Vällingby—Carl Nyrén, arquitecto.
[*Construcción—toda de hormigón armado. Terminación y colores—hormigón revocado y pintado de color castaño claro al exterior; techo cubierto de cobre; muros y techo interior de hormigón en bruto; piso de terrazzo; bancos gris claro. 180 asientos. Protestante.*] *Dotar de identidad una pequeña iglesia en solar restringido, y adosada a un edificio de apartamentos de once pisos, proponía un problema que el arquitecto resolvió con éxito inclinando el muro del santuario y parte del caballete del techo, y sacando la iglesia de la masa del edificio alto (también diseñado por él). Así, de cualquier parte por donde se llegue, la iglesia se destaca de sus desmesurados vecinos en virtud de su perfil irregular y su forma independiente. De la rama Congregacional y perteneciendo a la Iglesia del Convenio de Misiones de Suecia, la iglesia acoge a todo miembro de la comunidad de Vällingby. Se encuentra en la esquina diagonalmente opuesta a la de Santo Tomás (que ya vimos) en el centro comercial. La poco atractiva envoltura externa de muros y techos encierra un interior estimulante y original. Su techo de gran inclinación, el torrente teatral de luz natural sobre el santuario, el hormigón en su aspecto en bruto—todos los elementos han sido fundidos en un espacio interior maravilloso, lleno, de paz y tranquilidad y atmósfera religiosa. Apenas se advierte ángulo recto alguno en este conjunto escultural de áreas planas (compárese a los muros curvos de Ronchamp), y para llegar a su solución Nyrén tuvo que valerse de maquetas a gran escala. Lo hizo bien. Al interior su problema principal consistía en la situación, tamaño, e inclinación de las principales fuentes de luz natural. Esto fué resuelto con un lucernario alto que, si bien luce una simple claraboya al exterior, introduce un haz de luz y un foco dramático adentro. La iluminación general de la nave viene de una ventana elevada con quiebrasoles del lado derecho (según uno entra), y de otra ventana más baja y más ancha, protejida similarmente, que abre del lado opuesto al pequeño jardín-entrada de la iglesia. El resultado es excelente. Una primorosa cruz 'Ojo de la Aguja' por Fritz Sjöström domina al estrado. Su principal simbolismo hace incapié en que el camino de salvación (es decir, la cruz) es difícil—a través del famoso ojo de la aguja—pero más allá nos llama la superficie brillante que pudieramos denominar vida eterna, bañada en luz que viene de arriba. Proyectándose con delicadeza del muro, la cruz aporta un acento soberbio al santuario. A la derecha se encuentra el órgano, diseñado en consulta con el arquitecto, y que se encuentra muy de acuerdo con su ambiente. Un altar algo más robusto de la cuenta ocupa el inesperadamente ancho santuario, con el púlpito a la izquierda. Las luces artificiales fueron ingeniosamente confeccionadas apareando lámparas de existencia en el mercado a bajo costo. El arquitecto deseaba bancos de roble al natural, pero por razones de economía tuvo que usar otra madera más barata y pintarla. La capacidad limitada de la nave puede aumentarse abriendo las puertas plegables a las salas de reunión de la iglesia que ocupan la planta baja del edificio de apartamentos, junto con la oficina del ministro y el local de un club juvenil.*

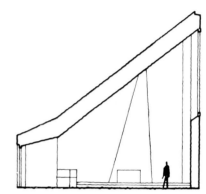

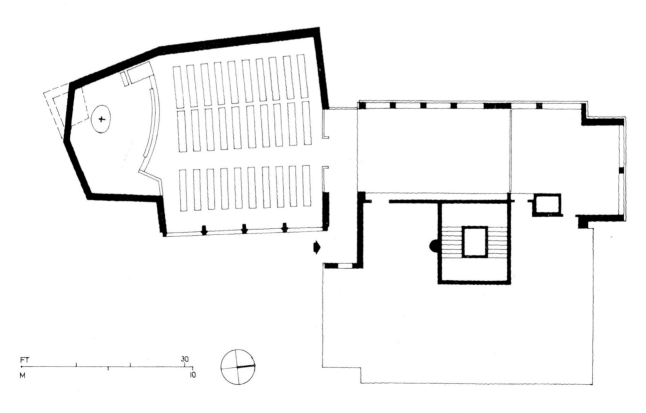

FT   30
M   10

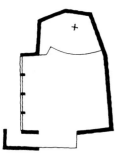

Sweden *Suecia*

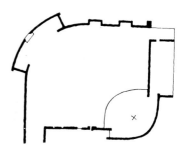

BRUDERKLAUSEN CHURCH *Hardstrasse, Birsfelden (Basel)—Hermann Baur architect.*
[Construction—reinforced concrete throughout. Finish and colours—natural concrete outside; white textured plaster within; natural wood ceiling; dark Flintkote floor. 580 seats, plus 30 in choir. Roman Catholic.] With a fine backdrop of a wooded hill, and the bold accent of a determined concrete campanile, the approach to this church in an eastern suburb of Basel commands attention. A raised, spacious platform leading to the front door greets one, and provides a spontaneous and undisturbed-by-traffic spot to pause and chat with the priest or friends, either entering or leaving the church. Dedicated to Bruder Klaus, or Nicholas of Flüe as he is also known—he was a fifteenth century Swiss hermit and holy man—this is but one of several churches with this name. (Baur himself has done two others in the last decade, at Bern and Bienne.) As a counterfoil to the rise of the hill behind it, the church steps up in a series of levels which culminates in the apse. This round corner of the building forms a semi-tower that rises above the main, well-sloped roof, and projects laterally beyond the side wall. The resulting spaces between side walls and roofs are filled with glass. Thus the sun can sweep through these windows and over the inner apse and chancel. With the dual accents of height and light, the chancel receives a powerful focus, accentuated by the semi-silhouetted, free-standing altar and the crucifix. Both of these were done by Albert Schilling: the former, of Tessin granite, being somewhat unsatisfactory because of its kneehole desk appearance, the crucifix superior. Fanned in front of the chancel with excellent intimacy are the pews—'a gathering room for the faithful' as the architect describes it. The curved forms of apse and pews find echo in the bent ceiling (which also cants upward from entrance to chancel), and in the corner diagonally opposite the apse which houses the baptistry. The interior thus exhibits considerable three-dimensional liveliness, intensified as one curves across the back from the diagonal entry. A series of irregular, glazed openings—unfortunately à la Ronchamp—pierce the right wall. The left contains the organ on a projecting ledge (not installed when the photographs were taken), with choir beneath, close to the chancel, so that it can be an active leader in the singing. The suspended lamps are excellent but they do tend to people the nave a bit thickly. A library adjoins the main entrance, with the crypt, community rooms, office and services on lower level.

IGLESIA BRUDERKLAUSEN Hardstrasse, Birsfelden (Basilea)—Hermann Baur, arquitecto.
[*Construcción—toda de hormigón armado. Terminación y colores—hormigón en bruto al exterior; enlucido áspero blanco adentro; techo interior de madera en blanco; piso de composición oscuro. 580 asientos, más 30 en el coro. Católica.] Con una loma arbolada haciéndole un buen fondo, y con un campanario decidido de hormigón acentuándolo valerosamente, el acceso a esta iglesia en un suburbio al este de Basilea demanda atención. Una plataforma elevada, espaciosa, conduce hospitalariamente a la puerta de entrada, y proporciona un lugar espontáneo lejos del mundanal ruido para hacer una pausa y conversar con el sacerdote o con amigos, sea al entrar o al salir de la iglesia. Dedicada a Bruder Klaus, o Nicolás de Flüe como también se le conoce—fué un hombre santo y hermitaño suizo en el siglo quince—ésta es solo una de varias iglesias del mismo nombre. Sin ir más lejos, Baur ha hecho otras dos durante los últimos diez años, en Bern y en Bienne. En contrapunto a la subida de la loma detrás, la iglesia se eleva en una serie escalonada de niveles que culmina en el ábside. Esta esquina redondeada del edificio forma una semitorre que llega más alto sobre el techo inclinado principal, y se extiende lateralmente más afuera de los muros laterales. Las aberturas resultantes entre muros y techos están cerradas con vidrio. El sol puede barrer a través de estas ventanas por completo el ábside y el estrado. Con el doble acento de luz y altura, el estrado recibe un poderoso enfoque concentrado en el altar y la cruz independientes, casi en siluetas. Estos dos fueron hechos por Albert Schilling, el primero de granito de Tessin, siendo un tanto desafortunado por su aspecto de escritorio con agujeros para las rodillas. El crucifijo es superior. Como abanico frente al estrado están los bancos con excelente intimidad—'un lugar de reunión para los fieles'—según to describe el arquitecto. Las formas curvas del ábside y los bancos hallan eco en el techo inclinado (que también sube de la entrada al estrado), y en la esquina diagonalmente opuesta al ábside, que aloja el batisterio. El interior por lo tanto exhibe considerable animación tridimensional, intensificada según se sigue la curva de atrás desde la entrada en esquina. Una serie de aberturas vidriadas irregulares—desafortunadamente a lo Ronchamp—agujerean el muro derecho. El izquierdo contiene el órgano sobre una repisa voladiza (ausente cuando se tomaron las fotografías), con el coro debajo, próximo al estrado para que pueda ser guía activo en el canto. Las lámparas colgantes son excelentes, pero tienden a llenar la nave con algo de aglomeración. Hay una biblioteca junto a la entrada, y una cripta en nivel inferior con salas de reunión, oficina y servicios.*

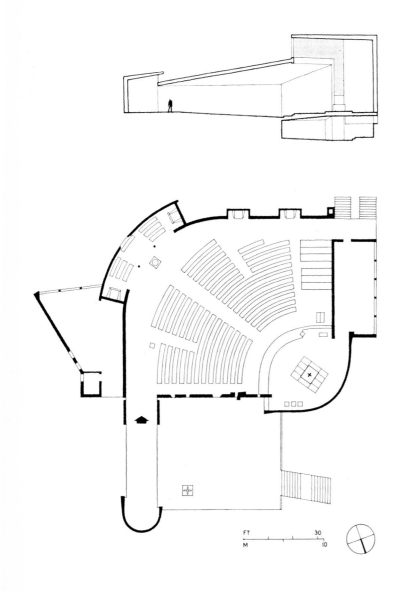

FT 30
M 10

REFORMED CHURCH *off Stockackerstrasse, Reinach (Basel)—Ernst Gisel architect.*
[Construction—reinforced concrete walls, ceiling, and inner framing; brick inner partitions. Finish—natural concrete outside and in; red brick inner walls and floor. 407 seats in nave, 115 in balcony. Protestant.] Hard as a fortress on the exterior, this church stands militantly dominating the green fields of a village just south of Basel. No felicity is asked or given, yet in a strange way this obdurate spiritual pillbox of raw concrete states religion, a religion that must be fought for. On entering, the interior provides a lofty but intimate room marked by a developed progression of spaces. A large balcony, which contains choir, organ and overflow seats, wraps in an L-shape around two sides of the nave, adding to the three-dimensional flow. The most unusual and successful feature of the 'church room' can be seen in the clever bath of natural light which—from invisible sources—floods over the chancel. A certain amount of structural gymnastics was necessary to achieve this (i.e. the brick inner wall is a mere screen), but the effect provides both a dynamic and a glareless emphasis on the altar. The additional corner windows nearby are both unnecessary and coy. The high band of windows that wraps in clerestory fashion about the other three sides of the church furnishes a good overall illumination though the light tends to annoy the corner of the eye. Note the elaborate play given the copper artificial lights affixed to the ceiling. The acoustics, with so many hard walls, are on the resonant side.

IGLESIA REFORMADA cerca de Stockackerstrasse, Reinach (Basilea)—Ernst Gisel, arquitecto.
[*Construcción—muros, techo y soportes internos de hormigón armado; tabiques de ladrillo. Terminación y colores—hormigón en bruto afuera y adentro; paredes internas y piso de ladrillo rojo. 407 asientos en la nave, 115 en el balcón. Protestante.*] *Dura como una fortaleza por fuera, esta iglesia domina militarmente los verdes prados de una aldea directamente al sur de Basilea. Inscrutable y austero, este obstinado fortín espiritual de hormigón visto, de alguna extraña manera sin embargo manifiesta religión, una religión por la que hay que luchar. Al entrar, el interior presenta un salón alto pero íntimo, que se distingue por un desarrollo progresivo de espacios. Un amplio balcón, que contiene el coro, el órgano y asientos adicionales, se adapta en forma de L a dos lados de la nave, aumentando la fluidez tridimensional. El aspecto menos usual y más feliz de este 'local de iglesia' puede advertirse en el ingenioso baño de luz natural que—desde fuentes invisibles—inunda el estrado. Un tanto de acrobacia estructural fué necesario para conseguir esto (es decir, la pared interior de ladrillo es una simple pantalla), pero el resultado aporta un énfasis a la vez dinámico y descansado sobre el altar. Las ventanas adicionales en la esquina son innecesarias y tímidas hasta la afectación. La banda alta de ventanas que rodea en forma de clerestorio los otros tres lados de la nave proporciona una buena iluminación general, aunque la luz tiende a molestar un poco la vista a los lados. Nótese el complicado juego de las lámparas empotradas en el techo. La acústica, con tantas superficies duras, es algo reverberante.*

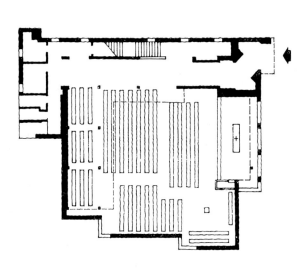

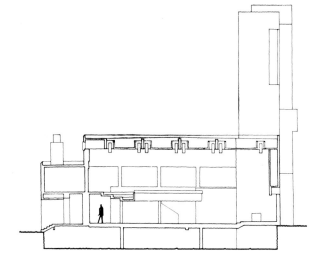

REFORMED CHURCH *Auf dem Rebbuck, Effretikon (9 miles ENE of Zürich)—Ernst Gisel architect.*
[Construction—reinforced concrete lower walls and bell-tower; wood framed roof. Finish and colours—natural concrete outside walls; copper upper panels and trim; red brick inner walls; white-stained pine ceiling; red brick floor. 450 seats in main nave, 150 in adjacent aisle and meeting room. Protestant.] Magnificently dominating its hill—and the rural countryside—this church and tower stretch with figuratively upraised arms into space, beckoning one to encircle the site and mount its dramatic slope. Three-dimensionality finds expression everywhere. The campanile —with slightly contrived 'ski-jump' top—can be seen from any angle, while the stepped mass of the church reveals itself only by degrees as one climbs the sloping path to the summit. This tower, obviously, numbers among the most powerful yet seen—walk-around sculpture in its own right. Even its upper stair-angle forms a partnership with the top. The angles and breaks in the church itself stem largely from the laterally stepped-out plan and the vertically stepped-up ridge. By these breaks, three long monitors or clerestories could be inserted in the roof, throwing a blaze of light onto the nave and chancel, light which produces absolutely no glare as it comes from over the shoulders of the congregation. The entrance, with great sophistication, takes one not directly in via an axial door—although this would be readily possible—but by an open narthex, where one must turn to right to enter, then go under a low side aisle, before turning left and bursting into the lofty, brilliantly illumined nave. A U must thus be described by the entrant. The various planes of the ceiling dominate the interior, the broad set-backs to left finding slightly distracting echoes in the chancel wall. Almost equally dominant—too much so actually—is the triple-boxed, resplendent organ whose angles carefully do not repeat those of the ceiling. The visual insistence here unfortunately outpulls the sanctuary. The chancel fittings are all unusual: the altar resembles a massive wooden table, sturdily upheld, with an extremely fine Crown of Thorns by Otto Staiger fastened on the wall above and behind; the pulpit projects as a brick extension from the wall; the excellent baptismal font, by Cesare Ferronato, rests on a brick podium rising from a brick floor. Except for the too-large and temporary-looking lamps—and the overly prominent organ casing—all fittings are superior. The choir occupies the longitudinal seats to left, adjacent to the organ. The side aisle to right and the large meeting room behind it can be added to the main nave by means of sliding doors. A smaller community room projects from the right rear, with youth room, services and air-raid shelter on a lower level. Provocative, powerful, and personal, and—more importantly—a good setting for worship, this virile, sometimes arbitrary church belongs to the new generation of religious buildings in Europe. It epitomizes, among other things, three-dimensional thinking.

IGLESIA REFORMADA Auf dem Rebbuck, Effretikon (15 km al estenoroeste de Zürich)—Ernst Gisel, arquitecto.
[*Construcción—muros inferiores y campanario de hormigón armado; techo de madera. Terminación y colores—muros al exterior de hormigón en bruto; techo y paredes de arriba forrados de cobre; muros al interior de ladrillo rojo; techo interior de pino teñido de blanco; piso de ladrillo rojo. 450 asientos en la nave, 150 en el pasillo lateral y la sala de juntas. Protestante.] Dominando magníficamente su colina—y el área rural circundante—esta iglesia y su torre extienden figurativamente sus brazos al cielo, invitándonos a recorrer su solar y subir su dramática pendiente. Abunda el carácter tridimensional por doquier. El campanario—con remate que en forma algo rebuscada recuerda un salto de ski—es visible de todas direcciones, mientras la forma escalonada de la iglesia se descubre sólo por etapas según se asciende la vereda en pendiente hasta la cima. Esta torre, obviamente, se cuenta entre las más poderosas nunca vistas—en sí misma escultura panóptica—. Hasta el ángulo de su escalera más alta se asocia al remate. Las esquinas y discontinuación en la iglesia misma se derivan mayormente del escalonamiento de la planta hacia fuera y el escalonamiento del caballete del techo hacia arriba. Gracias a estas interrupciones, tres largas claraboyas o clerestorios pudieron ser intercalados en el techo, iluminando brillantemente la nave y el estrado con luz que no molesta en lo absoluto dado que llega por sobre el hombro de los asistentes. La entrada, con gran artificiosidad, no le introduce a uno directamente por una puerta al centro—aunque esto hubiera sido fácilmente posible—sino por un narthex abierto, donde uno tiene que dar vuelta a la derecha para entrar, seguir luego por un pasillo lateral de poca altura, antes de dar vuelta a la izquierda e irrumpir en la alta nave brillantemente iluminada. El visitante por tanto ha de describir una U. Los varios planos del techo dominan el interior, donde los amplios recesos de la izquierda hallan ecos un poco perturbadores en el muro del estrado. Casi igualmente dominante—y en realidad demasiado—es el resplandeciente órgano en triple caja cuyos ángulos evitan cuidadosamente repetir los del techo. La insistencia visual en este punto desafortunadamente tira más que el estrado. El mobiliario del estrado es todo poco común: el altar parece una corpulenta mesa de madera sostenida sólidamente, con una Corona de Espinas espléndida, por Otto Staiger, sujeta al muro detrás y más alto; el púlpito se adelanta como una extensión del muro en ladrillo; la excelente pila bautismal, por Cesare Ferronato, descansa sobre una base de ladrillo que surge del piso de ladrillo. Excepción hecha de las lámparas demasiado grandes y con aspecto provisional—y la caja demasiado prominente del órgano—todo el mobiliario es superior. El coro ocupa los asientos longitudinales a la izquierda, junto al órgano. El pasillo lateral a la derecha, y la gran sala de reuniones detrás de él, pueden añadirse a la nave por medio de puertas plegables. Otra sala más pequeña se sale atrás a la derecha, y en un nivel inferior hay un salón juvenil, servicios y un refugio contra ataque aéreo. Estimulante, poderosa y personal, y—lo que es más importante—haciendo un buen marco al culto, esta iglesia viril y a veces arbitraria pertenece a la nueva generación de edificios religiosos en Europa. Entre otras cosas, representa el pensamiento tridimensional.*

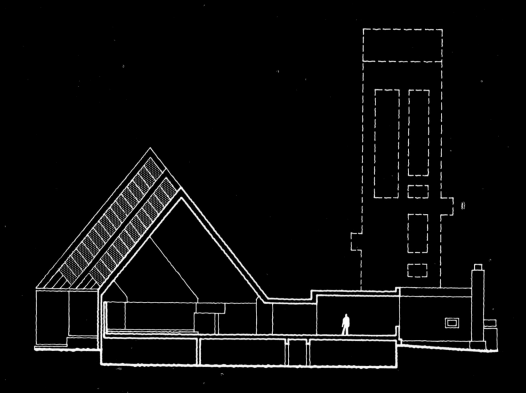

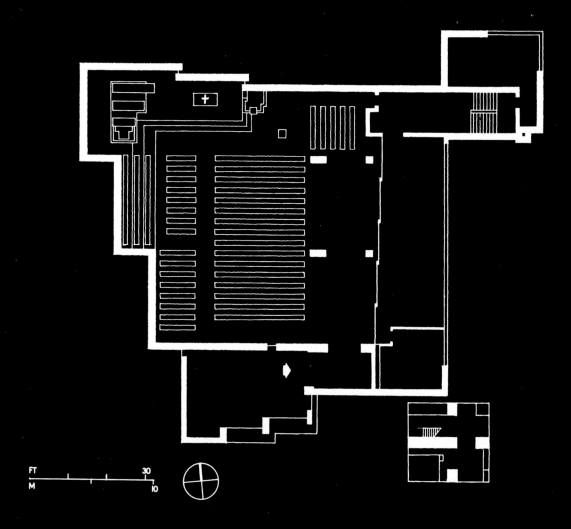

FT |—————————| 30
M |—|—|—| 10

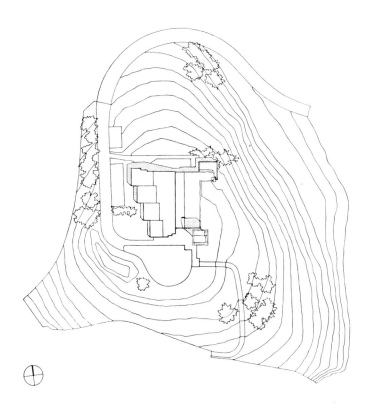

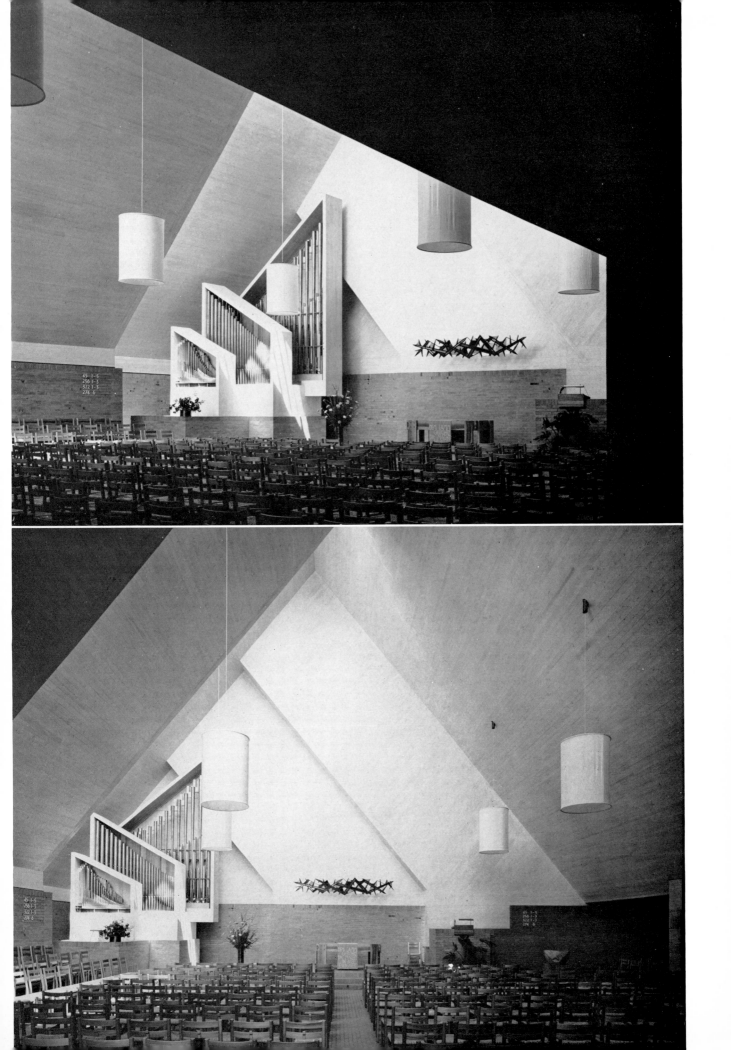

CREMATORIUM CHAPEL *Liebenfels Cemetery, Baden (15 miles NW of Zürich)—Edi and Ruth Lanners with Res Wahlen architects.*
[Construction—lower walls of local sandstone; wood framed upper walls and roof. Finish and colours—outside: rough-cut stone with copper upper wall and roof; inside—smooth, blue sandstone; natural wood upper walls and ceiling; reddish sandstone floor; dark-blue linen side curtains. 200 seats, with room for 180 standees when side doors are open. Non-denominational.] Rising on a hill southeast of the town on the road to Zürich, this new chapel sensitively fits into the lovely site established by an old cemetery, and creates a dignified though stagy entry to the burial ground. Classification of circulation was of paramount importance—and difficult because of the hillside location. This involved unobtrusive service to the crematorium, storage of landscaping equipment, general parking for visitors, and a walkway for pedestrians. To solve this the architects erected a 100-ft-long wall, approximately 6 ft high, which immediately separates all vehicular service from pedestrians going to the cemetery or chapel. Ample parking was created just beyond the beginning of this wall, with service road to crematorium parallel to and behind it. The pedestrian walks down a well-landscaped, paved path, dramatized at its inception by a towering, but elegantly thin, flat arch of concrete, past the wall on the right to the open court which separates chapel from crematorium. The long approach wall, of unrendered concrete, is imaginatively enriched by a series of excellent reliefs poured *in situ*, and on the left by low blocks of cleverly designed lamps. From the formal court at the end of the walk, one proceeds either to the cemetery beyond, or to the chapel rising sharply to left. The door to right leads to the low crematorium—a previously existing building refurbished by the architects of the chapel. Though formalistic, and though the entries to the chapel are almost hidden in the corners, the courtyard provides a dignified introduction and setting. The architects write of the intent sought in this parvis and its architecture: 'To effect an atmosphere of serenity and quiet earnestness rather than of mourning, simple yet strong materials were chosen in natural colours. The courtyard is paved with grey stone in a pattern radiating from the fountain, a copper bowl with a single jet. The perimeter stone wall is of grey-green coursed sandstone with a roughly-tooled face. The sloping roof of the chapel is copper with standing seams.' The 'valedictory hall' rises impressively from the court, its copper roof angling sharply to a low point at back as it rests lightly atop two uniform, side fingers of stone. The line of the roof sympathetically picks up the slope of the hill. Two open, wide passages flank the nave, and these can, if necessary, be added to it by opening folding doors. The tops of the triangular side walls (above the folding doors) are of clear glass which furnishes adequate illumination, along with a bit of glare. Total architectural simplicity marks the interior, an austereness broken by a highly ambitious collection of greenery. The low podium contains catafalque at left (with elevator, 'coffin-car', and underground connections with crematorium), a slightly too-heavy cross in centre, with a simple pulpit to right. Recessed lights in the ceiling furnish excellent artificial illumination when needed. The organ stands at the back of the chapel, with a relatives' room behind and sacristy to one side. Electric furnaces are used for cremation.

CAPILLA DEL CREMATORIO Cementerio de Liebenfels, Baden (24 km al noroeste de Zürich)—Edi y Ruth Lanners con Res Wahlen, arquitectos.
[*Construcción—muros inferiores de piedra arenisca local; paredes superiores y techo armados en madera. Terminación y colores—afuera: piedra rústica abajo, madera cubierta de cobre arriba; adentro: piedra arenisca azul, labrada; paredes superiores y techo interior de madera al natural; piso de piedra arenisca rojiza; cortinas a los lados de hilo azul oscuro. 200 asientos, y lugar para 180 de pie cuando se abren las puertas laterales. Sin denominación.*] *Levantándose sobre una colina al sureste de la ciudad en el camino a Zürich, esta capilla nueva se adapta con sensibilidad al agradable lugar ocupado por un antiguo cementerio, y proporciona una entrada digna e impresionante al campo de enterramiento. Clasificar los accesos era de capital importancia—y era difícil por la situación en loma—. Incluían entrada desapercibida de servicio al crematorio, guardaalmacén de útiles de jardinería, estacionamiento general para autos de visitantes, y un camino para peatones. Para resolver esto, los arquitectos levantaron un muro de 100 pies (30 m) de largo y aproximadamente 6 pies (1.82 m) de alto, que separa inmediatamente los peatones que van a la capilla o al cementerio, de todo el tránsito de vehículos de servicio. Estacionamiento amplio fué provisto antes del principio de este muro, y paralelo a él por detrás, un camino de servicio al crematorio. A pie se adelanta por una senda pavimentada, dramatizada a su inicio por una prominente pero fina y esbelta portada, a lo largo del muro a la derecha y entre buena jardinería, hasta el patio abierto que separa la capilla del crematorio. El largo muro del acceso, de hormigón en bruto, está enriquecido con una serie de excelentes relieves vertidos* in situ, *y a la izquierda por bloques bajos de luces ingeniosamente dispuestas. Desde el ceremonioso patio al final de la senda se puede seguir en línea recta al cementerio, o tornando a la izquierda entrar en la capilla. La puerta a la derecha lleva al crematorio, un edificio bajo heredado y arreglado por los arquitectos de la capilla. Aunque formalista, y aunque las entradas a la capilla están casi escondidas en las esquinas, el patio da la nota digna y correcta al entrar. Los arquitectos escriben de su intento en este atrio y su arquitectura: 'Para conseguir una atmósfera de serenidad y seriedad más bien que de lamentaciones, se escogieron materiales fuertes y sencillos en sus colores naturales. El patio está pavimentado con piedra gris en dibujo que irradia de la fuente, una taza de cobre con un solo surtidor. La pared circundante es de piedra arenisca gris-verdosa en hileras regulares con superficie toscamente labrada. El techo inclinado de la capilla es de cobre con juntas levantadas'. El 'salón de despedidas' surge del patio, su techo de cobre bajando en rápida inclinación hasta un punto bajo al fondo, mientras se apoya ligeramente sobre dos dedos uniformes de piedra a los lados. La silueta del techo repite con simpatía la pendiente de la loma. Dos pasillos anchos, abiertos, flanquean la nave, y puedan añadírsele cuando sea necesario abriendo puertas plegables. La parte alta de las paredes laterales (sobre las puertas plegables) es de vidrio transparente lo cual da iluminación adecuada, y también algo de resplandor. Sencillez sin concesiones caracteriza el interior, austeridad que es aliviada por una muy variada colección de follaje. El bajo podium contiene el catafalco a la izquierda (con elevador, carro para el féretro, y conección subterránea con el crematorio), una cruz algo demasiado pesada al centro, y un sencillo púlpito a la derecha. Luces empotradas en el techo dan excelente luz artificial cuando se necesita. El órgano está al fondo de la capilla, con salita para los familiares detrás y sacristía a un lado. Para la incineración se usan hornos eléctricos.*

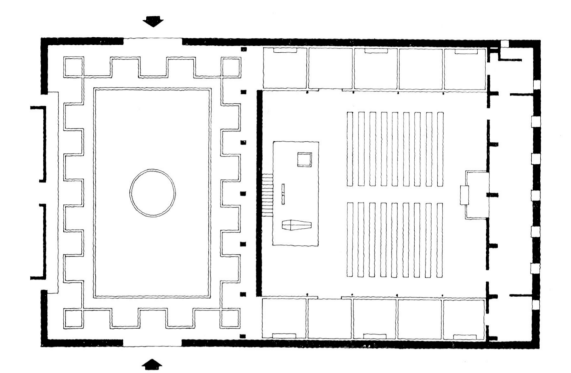

Index of Architects and Churches shown (with dates)

Note: Dates given are those for the year of completion of the church. All churches are located in the country of the architect unless otherwise noted.

Indice de Arquitectos y de Iglesias ilustradas (y sus fechas)

Nota: Las fechas anotadas son del año en que fué terminada la iglesia. Todas las iglesias están situadas en el país del arquitecto, a menos que se indique otra cosa.

Bibliography

Note: Hundreds of books in a variety of languages are published each year on various aspects of religion. The intentionally brief list below concerns itself only with those volumes of recent years which are directly related to the subject of this work: contemporary architecture and its background.

Those considered most useful for historic perspective are: *A History of Religious Architecture* by Ernest Short (W. W. Norton, New York); *The Church Architecture of Protestantism* by A. L. Drummond (T. & T. Clark, Edinburgh, 1934); and *The Architectural Setting of Anglican Worship* by Addleshaw and Etchells (Faber and Faber, London 1948).

The following—with varying merit—concern themselves with European and American church development of the last decade. They are listed in reverse chronological order: *Towards a Church Architecture* edited by Peter Hammond (Architectural Press, London, 1962); *Stahl im Kirchenbau* by Odenhausen and Gladischefski (Verlag Stahleisen, Düsseldorf, 1962); *Modern Church Architecture* by Christ-Janer and Foley (McGraw-Hill, New York, London, 1962); *Kirchenbau* by Gieselmann and Aebli (Girsberger, Zürich, 1960); *Modern Church Architecture* by Joseph Pichard (Orion Press, New York, 1960), originally published in French as *Les Eglises nouvelles à travers le monde* (Editions des Deux-Mondes, Paris, 1960); *Kirchen, Handbuch für den Kirchenbau* by Willy Weyres and Otto Bartning (Verlag G. D. W. Callwey, München, 1959); *Kirchen Unserer Zeit* by Richard Biedrzynski (Hirmer Verlag, München, 1958); *Religious Buildings for Today* edited by John Knox Shear (F. W. Dodge, New York, 1957); *The Changing Church* by Katharine M. McClinton (Morehouse-Gorham, New York, 1957); *The Modern Church* by Edward D. Mills (Architectural Press, London, 1956); *Churches & Temples* by Thiry, Bennett and Kamphoefner (Reinhold Publishing Corp., New York, 1953); and *Betonkirchen* by Ferdinand Pfammatter (Benziger Verlag, Einsiedeln-Zürich, 1948).

For contemporary religious architecture in various countries and by various architects the following (listed alphabetically by country) can be useful: England: *Phoenix at Coventry* by Basil Spence (Geoffrey Bles, London, 1962). France: *The Chapel at Ronchamp* by Le Corbusier (F. A. Praeger, New York, 1957); *Le Livre de Ronchamp* (Les Cahiers Forces Vives, Paris); *Ronchamp* by Anton Henze (Paulus Verlag, Recklinghausen, Germany); *Ronchamp-Vence* (Les Editions du Cerf, Paris, 1955); *Eglises de France Reconstruites* (Musée d'Art Moderne, Paris, 1956). Germany: *Vom Raum der Kirche* by Otto Bartning (Gebr. Rasch & Co., Bramsche bei Osnabrück, 1958); *Der Baumeister Otto Bartning* by Hans K. F. Mayer (Verlag Lambert Schneider,

Bibliografía

Nota: *Cientos de libros en muchos idiomas se publican cada año sobre diversos aspectos de religión. La lista intencionalmente breve que sigue, se refiere exclusivamente a aquellos volúmenes de publicación reciente directamente relacionados con el tema de este trabajo; arquitectura contemporánea y su panorama.*

Considerados los más útiles para una perspectiva histórica son: A History of Religious Architecture *por Ernest Short (W. W. Norton, New York);* The Church Architecture of Protestantism *por A. L. Drummond (T. & T. Clark, Edimburgo, 1934); y* The Architectural Setting of Anglican Worship *por Addleshaw y Etchells (Faber and Faber, Londres, 1948).*

Los que siguen—con mérito variable—se refieren al desarrollo de iglesias europeas y americanas durante la última década. Están mencionadas en orden cronológico inverso: Towards a Church Architecture *editado por Peter Hammond (Architectural Press, Londres, 1962);* Stahl im Kirchenbau *por Odenhausen y Gladischefski (Verlag Stahleisen, Düsseldorf, 1962);* Modern Church Architecture *por Christ-Janer y Foley (McGraw Hill, Nueva York, Londres, 1962);* Kirchenbau *por Gieselmann y Aebli (Girsberger, Zürich, 1960);* Modern Church Architecture *by Joseph Pichard (Orion Press, New York, 1960), publicado originalmente en francés como* Les Eglises nouvelles à travers le monde *(Editions des Deux-Mondes, Paris, 1960);* Kirchen, Handbuch für den Kirchenbau *por Willy Weyres y Otto Bartning (Verlag G. D. W. Callwey, Munich, 1959);* Kirchen Unserer Zeit *por Richard Biedrzynski (Hirmer Verlag, Munich, 1958);* Religious Buildings for Today, *editado por John Knox Shear (F. W. Dodge, Nueva York, 1957);* The Changing Church *por Katharine M. McClinton (Morehouse-Gorham, New York, 1957);* The Modern Church *por Edward D. Mills (Architectural Press, Londres, 1956);* Churches and Temples *por Thiry, Bennett y Kamphoefner (Reinhold Publishing Corp., Nueva York, 1953); y* Betonkirchen *por Ferdinand Pfammatter (Benziger Verlag, Einsielden/Zürich, 1948).*

Como arquitectura contemporánea religiosa en varios países y por varios arquitectos, los siguientes (mencionados alfabéticamente por país) pueden ser útiles: Inglaterra: Phoenix at Coventry *por Basil Spence (Geoffrey Bles, Londres, 1962); Francia:* The Chapel at Ronchamp *por Le Corbusier (F. A. Praeger, Nueva York, 1957);* Le Livre de Ronchamp *(Les Cahiers Forces Vives, Paris);* Ronchamp *por Anton Henze Paulus Verlag, Recklinghausen, Alemania);* Ronchamp-Vence *(Les Editions du Cerf, Paris, 1955);* Eglises de France Reconstruites *(Musée d'Art Moderne, Paris, 1956); Alemania:* Von Raum der Kirche *por Otto Bartning (Gebr. Rasch & Co., Bramsche bei Osnabrück, 1958);* Der Baumeister Otto Bartning *por Hans K. F. Mayer (Verlag Lambert Schneider, Heidelberg,*

Heidelberg, 1951); *Dominikus Böhm* (Verlag Schnell & Steiner, München, 1962); *Neue Evangelische Kirchen im Rheinland* (Werner-Verlag, Düsseldorf, 1963); *Kirchenbau* by Rudolf Schwarz (F. H. Kerle Verlag, Heidelberg, 1960); *The Church Incarnate* by Rudolf Schwarz (Henry Regnery Company, Chicago, 1958), translated from the original *Vom Bau der Kirche* (Verlag Lambert Schneider, Heidelberg, 1938); *Kleinkirchen* by F. G. Winter (Scherpe Verlag, Krefeld); *Kirchenbau der Gegenwart in Deutschland* (Akademie der Bildenend Künste, München, 1960); *Neue Kirchen im Bistum Aachen* by Felix Kreusch (B. Kühlen Verlag, Mönchengladbach, 1961); *Neue Kirchen im Erzbistum Köln* 1945–56 by Willy Weyres (Im Verlag L. Schwann, Düsseldorf, 1957); *Neue Kirchen im Erzbistum Köln* 1950–60 (J. P. Bachem, Köln); *Evangelische Kirchen in Westfalen* 1952–62 (Luther-Verlag, Witten Ruhr, 1963). Italy *Dieci Anni di Architettura Sacra in Italia* (Centro di Studio per l'Architettura Sacra, Bologna, 1956). Scandinavia: *Nya kyrkor i Skandinavien* by Ulf Hård af Segerstad (Nordisk Rotogravyr, Stockholm), 1962. Switzerland: *Kirchenbautem von Hermann Baur und Fritz Metzger* (NZN Buchverlag, Zürich, 1956); *Moderne Kirchliche Kunst in der Schweiz* by Robert Hess (NZN -Verlag, Zürich, 1951).

Books dealing with religious art and furnishing, and useful in parts though none are altogether satisfactory, include (in alphabetical order): *Christianity in Modern Art* by Frank and Dorothy Getlein (Bruce Publishing Co., Milwaukee, 1961); *Contemporary Church Art* by Anton Henze and Theodor Filthaut (Sheed & Ward, New York, 1956), translated from the original *Kirchliche Kunst der Gegenwart* (Paulus Verlag, Recklinghausen, Germany, 1954); *L'Art Sacré Moderne* by Joseph Pichard (B. Arthaud, Paris, 1953); *Modern Sacred Art and the Church of Assy* by William S. Rubin (Columbia University Press, New York, 1961); *Moderne kirchliche Kunst* (NZN Buchverlag, Zürich, 1962); *Mort et résurrection de l'Art sacré* by Yves Sjöberg (Bernard Grasset, Paris, 1957); *Neue Kirchliche Kunst* by Anton Henze (Paulus Verlag, Recklinghausen, 1958); *100 Jahre Rheinishche Glasmalerei* (Verlag Gesellshaft für Buchdruckerei, Neuss, 1959); *The Lost Art* by Robert Sowers (George Wittenborn, New York-Lund Humphries, London).

Among the finer books on liturgy and architecture are: *Liturgie et Architecture* by André Biéler (Editions Labor et Fides, Genève, 1961); *Liturgical Piety* by Louis Bouyer (University of Notre Dame Press, Indiana, 1955); *Liturgy and Architecture* by Peter Hammond (Barrie and Rockliff, London/Columbia University Press, New York, 1960); and *The Liturgical Renewal of the Church* edited by M. H. Shepherd, jr. (Oxford University Press, New York and Oxford, 1960).

The periodicals, annuals and biannuals concerned with contemporary religious architecture and art illustrate and discuss the most recent developments. Among the finest (listed by country) are : Austria: *Biennale christlicher Kunst der Gegenwart* (Verlag Styria, Graz); Belgium: *Art d'Eglise* (Bruges 3); England: *Churchbuilding* (Billericay, Essex); France: *Art Chrétien* (Paris XIV); *L'Art Sacré* (Editions du Cerf, Paris VII); Germany: *Das Münster* (Verlag Schnell & Steiner, München); *Jahrbuch für Christliche Kunst* (Verlag der Deutschen Gesellschaft für Christliche Kunst, München); *Kunst und Kirche* (Darmstadt); Italy: *Chiesa e Quartiere* (Bologna); Sweden: *Kyrkan Bygger* (Diakoniförlaget, Stockholm); Switzerland: *Ars sacra* (Schweizerisches Jahrbuch für kirchliche Kunst, Zürich); and United States; *Liturgical Arts* (New York 17, New York).

1951); Dominikus Böhm (*Verlag Schnell & Steiner, München,* 1962); Neue Evangelische Kirchen im Rheinland (*Werner-Verlag, Düsseldorf,* 1963); Kirchenbau *por Rudolf Schwarz* (*F. H. Kerle Verlag, Heidelberg,* 1960); The Church Incarnate *por Rudolf Schwarz* (*Henry Regnery Company, Chicago,* 1958); *traducido del original* Vom Bau der Kirche (*Verlag Lambert Schneider, Heidelberg,* 1938); Kleinkirchen *por F. G. Winter* (*Scherpe Verlag, Krefeld*)*;* Kirchenbau der Gegenwart in Deutschland (*Akademie der Bildenden Künste, München,* 1960); Neue Kirchen im Bistum Aachen *por Felix Kreusch* (*B. Kühlen Verlag, Mönchengladbach,* 1961); Neue Kirchen im Erzbistum Köln 1945–56 *por Willy Weyres* (*Im Verlag L. Schwann, Düsseldorf,* 1957); Neue Kirchen im Erzbistum Köln 1950–60 (*J. P. Bachem, Colonia*)*;* Evangelische Kirchen in Westfalen 1952–62 (*Luther-Verlag, Witten Ruhr,* 1963); *Italia:* Dieci Anni di Architettura Sacra in Italia (*Centro di Studio per l'Architettura Sacra, Bolonia,* 1956); *Escandinavia:* Nya kyrkor i Skandinavien *por Ulf Hård af Segerstad* (*Nordisk Rotogravyr, Estocolmo,* 1962); *Suiza:* Kirchenbauten vom Hermann Baur und Fritz Metzger (*NZN Buchverlag, Zürich,* 1956); *y* Moderne Kirchliche Kunst in der Schweiz *por Robert Hess* (*NZN-Verlag, Zürich,* 1951).

Libros que traten de arte y mobiliario religioso—útiles en parte aunque ninguno es completamente satisfactorio—incluyen (en orden alfabético): Christianity in Modern Art *por Frank y Dorothy Getlein* (*Bruce Publishing Co., Milwaukee,* 1961); Contemporary Church Art *por Anton Henze y Theodor Filthaut* (*Sheed & Ward, Nueva York,* 1956), *traducido del original* Kirchliche Kunst der Gegenwart (*Paulus Verlag, Recklinghausen, Alemania,* 1954); L'Art Sacré Moderne *por Joseph Pichard* (*B. Arthaud, Paris,* 1953); Modern Sacred Art and the Church of Assy *por William S. Rubin* (*Columbia University Press, Nueva York,* 1961); Moderne Kirchliche Kunst (*NZN Buchverlag, Zürich,* 1962); Mort et résurrection de l'Art sacré *por Yves Sjöberg* (*Bernard Grasset, Paris,* 1957); Neue Kirchliche Kunst *por Anton Henze* (*Paulus Verlag, Recklinghausen,* 1958); 100 Jahre Rheinishche Glasmalerei (*Verlag Gesellshaft für Buchdruckerei, Neuss,* 1959); The Lost Art *por Robert Sowers* (*George Wittenborn, Nueva York/Lund Humphries, Londres*).

Entre los mejores libros sobre liturgia y arquitectura están: Liturgie et Architecture *por André Biéler* (*Editions Labor et Fides, Ginebra,* 1961); Liturgical Piety *por Louis Bouyer* (*University of Notre Dame Press, Indiana,* 1955); Liturgy and Architecture *por Peter Hammond* (*Barrie and Rockliff, Londres/Columbia University Press, Nueva York,* 1960); *y* The Liturgical Renewal of the Church *editado por M. H. Sheperd, jr.* (*Oxford University Press, Nueva York y Oxford,* 1960).

Las publicaciones periódicas, anuales o semianuales referentes al arte y la arquitectura religiosa contemporánea, ilustran y comentan los últimos eventos. Entre los mejores (en orden por países) están: Austria: Biennale christlicher Kunst der Gegenwart (*Verlag Styria, Graz*)*; Bélgica:* Art d'Eglise (*Brujes 3*)*; Inglaterra:* Churchbuilding (*Billericay, Essex*)*; Francia:* Art Chrétien (*Paris XIV*)*;* L'Art Sacré (*Editions du Cerf, Paris VII*)*; Alemania:* Das Münster (*Verlag Schnell & Steiner, Munich*)*;* Jahrbuch für Christliche Kunst (*Verlag der Deutschen Gesellschaft für Christliche Kunst, München*)*;* Kunst und Kirche (*Darmstadt*)*; Italia:* Chiesa e Quartiere (*Bolonia*)*; Suecia:* Kyrkan Bygger (*Diakoniförlaget, Estocolmo*)*; Suiza:* Ars Sacra (*Schweizerisches Jahrbuch für christliche Kunst, Zürich*)*; y Estados Unidos:* Liturgical Arts (*Nueva York 17, Nueva York*).

Werbfoto Gasser—p. 18 top left—*arriba izquierda*; Birte Jörgensen—p. 22 all—*todas*; Keld Helmer-Petersen—p. 27 top left—*arriba izquierda*; Henk Snoek—p. 40 two centre—*dos centrales*, and p. 41 top left, top first and third, bottom—*arriba izquierda, arriba primera y tercera, bajo*; de Burgh Galwey—p. 40 top right—*arriba derecha*; and p. 41 top second—*arriba segundo*; Heikki Havas—p. 58 all—*todas* and p. 59 all—*todas*, p. 66 bottom left—*bajo izquierda*; Pietinen—p. 64-5, p. 66 right two—*dos a la derecha*, p. 67 bottom—*bajo*, p. 69 bottom—*bajo*, and p. 70 bottom—*bajo*; Robert Gnant—p. 74-5 spread—*fotografía a dos paginas*; Photo Duprat—p. 76 both—*ambas*; Red Photo—p. 77 left—*izquierda*; Sté Immobilière de N-D du Haut—p. 87 left—*izquierda*; René Groebli—p. 87 right two—*dos a derecha*; Hans Finsler—p. 93 top right—*arriba derecha*; Photo Lacaze—p. 111 left—*izquierda*; H. Baranger—p. 111 right two—*dos a la derecha*, and 112 left, top two and bottom—*izquierda, dos arriba y la debajo*; Photo Yan—p. 112 left, third—*tercero a izquierda*, and p. 112-13 spread—*fotografía a dos paginas*; Horstheim Neuendorf—p. 126 top right—*arriba derecha*; Heidersberger—p. 137 all—*todas*, and p. 139 all—*todas*; Artur Pfau—p. 156 top three—*tres arriba*; G foto—p. 197 all—*todas*; Photo Gianni—p. 217 all—*todas*, p. 218 all—*todas*, and 219; Brenneker en van der Sommen—p. 227 top left two—*dos arriba izquierda*; Rolf Hintze—p. 245 top right and left—*arriba derecha y izquierda*; Atelje Sundahl—p. 245 bottom—*la bajo*; and p. 255 three—*tres*; Rein Välme-Alpha—p. 258 third—*tercera*, p. 259 top right—*arriba derecha*, p. 260 lower right of group—*la derecha y abajo del grupo*, and p. 260-1; Lundquist-Bild—p. 259 second—*segunda*, and p. 260 top right of group—*la de arriba y a derecha del grupo*; F. Maurer—p. 275; D. F. Kidder Smith—p. 227 upper right.